华东政法大学外国语言学及应用语言学校级重点学科法律语言学译丛

Language and Culture in EU Law
Multidisciplinary Perspectives

欧盟法律中的语言与文化

以多学科为视角

〔克罗地亚〕苏珊·莎尔切维奇（Susan Šarčević） 编
王 海 译

著作权合同登记号　图字:01-2017-5863
图书在版编目(CIP)数据

欧盟法律中的语言与文化:以多学科为视角/(克罗)苏珊·莎尔切维奇编;王海译.—北京:北京大学出版社,2019.4
ISBN 978-7-301-30282-8

Ⅰ.①欧… Ⅱ.①苏… ②王… Ⅲ.①欧洲联盟—法律语言学—研究 Ⅳ.①D95 ②D90-055

中国版本图书馆 CIP 数据核字(2019)第 033468 号

Language and Culture in EU Law: Multidisciplinary Perspectives/by Susan Šarčević/ISBN: 978-1472428974
Copyright © 2015 by Susan Šarčević
Authorized translation from English language edition published by Routledge, part of Taylor & Francis Group; All Rights Reserved. 本书原版由 Taylor & Francis 出版集团旗下 Routledge 出版公司出版,并经其授权翻译出版。 版权所有,侵权必究。
Peking University Press is authorized to publish and distribute exclusively the Chinese (Simplified Characters) language edition. This edition is authorized for sale throughout Mainland of China. No part of the publication may be reproduced or distributed by any means, or stored in a database or retrieval system, without the prior written permission of the publisher. 本书中文简体翻译版授权由北京大学出版社独家出版并限在中国内地销售,未经出版者书面许可,不得以任何方式复制或发行本书的任何部分。
Copies of this book sold without a Taylor & Francis sticker on the cover are unauthorized and illegal. 本书贴有 Taylor & Francis 公司防伪标签,无标签者不得销售。

书　　　名	欧盟法律中的语言与文化:以多学科为视角 OUMENG FALÜ ZHONG DE YUYAN YU WENHUA: YI DUOXUEKE WEI SHIJIAO
著作责任者	〔克罗地亚〕苏珊·莎尔切维奇(Susan Šarčević)　编 王　海　译
责任编辑	尹　璐　王业龙
标准书号	ISBN 978-7-301-30282-8
出版发行	北京大学出版社
地　　址	北京市海淀区成府路 205 号　100871
网　　址	http://www.pup.cn　新浪微博 @北京大学出版社
电子信箱	sdyy_2005@126.com
电　　话	邮购部 010-62752015　发行部 010-62750672　编辑部 021-62071998
印　刷　者	北京溢漾印刷有限公司
经　销　者	新华书店
	730 毫米×980 毫米　16 开本　18 印张　270 千字 2019 年 4 月第 1 版　2019 年 4 月第 1 次印刷
定　　价	59.00 元

未经许可,不得以任何方式复制或抄袭本书之部分或全部内容。
版权所有,侵权必究
举报电话: 010-62752024　电子信箱: fd@pup.pku.edu.cn
图书如有印装质量问题,请与出版部联系,电话: 010-62756370

作者简介

巴依吉(C. J. W. (Jaap) Baaij)阿姆斯特丹大学法学院助理教授、耶鲁大学法学院2015级法学硕士,《法律翻译在法律协调中的作用》(*The Role of Legal Translation in Legal Harmonization*)(2012年)的编辑。他教授欧洲合同法和合同法理论,为在欧盟机构的翻译和律师兼语言学家举办培训研讨会,并在全欧洲及美国开设法律一体化和多语制的研修班。

玛蒂娜·巴耶赛琪(Martina Bajčić)克罗地亚里耶卡大学法学院高级讲师,教授法律英语和法律德语;语言学博士,并完成了有关欧洲一体化的研究生专项研究项目;英语和德语的法庭口译员,同时也是克罗地亚翻译协会成员。主要研究方向为法律翻译和法律术语。

玛雅·布拉塔尼琪(Maja Bratanić)萨格勒布克罗地亚语言与语言学学院的普通、比较以及计算语言学系主任及教授,克罗地亚特殊领域术语项目以及克罗地亚民族用语库(Struna)首席协调员。主要研究领域包括词典理论与实践、术语与术语编纂学、语料库语言学、人类学语言学和特殊用途英语。

马特亚斯·德兰(Mattias Derlén)法律博士,瑞典乌默奥大学法学院高级讲师。研究领域包括欧盟法律的多语言口译以及与欧盟法院有关的欧盟法律宪法问题。著有被广泛引用的《欧盟法律多语言口译》(*Multilingual Interpretation of European Union Law*)(2009 年)一书,并发表了一系列关于欧盟法院的案例法。

杨·恩格伯格(Jan Engberg) 丹麦奥尔胡斯大学商业和社会科学学院商务交际系知识交流方向教授。研究领域包括专业领域内的语篇和风格研究、特定语域话语的认知方面以及专业知识和语篇生成的关系。国际期刊《专业术语》(*Fachsprache*)的编辑,并在法律和语言领域著述广泛。

安娜瑞塔·范丽奇(Annarita Felici) 日内瓦大学笔译和口译学院笔译副教授。专业领域包括法律翻译、法律文本比较分析、机构背景下的话语以及语料库语言学在翻译和专业语言中的应用。曾在德国科隆大学获得法律语言学专业的双语学位,在英国从事教学十多年,主要教授翻译、普通语言学以及作为外语的意大利语。

米歇尔·格拉齐亚迪(Michele Graziadei) 都灵大学法律系比较法教授。作为欧盟法术语小组的一员,参与编纂了《现行欧共体合同法之原则》(*Principles of Existing EC Contract Law*)。目前的研究主要集中在比较法、法律文化研究的认知方法以及法律中的个人代理。

安·丽丝·克嘉(Anne Lise Kjær) 哥本哈根大学法律教研室法律与语言方向教授,丹麦法律与语言交叉研究网络(RELINE)的主管;iCourts 研究中心高级研究员,该中心从跨学科的视角来调查国际法的自主化;《语言多样性和欧洲民主》(*Linguistic Diversity and European Democracy*)(2011)以及《欧洲法律一体化的矛盾》(*Paradoxes of European Legal Integration*)(2008)的联合编辑。

玛雅·朗萨(Maja Lončar) 萨格勒布克罗地亚语言与语言学学院的普通、比较以及计算语言学系研究助理。曾在几个克罗地亚专业领域术语项目中,包括"克罗地亚欧盟法概念术语",担任 ECQA 认证的术语专家。

作者简介

芭芭拉·波佐(Barbara Pozzo) 科莫(意大利)英苏布里亚大学法学院比较法教授,教授世界法律体制导论和法律翻译。《法律中的语言》系列丛书(米兰 Giufrè 出版社出版)的编者之一,同时参与编辑了《欧洲私法评论》(European Review of Private Law)特刊中的《多语制对欧洲私法和谐化的影响》(Impact of Multilingualism on the Harmonization of European Private Law)(2012)。

科林·罗伯逊(Colin Robertson) 已退休,在欧盟服务近25年,起先在卢森堡法院做法律翻译,从1993年开始在欧盟理事会做法律语言修订工作(律师兼语言学家)。拥有阿伯丁大学的法学学位,并曾在英国公共服务部门担任过律师。通晓多种语言,包括英语、法语、德语、意大利语、捷克语、斯洛伐克语和保加利亚语,并且正在学习中文。

英格玛·斯特兰德维克(Ingemar Strandvik) 欧洲委员会翻译总司质量经理,并担任翻译。拥有欧盟法律硕士学位,国家(瑞典)授权的翻译和法庭口译人员。曾在斯德哥尔摩大学从事翻译教学,并担任 Norstedts 出版社出版的一部词典的主编。

苏珊·莎尔切维奇(Susan Šarčević) 里耶卡大学法律系教授,前外语部主任,教授法律英语、法律德语和欧盟术语;中国政法大学法律翻译研究中心教授。著述广泛,在全球范围内讲授法律翻译和比较法律术语,最著名的作品是《法律翻译的新途径》(New Approach to Legal Translation)。

致　谢

　　首先,我要感谢诸位作者,他们以多学科视角,对语言和文化在推动欧盟法律中所起到的作用做出了宝贵的贡献。特别感谢奥帕蒂亚(Opatija)的让·莫奈校际中心主管、里耶卡大学法律系欧洲法教授——纳达·博迪罗加(Nada Bodiroga),因其在组织本次会议时所做的帮助,才有了我们这本书。本次会议是与里耶卡法律学院的外语系合作举办的,是博迪罗加·维克波拉(Bodiroga Vukobrat)教授的欧盟终身学习项目让·莫奈计划的一项重要活动,也得到了国家研究项目"欧盟法规翻译策略"的资助。特别感谢奥帕蒂亚的让·莫奈校际中心汉斯·赛德尔(Hanns Seidel)基金会和奥帕蒂亚市政府的财政支持,他们促使会议如期举行。还要感谢玛蒂娜·巴耶赛琪(Martina Bajčić)和阿德亚娜·马丁诺维奇(Adrijana Martinović)在组织和协调会议后勤方面所做的工作。

苏珊·莎尔切维奇

萨格勒布,克罗地亚

缩略语表

ABGB	《奥地利民法总则》
BDÜ	德国联邦笔译与口译人员协会
BeVReStG	《德国关于加强刑事诉讼中被害人程序权利的法案》
bg	保加利亚语
BGB	《德国民法典》
BVerfGE	德国联邦宪法法院裁决
BVerwG	德国联邦行政法院
CESL	《欧洲共同销售法》
CFR	《欧盟民法典》
CISG	《联合国国际货物销售合同公约》
CJEU	欧盟法院
CMLR	共同市场法律报告
Cr. App. R.	刑事上诉报告
CRC	协调与修正中心(捷克共和国)
cs	捷克语
da	丹麦语

DCFR	《欧盟民法典草案》(全名为《欧盟私法的原则、定义和示范规则：共同参照框架草案的完整版本》)
de	德语
DG	总司
DGT	翻译总司
EAEC	欧洲原子能共同体
EC	欧盟委员会
EC	欧洲共同体
E.C.C.	欧洲商业案例
ECHR	《欧洲人权公约》
ECJ	欧洲共同体法院(《里斯本条约》之前)
ECLI	欧洲判例法标识符
ECR	欧盟法院报告
ECSC	欧洲煤钢共同体
ECtHR	欧洲人权法院
EEC	欧洲经济共同体
ELF	作为通用语的英语
EMT	欧洲翻译硕士
en	英语
EP	欧洲议会
es	西班牙语
et	爱沙尼亚语
EU	欧洲联盟
EULITA	欧洲法律口译与笔译协会
Euramis	欧洲高级多语言信息系统
EWCA Civ	英格兰和威尔士法庭(民事司)
FG	德国财政法院
fi	芬兰语

fr	法语
GVG	德国法院宪法法案
HGB	德国商法典
hr	克罗地亚语
hu	匈牙利语
IATE	欧洲互动术语(欧盟多语言术语库)
IEHC	爱尔兰高等法院
ISO	国际标准化组织
it	意大利语
JVEG	《德国司法报酬和赔偿法》
K. B.	王座法庭(国王)
LSP	特殊用途语言
MEP	欧洲议会议员
MT@EC	欧盟委员会的机器翻译
nl	荷兰语
OJ	欧盟官方公报
PCC	国际统一私法协会《国际商事合同通则》
PECL	《欧洲合同法原则》
pl	波兰语
pt	葡萄牙语
Q. B.	王座法庭(女王)
ro	罗马尼亚语
sk	斯洛伐克语
sl	斯洛文尼亚语
StGB	《刑法典》(奥地利和德国)
StPO	《刑事诉讼法典》(奥地利和德国)
sv	瑞典语
TC of LAS	拉脱维亚科学院术语委员会

TCU	翻译协调单位
TEAEC	建立欧洲原子能共同体的条约(《欧洲原子能共同体条约》)
TEU	《欧盟条约》(《里斯本条约》之后)
TFEU	《欧盟职能运作条约》
TransCert	跨欧洲译员自愿认证
TTC	翻译和术语中心(拉脱维亚)
UfR	《法律周刊》(丹麦)
UKHL	英国上议院
UKSC	英国最高法院
UN	联合国
VAT	增值税
VGH	德国行政法院
vol.	卷

目录 CONTENTS

第一章　欧盟中的语言与法律:介绍及回顾
苏珊·莎尔切维奇 / 1

第一部分　欧盟的法律、语言和文化

第二章　欧洲的法律、语言与多语制:呼唤新的法律文化
米歇尔·格拉齐亚迪 / 21

第三章　欧盟多语言法律:法律、语言和文化的接口
科林·罗伯逊 / 39

第四章　唯一文本或唯一含义:欧盟立法的多语言口译和
各国法院中的欧盟法院案例法
马特亚斯·德兰 / 63

第五章　比较法与法律翻译的新疆域
芭芭拉·波佐 / 86

第二部分　欧盟的法律翻译

第六章　欧盟法律翻译的理论问题：语言、翻译与欧盟法律自主之间的悖论关系
安·丽丝·克嘉 / 107

第七章　欧盟翻译和法律知识负荷
巴依吉 / 127

第八章　欧盟立法通用语翻译：优点及缺点
安娜瑞塔·范丽奇 / 142

第九章　欧盟多语言法律制定的质量研究
英格玛·斯特兰德维克 / 165

第三部分　术语、概念和法庭口译

第十章　自主的欧盟概念：事实还是虚构？
杨·恩格伯格 / 197

第十一章　欧盟法律多语言及多文化语境中术语创建的基本原则
苏珊·莎尔切维奇 / 213

第十二章　在国家与欧盟层面上统一欧盟术语之迷思
玛雅·布拉塔尼琪、玛雅·朗萨 / 241

第十三章　欧洲法庭口译的未来之路
玛蒂娜·巴耶赛琪 / 255

第一章
欧盟中的语言与法律：介绍及回顾

苏珊·莎尔切维奇

引　言

克罗地亚于 2013 年 7 月 1 日加入欧盟，这为欧洲的学者和欧盟从业者聚集在奥帕蒂亚的让·莫奈校际卓越中心（Jean Monnet Inter-University Centre of Excellence in Opatija），召开一个多学科会议来讨论作为推动性力量的语言和文化在欧盟法律发展中所起到的重要作用提供了一个适宜的机会。本书各章皆为会议中所宣读的论文，但所有文章都有所扩展和细化。每一章都探讨了语言和文化在塑造欧盟法方面所扮演的独一无二的角色中的某几个方面，而欧盟法律是在语言和文化多样性的原则之上建立起来的。因此，我们的目标不仅是调查欧盟法律的多语制和多元文化性的特质，而且首先是要展示多语制和多元文化是如何影响其发展的。

由于欧盟法律是由欧盟机构制定的，但必须纳入各国法律并由各国法院使用，所以，工作过程中的语言和文化对欧盟和国内法都有直接的影响。作者们身份的多元化使得这些多层次的交互过程可以从多个角度进行审视。首先是"内部人士"和"外部人士"。顺理成章，内部人士的观点是由在欧盟机构工作的从业人员提供的，并且从内部直接参与，帮助形成了这些过程，而来自欧洲大学的学者们则提供了在各个国家的层面上积极参与这些过程的"外部人士"的观点。其次，由于作者们的多重背景，这里包括了代表各种专业领域的律师和语言学家们,所以他们所提出的观点是多学科的。法律方面的学者们来自欧洲私法和公法、比较法与法哲学的领域,语言学方面的来自翻译学、术语学、文化学与传播学的领域。来自欧盟机构的从业人员也具有多重背景,如一位来自理事会法律部门的律师兼语言学家,以及一位来自专门负责质量监管的委员会翻译总司(DGT)的语言学家。

单个章节涵盖的主题范围广泛,所有这些都阐明了贯穿整本书中的两个互补但相互矛盾的关系,一方面是欧盟法的语言和文化多样性,另一方面是在多样性方面建立统一性的愿望和需要。欧洲化的两个动态过程正在努力实现这一目标:为所有成员国创建一个用来表达欧盟法律的共同语言,这种语言对所有成员国来说都将同等地被视为"外语"(第五、六、七和八章),①并建立一个拥有共享价值观和标准的共同的欧洲法律文化(第二、六和十章)。② 另一个突出的主题是教育工作者和大学在参与这些过程中所发挥的重要作用,而这个过程的目的是通过法律教育的欧洲化来建立"共同文化"(第二、五和十章)。③ 从内部人士角度来看,"共同文化"的概念已经存在并出现在基本法的条约中(第三章)。在二级法的层面上,"外部人士",特别是比较法的学者们,已经在整个欧洲联合起来,力图在私法领域创造一个共同的术语,为消除跨境交易障碍并达成更大程度上的协调而铺平道路(第二章)。④ 因此,过去十年来,可观的进步就是专业的《欧盟

---

① See Dannemann (2012:96-119); also Pozzo (2012:184-200)。
② 参见 Helleringer and Purnhagen (2013:3-15) 对欧洲法律文化之影响的论述;也请参见 Smits (2007:143-51),后者将法律文化描述成"一种心理软件"。
③ 关于法律教育的欧洲化,参见 Arzoz (2012),以及 Simnantiras (2013),他们讨论了通过法律教育来建立共同文化的可能性。文中引用了麦克吉尔(McGill)法学院跨学科法律教学的优势。德·梅斯特拉尔(De Mestral)在十多年前提出,如果从欧洲的多元系统角度来教授法律,学生们"在一个单一的国家法律范式下将会停止思考"(2003:805-6)。文中还提到了在其他方面的高等教育欧洲化,特别是 EMT——欧洲翻译硕士(见第十三章)。
④ See Dannemann et al. (2007:XXXIII-XL); also Ajani and Rossi (2006:90).

第一章
欧盟中的语言与法律：介绍及回顾

民法典草案》（DCFR）的完成，①之后是欧盟委员会关于《欧洲共同销售法》（CESL）的建议（第五章）。②

这些努力导致了一种新的变化，即一种中性化的英语③正在扮演通用语的角色。使用中性的通用语不是为了减少翻译的需要，而是为法律翻译开辟新的领域，在这个领域中，欧盟的翻译们负有去除本国语言中的文化的任务，以此创建一个共同的欧盟法律术语用来在欧盟内部表达统一的概念（第五章和第八章）。一位内部人士解释了欧盟翻译人员在翻译CESL的案例研究中是如何处理这个问题的（第九章）。翻译策略和比较法律分析的作用问题在欧盟翻译中被采取了不同的方法（第七章和第九章）。④尽管内部人士夸口说欧盟立法的正本之间的"绝对一致性"，⑤但在实践中显然无法实现这种等同。由于法律翻译的固有缺陷，欧盟法院（CJEU）必须达成适当的平衡，用以确保欧盟法律的统一解释和应用，并同时尊重语言和文化多样性以及欧盟公民享有法律确定性的权利（第二章和第四章）。在实践中，对欧盟法的适用的重任主要落在了各国法院肩上，其中的一些为了应对日益增多的官方语言已经提出了创新的方法（第四章）。⑥只有建立自主的欧盟概念后才能实现统一的法律，然而，欧盟法的多语言和多文化的特性在欧盟概念自主性的可行性上制造了严峻的问题，而这一概念是建立在欧盟法院案例法之上的欧盟法律的前提（第六章和第十章）。新成员国

---

① 在《欧盟民法典草案》和其他事件的背景下，随着海塞林克（Hesselink）著名的《新欧洲法律文化》（*A New European Legal Culture*）（2001年）的出版，他谈到了"一个相当正式、教条化和实证主义的法律文化向更物质导向和务实的欧洲法律文化"的转变（2013）。

② 佩尔富米（Perfumi）分析了DCFR和CESL以及它们在形成共同合同法术语中所起到的作用，她认为这一进程会进一步导致"共同欧洲文化"的出现。正如她所说："在统一与多样性之间取得平衡的同时，同时应该有一种共同的术语来表达共同的欧洲文化，以及对语言、文化和传统多样性的尊重"（Perfumi 2013: 135）。

③ 罗伯逊（Robertson）（2012: 1233）认为欧盟法律英语是一种新的语体。

④ 关于这点，参见Šarčević（2012: 96-102）；Kjær（2007: 72）。

⑤ 据DGT前任总司长朗诺斯（Lönnroth 2008: 12），欧盟翻译人员的任务是要使欧盟法律的所有语言版本完全一致；对比克嘉（Kjær 2007: 84-6）的观点，她认为这是"言辞矛盾"的，在本书第六章中她会详细讨论这个问题。

⑥ 对欧盟法院和各国法院的解释方法的详细分析，参见Derlén（2009）；关于多语言和多元文化的法律推理或欧洲法院的法官，参见Bengoetxea（2011: 107）。

的法官在被要求使用欧盟法律时面临着重重问题,①这为加入欧盟期间所产生的欧盟法律翻译的可靠性提供了试验场所(第十一和十二章)。② 语言和文化多样性在刑事司法领域也发挥着作用,在这里已在欧盟层面采取了行动,要求所有成员国为所有被告人和嫌疑人(如需要)提供"足够好"的法庭口译,从而保证他们获得公平审判的权利(第十三章)。展望未来,所有直接或间接参与欧盟和各个国家层面的欧盟多语言立法的制定、解释和使用的人员——内部人士和外部人士、新老成员国——都将被鼓励去共同塑造推动欧盟发展的语言和文化的过程,时刻关注在统一与多元化之间达成平衡。

全书分为三个部分。第一部分通过反思欧盟法律、语言和文化之间的关系并介绍主要话题,而为后文奠定基础。本部分的重点放在欧盟多语言立法方面的挑战,以及在国家层面上对欧盟多语言立法和案例法的解释。语言在私法的欧洲化过程中的关键作用是重中之重,对欧洲法律文化的呼声亦是如此。法律翻译作为比较法律分析的工具在协调欧洲私法方面发挥着重要作用。

第二部分着重于欧盟法律的多语言和多文化背景下的翻译。前两章涉及理论问题,后两章则以实践为导向。理论探讨方面对欧盟法律的语言、翻译与自主性之间的矛盾关系展开了发人深省的反思。虽然普遍认为欧盟法律翻译需要用比较法,但一个描述了两种经典翻译方法的假设强烈表明,过多的比较分析对于欧盟翻译人员乃至律师兼语言学家来说都是不必要的负担。在这方面,内部人士的观点提醒我们,所有语言版本的高质量翻译是欧盟法律正常运作的先决条件,可读性和可理解性也是评估质量的标准。所有的翻译家都必须应对由于英语越来越多地被用作通用语而产生的新问题,这是一个不可避免的务实的解决方案,有优点,也有不足之处。

第三部分将重点转向概念、术语和法庭口译。所关注的重心是提高自

---

① 参见库恩(Kühn)(2005:563-82)鉴于欧盟2004年的历史性扩大,论欧盟法在新成员国的适用。

② 有关候选国家翻译程序和法律翻译的准备工作,参见 Šarčević(2001:76-91)。

主的可行性或欧盟概念这一敏感问题,它是欧盟法律的前提,对于确保在整个欧盟范围内的统一解释和应用至关重要。然后,关注点转移到了新成员国以及候选国家所遇到的问题之上,他们为了翻译欧盟法而在自己国家的语言中努力创造出了欧盟法律的全部词汇。在采用多种语言的方式来构成欧盟术语之后,术语统一的重要问题在术语和概念层面得到了处理。最后,所有成员国都被鼓励去合作制定法庭口译的统一标准,以确保2010/64/EU指令的成功实施。

第一部分:欧盟的法律、语言和文化

米歇尔·格拉齐亚迪(Michele Graziadei)在第二章中呼吁建立一个新的欧洲法律文化。回顾过去,他将法律学者以往的失败归咎于"在勾勒欧洲法律文化发展蓝图时"忽视了欧盟法多语言层面这一事实。他认为,多语言立法为理解法律打开了大门,这个法律更强调欧洲法律发展背后的规范性力量和沟通实践。在评论欧盟法院在欧盟内多语言立法的实施及其对公民的影响时,他提醒我们,文本的措辞只是作为解释的起点,它的本质主要是目的论导向的。尽管这使得欧盟法院能够在真实语言版本之间的差异中确立统一的含义,但这也导致了对欧盟公民来说的法律不确定性,甚至可能与有效性的原则相冲突,这一点违背了多语言立法的目的。根据格拉齐亚迪的说法,关于法律与语言之间的关系,律师们有许多先入之见,其中一条认为法律与其所表达的语言有着千丝万缕的联系,由此意味着不同的语言不能表达同样的法律。他认为,这样的偏见是不合理的。相反,他认为欧盟多语言立法存在分歧的主要原因是在欧盟内部未能建立起统一的概念和统一的指称体系。除非所有负责实现欧盟法律统一使用的人员对欧盟立法有共同的理解,否则欧洲的法律统一是不可能成功的。为此,他鼓励欧盟立法机构、法律学者和欧盟法院在正在进行的工作中建立一套全欧盟内的统一的共同概念。此外,多语言立法的成功"起草"要求能够预见在不同语言版本中使用的术语如何在实践中得到翻译解释。这突出表明了比较法律语言学工作的重要作用,他认为这对于多语言欧洲的法律翻译研究和跨文化交际的发展必不可少。由此作者得出如下结论:"多语言欧洲的新法律文化的诞生"将成为"复杂的语言需求"新意识下的产物。

科林·罗伯逊(Colin Robertson)在第三章将视角转向了"内部人士"的观点,欧盟律师兼语言学家多年来一直在最终通过欧盟多语言立法文本之前对其进行检查和修订。罗伯逊分析了欧盟多语言法律的法律、语言和文化的接口,他通过解释在欧盟机构内部如何制定欧盟多语言法律,特别关注了在唯一语言(垂直维度)的文本和所有语言版本(水平维度)之中对文本进行法律及语言层面的审核,以确保唯一语言和跨语言的术语一致性以及"所有语言版本和在它们之间的最高信息等价",以及在此过程中法律和语言学考量的角色所发挥的作用,这些都使我们能近距离地了解欧盟法律的发展动态。作者提供了丰富的信息,包括有关欧盟与各国法律之间关系、欧盟概念的起源、对仅仅精通自己国家法律文化的读者构成风险的不可避免的文化迁移、作为翻译过程结果的语言借用对各国语言产生的影响。此处不胜枚举。作为欧盟机构中的资深"内部人士",罗伯逊对于存在着欧盟法律文化这一点没有质疑:"欧盟的共同文化建立在主要的条约文本之上。这些文本是由成员国协商并签署的。由于它们植根于国际法的法律文化和语言,所以具有双重功能,但它们创造了欧盟法律的法律制度和文化。"关于本章的结构,法律、语言和文化的各种交错都从法律、语言、政策和实践四个角度进行了分析,作者原先设想提供法律语言学的方法来检查和修订立法文本,但后文也被用来分析术语。罗伯逊除了审视了欧盟立法的制定之外,还深入了解每一个欧盟立法文本制定中的第二个关键阶段,即法院的解释和适用,从而过渡到了下一章。

马特亚斯·德兰(Mattias Derlén)在第四章着重于欧盟立法和案例法的多语言解释,审视了欧盟法院的重要作用,特别是各成员国法院的重要作用,他认为这是"在欧盟法律实际应用中的关键要素"。德兰的"唯一文本"和"唯一含义"这两个标签,强调了在立法和判例法中使用多种语言的相反的方法,它们在各国法院对欧盟法律的多种语言解释中都留下了自己的印

第一章
欧盟中的语言与法律：介绍及回顾

记。根据德兰的说法，立法遵循"充分的多种语言制"，其中所有语言在法律上都是"同样有权威性的"，所有语言版本在对话中都被视为表达"唯一含义"。另外，欧盟法院的判决仅有一种语言是正本。因此，欧盟法院判例法的多语言制度的特点是"唯一文本"的概念，表明至少在理论上存在"一个法律上的原本"，这是"解释上的唯一决定性"。根据五个成员国的国内法院判决的案件，他认为，各国法院在解释欧盟法律时采用了上述两种方法，但是"不拘泥于立法与判例法之间的区分"。虽然已制定的判例法现在已经要求唯一含义方法，并被认为在确保欧盟法律的统一解释上至关重要，但是由于存在两个事实上的原件——立法中的英语版和判例法中的法语版——而受到了挑战。从以英语为主的欧盟立法起草衍生开来，德兰解释了欧盟法院判例法的语言制度，指出欧盟法院的判决仍然是用法语制定的，如果它不是法语，就会被翻译成案例语言，然后再翻成其他语言。由于法语仍然是欧盟法院的唯一工作语言，所以它仍然对欧盟判例法的解释保持着有力的掌控，尽管出于实用的目的，判决只有用判例语言的才是正本。如德兰所言，今天的各国法院陷入了一个不确定的境地，迫使他们想出处理欧盟法的多语言特性和日益增多的官方语言的创新方法。在许多情况下，他们将唯一含义和唯一文本的两种方法混合在一起，结果是"官方语言在立法解释和欧盟法院判例法中的作用总是在不断变化"。

芭芭拉·波佐（Barbara Pozzo）在第五章从一个比较法律师的角度介绍了法律翻译的主题。正如作者所指出的，"法律翻译一直被认为是比较法分析的重要工具"。在比较法中，翻译是一个复杂的思想活动，涉及多个操作层面的概念：理解源头概念的"深层意义"，在目标法律体系中确定相应的概念并比较它们的异同。比较法律师一直要面对不同法律制度的概念上的不一致，他们对法律、语言和文化之间的内在联系形成了敏锐的认识，是构建新的欧洲法律秩序的重要角色。根据波佐的说法，法律翻译问题在欧盟法律的多语言和多文化背景下呈现出了一个新的层面，其中"二次立法的目标是统一规则，保证所有欧盟公民的平等权利"。在欧洲私法领域，比较律师要迎接挑战，着手在DCFR中创立一种共同的欧洲术语，该草案在合同法和私法的其他领域制定了基本原则和示范规则。作者的主要兴趣是 DCFR 的"新"语言。虽然草拟用的是英语,但这不是普通法的英语,而是一种中性英语,拥有"经典的民法背景"。DCFR 中的定义具有为发展统一的欧洲术语而提出建议的重要作用。然而,正如波佐所强调的那样,如果没有一致的多语言文本解释理论,在欧洲层面寻求统一的术语将是毫无意义的。为了保持其统一化的角色,共同的概念需要按照相同的解释原则来解释。鉴于英语在统一过程中的重要作用,她认为,对欧盟翻译来说,新的挑战将是从一种已经剔除文化的混合语言——或者正如她所说的,"与任何既定价值系统都无关"的语言——来进行翻译。例如,欧盟委员会关于 CESL 的提案已经如此,该法律在很大程度上是基于 DCFR 制定的。

第二部分:欧盟的法律翻译

在处理欧盟法律翻译的理论方面,安·丽丝·克嘉(Anne Lise Kjær)在第六章对语言、翻译和欧盟法律自主之间的矛盾关系进行了发人深省的讨论,她提出了欧盟的法律翻译是真正的翻译,还是需要一个新的理论建构的不一样的翻译这一问题。区分点是同等真实有效性和翻译的基本悖论:24 个同样真实的语言版本中没有一个具有原始文本的地位,但也没有一个被指定为翻译版本。因此,传统的源语文本和目的语文本的定义不再适用。同样,唯一文书的意义是所有真实文本的集成意义,这对于翻译研究来说是全新的。克嘉旨在解释为何从理论角度来看,翻译欧盟法律是一个矛盾的表述,而在实践上欧盟法律的翻译是切实可行的。关键点或者她分析的重点是有关欧盟法律核心的另一个基本悖论,她揭示了欧盟法律概念多语言和多文化的特征与其自主性前提之间的矛盾关系,而根据 CJEU,这些概念的字面意思独立于各个国家的法律制度。在此背景之下,克嘉重新发起了比较法学者们近二十年的辩论,她提出了"是否可以在不同的国家法律语言和文化中建立欧洲共同的法律语言"的问题。她认为,一个共同的欧洲语言正在产生,这不仅是因为英语作为通用语的使用越来越普遍,而且也因为欧盟律师和法官所使用的欧洲话语也是一样的,而且这些话语与其各自本国的话语不同。根据克嘉的说法,CJEU 宣称"概念是自主的"的言论行为,它"影响了欧洲和各个国家两个层面的律师团体,使得在语言和文化多样性之上发展出一个新的统一体"。至于欧盟的法律翻译,它行之有效的原因是它涉及制定 24 种语言的混合语言文本。不仅如此,自主概念的语义独立性要通过产生语言先例而得到保证,这些语言先例几乎具有普遍拘束力,以致它们必须在每种语言和各种语言中被重复使用,并由此而产生被认为具有相同含义的横向文本。

在第七章,C. J. W. 巴依吉(Baaij)提出了一个假设的情况,他将施莱尔马赫(Schleiermacher)有关文学翻译的两种经典翻译策略的观点应用于欧盟的翻译之中。巴依吉在关注欧盟与各国的国内法之间的关系的同时,提出了以下问题:欧盟翻译人员和律师兼语言学家需要了解多少有关其国家法律和文化的知识,以便在欧盟立法文本中达到足够程度的法律或语言上的等同性,从而确保各成员国的解释统一性?实质上,他的主要目的是要确定,如果欧盟承诺采取当中任何一种方法,那每一种方法在假设上对欧盟译员和律师兼语言学家会产生多少"法律知识和比较技能的负荷"?巴依吉通过引入两种相反的翻译方法来展开辩论,他称这两种方法为"熟化"(familiarization)和"外化"(exteriorization)。然后,他为每一种方法举了例子,将其对照性地应用于欧盟立法的翻译。在功能主义等翻译理论中得到支持的熟化的方法需要生成一个以接收者为导向的目的语文本来"摆脱"语法的束缚,并使用目的语法律文化所熟悉的术语,其目的是在所有语言版本中实现同等法律效力。相反,以源语言为导向的外化方法主张通过尽可能遵循语法和使用与目的语法律文化不一样的术语来翻译源语文本,从而实现所有语言版本的语言等同性。巴依吉在他的结论中指出,熟化的方法会使法律知识和比较技能的负荷明显增加,因此需要额外培训翻译和律师兼语言学家。此外,还需要对目前的机构安排进行彻底的重组,以便按照各个国家的法律体系对翻译和律师兼语言学家进行分组。相反,外化方法只需要对其国家法律和文化进行"表面上的了解",以便知道哪些国家条款不能使用。为此,不需要额外的法律培训和技能,也不需要对机构安排进行重组。由于混合的方法被排除在外,这样的理论平衡会倾向于本质上是直译的外化的方法。

欧盟法律有时被描述为一种没有共同语言的法律,但是,正如安娜瑞塔·范丽奇(Annarita Felici)在第八章中所说的,尽管欧盟有强有力的多语言政策,但英语已经承担了通用语的非官方角色。鉴于欧盟官方语言日益增多,这是一个不可避免的务实的解决方案,但是问题产生了:从一个通用语进行翻译是否利大于弊呢?在审视了英语作为一种通用语(ELF)尤其是欧盟的法律英语后,范丽奇认为,后者是 ELF 的一种非本地语言,具有通用英语的特征,可将其与标准的法律英语区别开来,并使其成为主要由非母语人士起草的文本交际语言。由于欧盟的第一批英语文本是从法语翻译过来的,因此术语和起草风格都受到大陆法传统和罗曼语的影响。由于缺失了特有的文化性,欧盟法律英语在最大程度上被中性化,从而提高了其可译性,同时也有助于实现建立一种在翻译研究中被称为"零文化"(aculture)的新欧洲文化的目标。从语言学的角度来看,英语的有限的曲折及其形态的灵活性使其形成新词相对容易,有时可以将不同的概念融入一个单一词汇。与此同时,欧盟法律英语的通用概念和不确定语义使其在表达妥协和确保多重国家利益时成为一个有用的"外交工具"。另外,英语的模糊性和不精确性也会导致不必要的歧义,从而引发误解。文本本身是由大量的、具有不同文化和语言背景的作者所编写,他们往往将自己的语法、文体特征和起草惯例引入到通用语言中。概括来说,范丽奇认为 ELF 是"欧盟法律翻译的问题和机遇"。尽管如此,她还是认为,"ELF 似乎是最能满足欧盟需求的英语"。

第九章的重点转移到了质量和质量管理上。但质量是什么?根据 DGT 质量经理英格玛·斯特兰德维克(Ingemar Strandvik)的说法,"质量就是要满足需求和期望"(ISO 9000 质量管理体系标准)。因此,正如他所指出的那样,欧盟多语言立法中的不同参与者和利益相关者对质量有不同的看法是很自然的。斯特兰德维克区分了多语言立法中固有的质量问题和与规范、信仰和价值观有关的质量问题,他认为,"关于立法质量和法律翻译的信念和价值决定了工作如何组织、如何实施起草指南,以及文本最终所呈现出的样子"。至于欧盟的起草指南,他发现理论与实践之间存在差异。尽管《共同实用手册》(*Joint Practical Guide*)的第1条要求立法"清晰、准确和简洁",但在实践中,法律和语言的复杂性是常态而不是例外。这与他的祖国瑞典形成了鲜明的对比,在瑞典,法律保护者"学会了用清晰的文字表达法律的复杂性,而不损害法律的精确性",从而确保了清晰和可预测性,而这是斯特兰德维克的立法包括翻译的质量要求清单的第一条。在引用科斯基宁(Koskinen 2008)时,斯特兰德维克说,欧盟的翻译经常陷入规范和理念的矛盾之间,其中一个理念是忠诚。尽管忠实于原文可能是首要关注的问题,但他鼓励译者忠实于译文,努力翻译出公民、管理者和使用目的语的法官们能理解的文本,以促使各国法院在使用欧盟法律时的一致性。他认为,多语言立法的译者所作出的选择应该取决于受争议的文本以及它与所属的语言、文化和国家法律制度的关系。作为实践中最佳的一个例子,斯特兰德维克引用了他在翻译CESL时进行的案例研究的结果,它展示了欧盟委员会是如何在确保最佳质量的理念下来组织这个具有鲜明立场的文本。

第三部分:术语、概念和法庭口译

在第十章中,杨·恩格伯格(Jan Engberg)解决了用不同语言形成的欧盟概念的自主性是事实还是虚构的敏感问题。作为一名受过训练的语言学家,恩格伯格从知识交流的角度审视了这个问题,他认为法律概念的知识只能通过语言交换。正如恩格伯格所指出的那样,欧盟自主的概念是在判例法中发展出来的,它可以追溯到 *Costa* 案和 *CILFIT* 案具有里程碑意义的判决。从那时起,它已经成为"建立欧盟法基本原则的前提"的角色,并因此成为作为超国家法律制度之上的欧盟法律概念的核心。恩格伯格剑走偏锋,对97/7/EC指令第2(2)条中欧盟消费者概念在英语、法语、德语和丹麦语中的负面定义的特征进行了调查。这个概念的本质特征在各自的语言版本中是不同的,这一事实使人们怀疑这个基本概念在消费者保护中是否可以被认为是自主的。恩格伯格表明,这些差异是根植于相应国家法律体系中对等概念的传统概念之上的,这一点让人们的怀疑进一步加深。在理论部分,恩格伯格通过两个描述性视角来审视语言所承载的概念,这些视角有意无意地与法律学者始发于20世纪90年代有关发展欧洲法律文化可行性的辩论中所采取的反对意见相对应。恩格伯格的第一个视角,即他所说的文化,代表了语言的集体层面,根据这个层面,"人们在世间的体验经历实际上是由语言所构成的"(Legrand 2008)。通过这个视角可以看出,用不同语言表达的欧盟法律概念可以被认为是自主的,这一点难以令人信服。第二个视角被称为人际交往,侧重于语言使用个体通过人际交往行为来影响集体的创造力。从这个角度来看,欧盟概念的自主性作为学习过程的一部分是可行的,例如,通过与大学教授的交流互动。结合几种视角可以得出不同的结论,强调欧盟需要塑造不同欧盟语言的意义和发展"共同文化知识"的可能性。

苏珊·莎尔切维奇(Susan Šarčević)撰写的第十一章探讨了通常情况下,作为欧盟多语言立法程序的一部分,以及特别是为了翻译法规的候选国家,在为欧盟法律概念和机构进行选定术语名称的过程。为了系统地探讨欧盟术语的形成,作者试图找出一些基本的原则,并提出创建欧盟术语的标准,以通过促进欧盟法律的统一解释和使用来保证有效的沟通。研究重心被设定在检查欧盟术语的来源之上,并强调需要用原始的起草语言创建中性和透明的术语,这些术语可以很容易地被翻译成所有语言,而不会产生不必要的内涵。作为翻译之一的二级术语形成过程的特点是在创造力和妥协之间展开拉锯战,期间要鼓励翻译人员和术语学家们通过创造性地使用语言来满足目的语用户的期望,但这样同时也会不断地面临压力,即要使其他语言的术语保持一致以达到跨语言的一致性,至少看上去是这样。作者试图揭示术语选择的思维过程,重点阐述词语形成的语言、文化和法律层面,并提醒翻译者和术语学家不要陷入"盲目"接受欧盟新词和国际主义的陷阱。为了支持她的欧盟术语形成的多语言方法，该文尽可能多地引用了包括"旧"和"新"两种语言在内的实际被使用的语言例证。研究特别关注新成员国和候选国家的问题，建议它们在加入欧盟前实施最佳的术语管理，努力利用自己国家的语言创造出欧盟法律的全部词汇。其中包括术语的标准化，这是欧盟法律有效交流的先决条件。鼓励新成员国建立国家机构和欧盟机构之间的加入后协调机制，以敲响欧盟一致性的警钟，从而防止它们完全沉浸在欧盟机构内部普遍存在的"零文化"之中。

在第十二章中，玛雅·布拉塔尼琪（Maja Bratanić）和玛雅·朗萨（Maja Lončar）从加入之前的术语研究以及她们在克罗地亚的术语项目方面的经验来审查欧盟术语统一的主题。从理论的角度来看，欧盟法等多语言环境下的目标是实现术语的统一，从而实现唯一语言和跨语言的一致性。但是，正如作者所表明的那样，实际上欧盟术语的统一无论在各国还是欧盟的层面来说都是一个迷思。IATE、Euramis 和 EuroVoc 的项目尽管在术语和概念层面上努力在协调欧盟术语的发展，但是仍然会有不一致的术语被创造出来。本章尝试以"候选国克罗地亚译本"为例，对"术语不一致性的主要语言和语言外因"进行确认，并对导致这种不匹配的系统的和语用的各种原因作出一个概述，虽然不是面面俱到。在理论部分中，区分了术语的一级和二级的创建阶段，并将其运用于欧盟法律的多语言环境。理想的情况是，在多语言一级术语的创建中，新的概念可以同时用更多语言来一起进行词汇创建，这就排除了对翻译的需要。然而，在实践中，多语言一级术语的创建分两步进行：创建一种或多种语言的主要术语，然后是二级术语的创建，即通过翻译对其他语言中的现有概念进行词汇创建。从理论上说，翻译术语是一个从概念层面开始的语言学过程，首先比较要讨论的概念系统，然后在给定的源语言中找到或创建目的语言的等价单位。正如作者所表明的那样，这个过程通常在实践中会变得以社会学为导向，特别是在候选国家的翻译过程之中。尽管术语一致性是法律确定性的一个条件，但是在术语层面和概念层面上，术语翻译常常受到术语不一致的困扰。作者在解释了几个语用学缺乏术语一致性之后指出了不对等的语言来源，并引用了加入欧盟前的克罗地亚语法规译本的例子。

玛蒂娜·巴耶赛琪(Martina Bajčić)在第十三章研究了2010年10月20日在成员国的刑事诉讼中适用有关享有口译及笔译权利的2010/64/EU指令(以下简称"指令")以及它对欧盟内法庭口译员职业的启示。为了在语言和文化之间提供司法救助,该指令扩大了不了解诉讼语言的嫌疑人和被告人享有口译(免费)的基本权利,从而根据《欧洲人权公约》(ECHR)第6条来保证审判的公正性。该指令要求所有成员国采用共同的最低限度规则,但是,正如巴耶赛琪指出的那样,这些规则要符合《欧洲人权公约》以及欧洲人权法院既定的案例法,即它们必须是"非斯特拉斯堡式的"。刑事诉讼中的口译权不限于审判,还包括调查、警察审讯和其他预审活动。此外,权利不限于法庭口译的狭义解释,也包括"必要文件"的书面翻译。关于指令中的这一规定和其他含糊不清的规定,巴耶赛琪引用了德国有关的变通规定作为例证来说明在国家执行工具中含糊措辞是如何具体体现出来的。特别敏感和具有挑战性的是要求所提供的口译和笔译必须"质量过关"以保证程序的公正性。满足这一要求不仅对指令的成功至关重要,而且也为审查和改进整个欧盟的法庭口译员的地位提供了机会。根据巴耶赛琪的说法,尝试在整个欧洲使法庭口译更加统一的做法应该有两条轨道:教育或制度性的和专业的。为此,她鼓励高等院校为法庭口译员开设专门的培训项目,重点培养跨学科能力。在欧盟层面,欧洲法律口译与笔译协会(EULITA)正在采取具体措施,动员国内的专业协会,提高欧洲的法庭口译质量。不过,正如EULITA总裁利泽·卡奇琴卡(Liese Katschinka)所说的那样:"帮助那些不熟悉法庭语言的嫌疑人、被告人、证人和受害人,给他们提供语言支持是欧盟的宏大目标,但这一点还远未成为现实。"[①]

[①] See Katschinka's message at: http://www.aptij.es/img/doc/EULITA-transposition%20expired.pdf.

参 考 文 献

Ajani, G. and Rossi, P. 2006. Multilingualism and the coherence of European private law, in *Multilingualism and the Harmonisation of European Law*, edited by B. Pozzo and V. Jacometti. Alphen aan den Rijn: Kluwer Law International, 79-93.

Arzoz, X. (ed.) 2012. *Bilingual Higher Education in the Legal Context: Group Rights, State Policies and Globalisation*. The Netherlands: Brill/Nijhoff.

Bengoetxea, J. 2011. Multilingual and multicultural legal reasoning: the European Court of Justice, in *Linguistic Diversity and European Democracy*, edited by A. L. Kjzer and S. Adamo. Farnham: Ashgate, 97-122.

Dannemann, G. 2012. In search of system neutrality: methodological issues in the drafting of European contract law rules, in *Practice and Theory in Comparative Law*, edited by M. Adams and J. Bonhoff. Cambridge: Cambridge University Press, 96-119.

Dannemann, G., Ferreri S. and Graziadei, M. 2007. Consolidating EC contract law terminology: the contribution of the terminology group, in *Principles of the Existing EC Contract Law (Acquis Principles). Contract I*, prepared by the Research Group on the Existing EC Private Law (Acquis Group). Munich: Sellier European Law Publishers, xxxiii-xl.

De Mestral, A. 2003. Bisystemic law teaching: the McGill programme and the concept of law in the EU. *Common Market Law Review*, 40, 799-807.

Derlén, M. 2009. *Multilingual Interpretation of European Union Law*. Alphen aan den Rijn: Kluwer Law International, 183-202.

Helleringer, G. and Purnhagen, K. 2013. On the terms, relevance and impact of a European legal culture, in *Towards a European Legal Culture*, edited by G. Helleringer and K. Purnhagen. Oxford: Hart, 3-15.

Hesselink, M. 2013. The new European legal culture: ten years on, in *Towards a European Legal Culture*, edited by G. Helleringer and K. Purnhagen. Oxford: Hart, 17-24.

Kjær, A. L. 2007. Legal translation in the European Union: a research field in need of a new approach, in *Language and the Law: International Outlooks*, edited by K. Kredens and S. Goźdź-Roszkowski. Frankfurt am Main: Peter Lang, 69-95.

Koskinen, K. 2008. *Translating Institutions: An Ethnographic Study of EU Translation*. Manchester: St. Jerome.

Kühn, Z. 2005. The application of European law in the new member states: several early predictions. *German Law Journal*, 6(3), 563-82.

Legrand, P. 2008. Word/world (of primordial issues for comparative legal studies), in *Paradoxes of European Legal Integration*, edited by H. Petersen, A. L. Kjær, H. Krunke and M. R. Madsen. Aldershot: Ashgate, 185-233.

Lönnroth, K.-J. 2008. Efficiency, transparency and openness: translation in the European Union. Speech at the XVIII World Congress of the International Federation of Translators in Shanghai (2008), 1-21. Available at: http://ec.europa.eu/dgs/translation/publications/presentations/speeches/20080801_shanghai_en.pdf.

Perfumi, C. 2013. Constructing a common contract terminology, in *The Transformation of European Private Law: Harmonisation, Consolidation*, edited by J. Devenny and M. Kenny. Cambridge: Cambridge University Press, 130-47.

Pozzo, B. 2012. English as a lingua franca in the EU multilingual context, in *The Role of Legal Translation in Legal Harmonization*, edited by C. J. W. Baaij. Alphen aan den Rijn: Kluwer Law International, 183-202.

Robertson, C. 2012. EU legal English: common law, civil law or a new genre? *European Review of Private Law*, 20(5-6), 1215-39.

Simantiras, N. 2013. A common culture in European legal education? A constitutional approach on applied pluralism, in *Towards a European Legal Culture*, edited by G. Helleringer and K. Purnhagen. Oxford: Hart, 223-42.

Smits, J. M. 2007. Legal culture as mental software, or: how to overcome national legal culture? In *Private Law and the Many Cultures of Europe*, edited by T. Wilhelmsson, E. Paunio and A. Pohjolainen. Alphen aan den Rijn: Kluwer Law International, 143-51.

Šarčević, S. 2001. Translation procedures for legal translators, in *Legal Translation: Preparation for Accession to the European Union*, edited by S. Šarčević. Rijeka: Faculty of Law, University of Rijeka, 75-109.

Šarčević, S. 2012. Coping with the challenges of legal translation in harmonization, in T*he Role of Legal Translation in Legal Harmonization*, edited by C. J. W. Baaij. Alphen aan den Rijn: Kluwer Law International, 83-107.

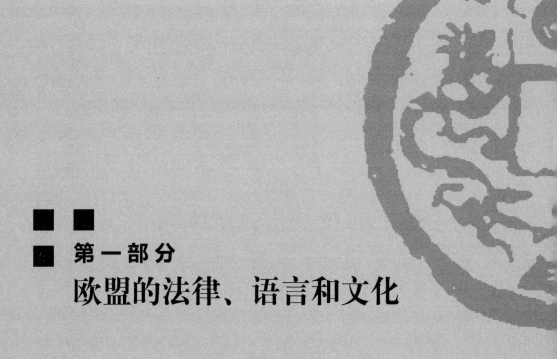

第一部分
欧盟的法律、语言和文化

第二章
欧洲的法律、语言与多语制：呼唤新的法律文化

米歇尔·格拉齐亚迪①

前　　言

　　欧洲法律运作于其中的独特的语言制度是欧洲条约所建立的复杂的立法体系的一部分。直到最近几年，欧盟语言体系框架内出现的问题和机遇在主流学术研究的议程上并不太引人关注。诸如那些绘制新的欧洲法律文化蓝图的出色的前瞻性努力，仍然忽视了整个欧洲地区在语言多样化的情况下来构建法律所选择的挑战和后果。② 这种情况正在发生变化。欧盟法院（CJEU）经常面临着如何处理欧盟立法的各种语言版本之间差异的问题。关于欧盟 24 种官方语言的多语言欧盟法律的起草、解释和适用，以及与此相关的具有挑战性的翻译问题有大量的专业文献。因此，本章不打算讨论语言制度及使之成为可能的体制安排，也没有对有关欧盟法律的翻译研究

---

　　① 本章的研究由都灵大学根据《普罗蒂迪雅典 2011 年与圣保罗公司的协议》（项目名称："新的欧洲法律文化的形成：单一模式的普遍性或国家法律传统的相互交融？"）提供部分资助，这个协议的负责人正是本章作者。作者感谢苏珊·莎尔切维奇教授的意见和建议。

　　② 在其他方面持不同意见的学者至少赞同这种观点；例如，参见 Kjær（2008：150）and Glanert（2012：137）。

相关领域的现状进行评论。①

本章的目的是解决迄今为止尚未被完全阐明的一个观点,即在对欧盟法律的多语言层面所做的努力之下,在成员国中实践欧洲法律的律师团体文化正在发生何种改变。

我的观点是,欧洲还有一种趋势,就是迁就语言和法律关系的一般概念,掩盖了法律适用规则过程的复杂性。通过推动律师和语言学家去了解如何(以及在何种条件下)用不同语言来起草规范性文本来达到趋同的在实践中的解释,多语制立法取代了基于以上理念的法律与语言之间关系的理论。因此,多语制立法为理解法律打开了通道,减少对文本规范之美等的过于信赖,更多地关注整个欧洲法律发展背后的规范性力量和交际实践。

多种语言的单一声音

欧盟公民可能期望至少会受到一种语言的欧洲立法约束。这种期望,如果不受当前欧盟语言制度的保护的话,是建立在欧盟有24种正式语言这一基础上的。② 根据这一制度,欧盟法规和其他普遍适用的文件必须以欧盟机构的所有正式语言起草。③ 即便如此,有些欧盟公民并不懂任何一种颁布欧盟法律的官方语言,就像有些意大利公民无法用意大利语表达自己

---

① 本书中有三篇文章在这方面是有启发性的,分别是罗伯逊、克嘉和斯特兰德维克的第三、六和九章。也可以从翻译总司(DGT)近期发表的一系列关于《翻译和多语言研究》(Studies on Translation and Multilingualism)系列的文章中获得帮助,特别是:《公共行政部门和国际组织的文件质量控制》(Document quality control in public administrations and international organisations)(2013),《国际法和欧盟法律中的语言和翻译研究》(Study on language and translation in international law and EU law)(2012),《欧盟多语言环境下的立法研究》(Study on lawmaking in the EU multilingual environment)(2010)。

② 欧盟立法的语言制度设计时可能考虑到"条约"对成员国具有约束力,但鉴于条约下的法律发展,文本中提到的期望是有效的。参见案例 C-161/06, Skoma-Lux sro v. Celní ředitelství Olomouc [2007] ECR 1-10841。

③ 根据《欧盟条约》(TEU)第55(1)条,条约的所有语言版本都是有效的。欧盟立法的语言制度载于经修正的欧洲经济共同体(OJ L 17, 6.10.1958, at 385)的第1号决定(参见 Art. 342 TFEU)。但请注意,并非成员国的所有官方语言都是欧盟官方语言:自1984年以来,卢森堡语是卢森堡的官方语言,土耳其语是塞浦路斯的官方语言,但都不是欧盟的官方语言。

的意思,或者不懂意大利语的立法。因此,法律的语言体系在一定程度上是建立在规范推定的基础之上的,并不一定匹配事实。① 当规范与事实之间的冲突与基本人权标准相矛盾时,法律必须以更严格的语言适应个人的需要。在这种情况下,它不能诉诸一种虚妄的设定,假定欧盟官方语言能被在欧盟居住的公民或在欧盟旅游的非公民所理解。因此,2012 年 5 月 22 日关于刑事诉讼中知情权的 2012/13/EU 指令,为嫌疑人或被告人提供了刑事诉讼中必须保证的一些基本信息的权利。这些权利包括免费提供口译员或翻译员的权利,以其能够理解的语言获得关于诉讼的重要信息,并使其能够与辩护律师进行沟通(见本书巴耶赛琪的第十三章)。抛开这种可能性,通过选择 24 种正式语言,欧盟打算如上所述,至少在原则上,使其法律以欧盟所有正式语言都可以平等地获得。

尽管如此,现在很清楚的是,在条约或二级立法的各种语言版本不一致的情况下,欧盟公民无权依靠他们所想要使用的语言的权利,这种语言通常是他们国籍或居住国国家的语言(或诸多语言之一)。欧盟法院在一些知名案件中一再否认这一权利(详见 Baaij 2012:217-31)。鉴于最初的前提,即欧盟法律文书的所有语言版本的同等真实有效性,这个结果肯定会引起争议,这难以与法律确定性原则相一致(参见 Graziadei 2014;以及 Šarčević 2013:4-11)。

面对这样的判例法(以及因为欧盟立法官方起草语言日益增多而引起的问题),评论员们已经解决了这些敏感问题并提出了改革建议,以便为目前欧洲法律语言体系下的各国法院和当事人所面临的问题提供务实的解决

---

① 这种紧张关系有多个层面,这里暂不讨论,如欧盟对多语制的承诺在倾向使用一种还是多种媒介语言来制定其规范时就打折扣了。

方案。①在审议这些提案的同时,被法院案例法以及欧盟法律的整个语言机制所破坏的法律与语言之间关系的文化推定不应该被忽视。这些推定被欧洲的学者和法律界(以及公众)广泛认同,无论是有意还是无意的。我将在下面的段落中对它们进行简要的介绍,每一点以问题的形式提出,来挑战传统的智慧。

(法律)语言:文化认同的标志?

如今,如果认为语言不是文化认同的标志那将是愚蠢的。大量证据将此提升到了不证自明的地步,这一点令人印象深刻。自古以来,哲学家认为人类的一个明显特征就是拥有言语能力,从而通过言语交流的能力天赋来确立我们作为人类的身份。语言学家表示,一旦他(她)开始讲话,就会揭示他(她)的文化和社会经济状况的基本信息。语言学家和心理学家一直在讨论由语言所编码的认知范畴是否会以及是怎样影响人们的思维方式的,并表明人们基于语言而思维和行为方式有所不同(Everett 2013:255-72)。政治学家提醒我们,各个国家采取的语言政策有助于形成一定的集体文化认同。律师们也可以凭借法律领域的许多敏锐的观察,将语言看作文化认同的标志。②

诚然,语言现在被认为是文化认同的标志,但是文化和文化认同是许多

---

① 例如德兰(Derlén 2011:157)主张将法语和英语作为强制性参照语言,同时保留所有欧盟法律语言版本的平等有效性规则。锡林(Schilling 2010:64)提出了一个更激进的解决方案,他认为欧盟颁布的每个法规只有一个有效的版本。然而,这将使时光倒流到单一语言(拉丁语)主导法律的交际时代。关于对这两个提案(和第三个提案)的评估,莎尔切维奇(Šarčević 2013:17-25)提出了提高欧盟多语立法质量的具体措施,试图维护当前的语言体系。其他学者承认有必要进行改革,但认为在可预见的未来不会有任何变化,例如本戈特克斯(Bengoetxea, 2011:98-105)就这样认为。

② 不幸的是,律师在制定语言政策和决定法律问题时,也可能接受这种观点。默茨(Mertz 1982)在19世纪的最后25年和20世纪上半叶期间,引述了美国最高法院和美国其他法院批准的沃尔夫理论的原始"民间"版本(假设语言塑造了其使用者的概念化范围)。根据默茨所说,这些法院认为美国的政治概念被认为与英语有着不可分的联系;除非是一个讲英语的人,否则对这些概念是无法理解的。这位作者进一步指出:"在这个民间理论中出现一个'沃尔夫'的前提也支持认知人类学家的建议,即科学理论通常是民间理论的系统化适应。"

第二章
欧洲的法律、语言与多语制：呼唤新的法律文化

不同层面或构件的产物，指向不同的方向。文化不是笼子；文化差异化和跨文化互动一直是人类诞生以来的规则。在朝向未来的人类工程和不断演进的社群理念的影响下，文化随着时间的推移而变化。法律的语言变异是一种为专门目的而发展的语言，也是一种具有相似特征的文化表现形式。

几个世纪以来，许多欧洲大陆国家的国内法律语言大部分是拉丁语，这是一种律师理解和使用的语言，但其客户当事人则不一定。法语与拉丁语一样，法律法语是英格兰的法律语言之一，这种情况一直保持到英格兰统治阶级不再使用盎格鲁-诺曼法语。

即使在今天，尽管有关语言可能只是由部分人群在使用，在人们说着不同语言的地区，有时也会用媒介语言来制定立法或判决案件。尽管宪法条款提供若干平等地位的官方语言，这种事情还是可能发生的。[1]作为一种媒介语言，这种语言可能具有区别性特征，与母语人士的语言还是有距离的。[2]

多边条约和公约是用有限的几种语言撰写的。获得由协议产生的国际规范的有效文本是那些在这些规范生效的国家中，了解这些语言人士的特权。而且，即使当法律是以这些人懂得的语言起草的，法律的有关文本也可能涉及外国的概念和规则体系，甚至是涉及众多的外国概念和规则体系，没有完全将这些概念潜在的价值观和哲学概念的体系充分地融入本国法律之中。最初通过采用外国法律文本的本地版来修改法律的国家（如日本）对这种可能性作出了有力的证明，尽管这种接受导致了国家法律语言的高度混杂化和复杂化（Kitamura 1993）。欧洲几个司法管辖区的法律或多或少也是如此。几个世纪以来，这些司法管辖区的法律语言因为从商法、教会法和宪法等多个法律领域输入的各种外来语和同化词而变得丰富起来。在所有各种情况下，欧洲大地发生了大量的输出和输入，因为欧洲

---

[1] 有关南非的状况，参见 Harms(2012)。
[2] See Chapter 8 by Felici in this volume; on the peculiar features of the CJEU's 'Court French', see McAuliffe (2011:97-115).

人民共同享有了广博的社会经济和文化元素。①

当欧洲法院否决了诉讼当事人之一所参照条款的语言版本而支持其他语言版本,并在其意见中阐明了适用的规则时,它便重申了欧洲法律是以不同语言制定的这个基本信息。法院坚持这种做法的事实提醒我们,文化认同、语言和法律之间的关系比我经常认为的更为灵活。事实上,它的灵活度到了这种程度,即在某些情况下,公民可能不能依靠用他/她经常参照使用的语言制定的条款。此外,也存在法院诉讼当事人用其他语言版本援引规则的情况。② 有人会问,那么可以灵活到什么地步呢? 欧盟法院认为,只有当欧盟机构采用的法律不能在成员国的自然人和法人身上执行时,才有可能在自己的官方刊物上以自己的语言访问该法案的原始文本。③ 用操作术语来说,这是在这里划定了边界。

信息存在于文本中:真乎?

学习阅读、写作或掌握一门专门的语言需要付出很大的努力,这些能力对于在现代所有司法管辖区的律师们的生存至关重要。法律专业的学生大部分时间都是在阅读各种法律资料,学习撰写各种用途的法律文件。他们了解作为制定法律工具的口头及书面语言的力量。有时候,他们有机会反思这两者作为改变法律的有效手段的失败。然而,学生作为律师与社会接

---

① 在这个意义上,人们即使没有共同的法律语言也可以谈论共同的法律话语,参见 Kjær (2004:397)。克嘉在本书第六章中发展了她的观点,她认识到欧盟法律英语越来越多地被作为通用语,但认为欧盟层面的共同法律话语的发展是使欧盟概念被视为自治的主要因素。

② See, for example, *Bayerische Hypotheken- und Wechselbank AG v. Edgar Dietzinger Environment and Consumers*. Case C-45/96 [1998] ECR I-1199. 在该案例中,比利时、芬兰、法国和德国政府依靠有关指令的英文文本,认为,银行从消费者那里取得的担保不是针对 85/577 指令的合同,"因为担保不是双边协议,即涉及相互义务或义务的双边协议,而是从担保人的角度出发的单方面承诺"(雅各布大法官1997年3月20日发布的意见,案例 C-45/96 [1998] I-1199 号 ECR 第14段概述了上述各国政府的意见)。另外,英国政府并不认为这一保证超出了《上门交易指令》的范围。

③ C-161/06 *Skoma-Lax sro v. Celní ředitelství Olomouc* [2007] ECR I-10841; see also Case C-345/06 *Gottfried Heinrich* [2009] ECR I-01659(法规尚未公布的那一部分不能用来针对个人,如果该个人就事情的本质而言,不知道有关尚在讨论的规定内容为何的话)。

第二章
欧洲的法律、语言与多语制:呼唤新的法律文化

触的方式导致了对作为法律渊源的文本不同方式的理解,法律实践本身也是如此。

反思文本作为法律渊源的一种方法,是用通过管道镜的比喻来审视它们,这种比喻将语言比作一种通用管道,将特定语言编码的信息从说话人 A 传达给说话人 B(参见 Reddy(1979)的研讨论文)。可惜的是,在被用以进行某些实践的方面,语言是一种很差的沟通手段。如果只用文字表达,有些信息确实难以把握。亚历山大·麦考尔·史密斯(Alexander McCall Smith)在其短篇喜剧小说《葡萄牙语不规则动词》(*Portuguese Irregular Verts*)(Alexander McCall Smith 2003:9)中嘲弄了两位德国语言学教授,他们第一次来网球场,决定打一场比赛,并用网球运动规则手册作为唯一的指南来学习网球运动。结果令人捧腹,表明语言可能完全不能传达解释复杂活动组织的信息。有争议的是,组织这样复杂的任务,如像各种规范性文本管理任务,比起打网球要复杂得多了,不能完全依赖于口头表达的信息。事实上,即使是相对简单的事情,例如获悉方向,语言往往不是提供信息的最佳选择。"朝前走到第三个路口向右转,然后在第四个路口左转"这句话不比看地图来得更清楚明了![1] 但尽管如此,"一旦在任何行为中使用话语,再加上使用标志,那行为就会被改变并在新的方向上被重组(Vygotsky 1978:24)"[2]。

另外,律师们知道(尽管他们可能不愿意承认这一点!),构建规范性文本的书面提议至多只提供了一个语言学的线索,来作为一种理解法律的实践形式。能阅读任何宪法的文本,不是说你就会成为一名宪法律师。规范性文本通常只规定一些制度约束的某些实践方面。他们把重点放在突出或明显需要解决的问题上,而忽略其余部分。然而,隐含的内容也可能同样重要。比较法律师已经注意到了这一点,并讲到隐匿性是指影响法律应用

---

[1] 艾奇逊(Aitchison 1997:23)引用这个例子来说明使用一种语言的抽象术语来标明方向的困难程度,语言的导管比喻是误导性的。

[2] 赛科(Sacco 1991)关于隐匿性和形式的研究表明,类似的见解对于理解法律、语言和行为之间的关系是至关重要的。另参见 Sacco(1995)。

的隐性知识(Sacco 1991：343，385；cf. Grossfeld and Eberle 2003)。律师也面临误导性的规范文本，因为它们或者反映了过时的规范，或者提供了在实践中得不到支持的不正常的法律制度。在中世纪的英格兰，起诉侵权的索赔人不得不声称他们是被告人所造成暴力伤害的受害者。但往往这是一个编造的谎言：实现侵权行为不需要暴力或武器。① 法律文本用语言学符号记录下来，代表各种概念，通过专业人士和非专业人士的使用，表达随时间演变和变化的规则。像"诚信"(good faith)这样的非结构化概念只是整个世界语言符号不确定的冰山一角。

欧盟法院拒绝了在各种案件中使用直译法翻译的方式，认为仅仅凭借措辞通常不能确定法律的含义。鉴于法院倾向于使用目的论的翻译方法，可以公平地问一下，鉴于将意义归因于欧盟文本的功能法往往占优势，是否真的值得努力比较欧盟立法的各种语言版本(参见 Derlén 2011：156)？

朝着正确的方向迈出的一步是公开承认：欧盟的立法往往含有没有确定意义的语言符号。它们的意义是由律师、学者和法官的活动所创造出的，他们比较了欧盟立法的不同语言版本，反思其颁布的目的，借鉴他们的法律知识，并集体决定哪些规范必须执行，从而使欧洲法律在或多或少一致的方向上发展。

从这个角度来看，欧洲条款的文本只不过是创造规范实践的一个焦点，促使人们去找出那些从一开始就并不存在的意义的支持。②这些做法的框架结构决定了最终归因于文本的意义。

尽管所涉条款是在没有使用统一术语和界定关键概念的情况下起草的，但最后这一点有助于澄清某一条款如何产生同样的管制效果。2002年6月6日关于金融担保安排的 2002/47/EC 指令提供了这方面一个很好的例子。该指令英文版的标题和正文除了一句句子外，尽量避免引用"合同"

---

① 这不是法律的最新进展：Anon. (1304) Y. B. 32 & 33 Edw I, Roll Series, 259, reproduced in Baker and Milsom(1986：297)。这不是偶然的，因为正如米尔森(Milsom1981：xi)指出的那样："普通法一直在不断地滥用其基本思想。"当然，对于其他法律制度的审视也是如此。
② 从法律理论的角度来看，这方面的奠基性的文献请参见 Kennedy(1998)。

第二章
欧洲的法律、语言与多语制：呼唤新的法律文化

的概念。另外，法文和意大利文版的指令分别谈及"财务担保合同"（contrats de garantie financière and contratti di garanzia finanziaria），用以传达英文指令所称的"担保安排"（collateral arrangements）。同一指令的德文版使用"抵押"（Finanzsicherheiten）一词，而相同条款的其他版本（例如西班牙语）则用"协议"（acuerdos）一词，表示财务担保。人们无法想象还能用更多的语言变化来指定相同的概念。然而，在这一点上，我们在翻阅该指令的各种语言版本时，找到了关于同类交易的规则。[①] 主题是相同的，因为该指令涵盖的交易符合由全球主要市场参与者起草的框架主协议构成的同一套金融交易。[②] 另外，该文书的其他方面，如提及"合理性"这一概念并不协调统一，因此将根据成员国的国家法律予以解释（Graziadei 2012）。

语言的变化是法律的变化吗？

律师对法律和语言之间关系的本质有着许多先入为主的观点。其中有一种观点认为，法律与表达的语言之间有着千丝万缕的联系。当然，自然语言是不同的。即使在法律起草方面进行一些适度的练习，例如将整个欧洲消费者法规的英语版合并在一起，也会产生应该用什么样的语言来达到这个目的这样的一些问题（Dannemann et al. 2007）。然而，不同语言不能表达同一法律的观念并不需要整体的观察，除了社会文化背景不同，语音、书写、形态、句法、语义、语用和文体结构都不相同。[③] 正如我们刚指出的那样，这只是一个开始（参见 Sin 2013：929-51）。

多语言的统一立法可以作为表面证据来反对不可能用多种语言表达同一法律这一观点，如果不是因为这种立法将跨国界的法律统一起来的目的，很有可能导致其所在国家的国内法院作出不同的裁决。因此，有必要

[①] 人们会情不自禁地补充说，尽管有各种变化，故事所指的事实仍然是一样的，就像雷蒙·奎诺（Raymond Queneau）的《风格练习》（Exercices de style）一样。
[②] 进一步仔细观察这些协议在不同地方所衍生的做法，参见 Riles（2011）。
[③] 我同意波佐在本书第五章中关于语言、文化和法律之间关系的观点。

分析多语言统一立法的失败来作为有力证据,证明同一法规的不同语言版本产生了在(统一)实施中的相互冲突的含义。对统一文本的不同解释将证明,即使目的和意愿是采用一套共同的规则,每种语言都必然要传达不同的含义。正如争论所说的,每种语言最终都以自己的方式来切割世界。

在不考虑20世纪语言学家和心理学家热烈争论的最后一个普遍假设的情况下,将法律与其语言表述之间的关系概念化,这是一种不能令人满意的方式。当生效的这些语言不表示相同的概念并且跨越国界表达相同的规则时,它们就产生了不同的解释。因此,对统一立法会有不同的解释,并不仅仅是因为语言自身的天赋,而是因为在概念层面缺乏统一性。换句话说,不同有效文本中的语言符号并不总是具有相同的参照意义。像缺乏这种基础的法律翻译一样,没有统一的参照系统的统一立法也必然会失败。①

因此,统一的多语言立法的问题记录,不是由于为实现预期结果而使用的工具的性质,即属于某些自然语言的语言符号集,而是由于语义②和句法原因③未能使用该工具去实现相同的参考意义。

用来制定法律的语言改变并不意味着法律本身需要改变;只有涉及参照系统变化时才会改变。例如,当法国放弃拉丁语而赞成用法语起草其民法典时,用来表达法律的语言符号的变化起初并没有改变它们所指的参照对象。为了生动地展示这一动态及其有限的后果,《法国民法典》第1382条中提到的术语"错误"(faute),在许多比较著作中,有突出的特殊含义,④并不是因为它在某种程度上是非常法国化的,而是因为它反映了拉丁语术语"culpa"在共同法里的(复杂的)含义,这个意思在法语中实际上是由"faute"这个词来表达的(参见 Graziadei 2010:126)。法律一开始并没有改变,只是因为引入了新的语言符号;这个符号被赋予了和"culpa"一样的语

---

① 莎尔切维奇(Šarčević 1997)的重要文献表明,多语言欧盟术语协调一致可以被认为是一个概念差异的问题,必须如此解决。在计算机科学和法学领域,萨尔特等人(Sartor 2011)从对每个法律制度背后的不同法律本体的理解来解决这个问题。
② 设想下在结束翻译后,却没有认出外语术语是同形异义词;费雷里(Ferreri 2010)、霍诺德(Honnold 1988:208)笼统地警告说"通过国内法视角去阅读国际文本的自然倾向"。
③ 该观点参见本书巴依吉的第七章;另参见 Visconti (2010:29 ff.)。
④ See, for example, Markesinis and Lawson (1982:185 ff.).

第二章
欧洲的法律、语言与多语制：呼唤新的法律文化

义价值。

德国法律学者开始用德语起草法律时采取了不同的策略。他们的评论不仅提出了一套新的语言符号来表达法律，而且还提出了一个新的参照对象来使法律概念体系清晰化。这是他们认为对侵权责任过于无系统化方法作出的反应。面对"culpa"一词的旧概念，19世纪的德国学者系统地区分了它的各种含义，把它们连接到不同的德语符号上，更加注重区分疏忽和故意的不法行为，将这两个要素与不法行为的客观因素区分开来。最后，《德国民法典》第823节将所有这些区别都纂录了出来，从而为不法行为责任设置了新的界限。如果德语和法语都选用新的通用术语，或者法语调整自己的语言，留下更多的空间，去表达在德语中已存在的不法行为责任的各种区别的话，两国的法律语言可能开始再次统一。①

当用不同的语言来制定同样的法律时，未能区分不同的语言和法律层面可能会导致重大的观点错误。其中之一是，从语言学观点看，相信两种语言距离越远，用另一种体系的语言表达法律制度的概念和规则就越困难。如果这两种语言有相同的参照系统，就不一定是这样了。

举例来说，当香港的法令第一次翻译成汉语为1997年香港回归中华人民共和国作准备时，就必须建立一套全新的词汇，用汉语来表达普通法概念。由于这些新的术语被赋予了普通法的含义，因此汉语文本所派生的意义来源于英语原文，而非中国法律。因此，中国人对于"商品质量"(merchantable quality)这一表述，是从《香港货物销售法》(HongKong Sale of Goods Act)中的普通法概念中获取其含义，而《香港货物销售法》则是以《英国货物销售法》(English Sale of Goods Act)为模型的（关于这一点可参见 Sin 2013：939-40；也可参见 Šarčević 1997：274-5）。

用不同的语言对创建术语(符号)赋予统一概念的过程需要相当的技巧和专业知识(然而，这也同样适用于该语言的其他方面)。② 当把选择的

---
① 关于朝这个方向前进的可能性，参见 Borghetti(2008)。关于法语和德语作为法律语言的发展，参见 Šarčević(1997：29-53)。
② 在这一点上，请参阅本书莎尔切维奇的第十一章和布拉塔尼琪与朗萨的第十二章。

术语赋予新的概念或事物(参照物)时,可以创建一个新的术语(新词),或者为现有的词或短语赋予新的含义。形成词汇的一个普遍特征是倾向于用现有的符号来表示一个新的指示对象。① 然而,不同的语言可以选择不同的词来表示相同的对象或指示对象,这取决于符号和指示对象之间的新的关联,或者客体是如何被建立的。例如,当欧洲发明了眼镜②时,意大利语称之为"occhiali",法语为"lunettes",西班牙语是"gafas",德语称"Brille"。这些单词中的每一个都会唤起与同一对象相关的不同联想。德语单词来源于最初用于制作镜片的水晶的名称。法语单词是指眼镜的形状,因为"lunette"是"Luna"(月亮)这个词的昵称。在西班牙语中,这个名字取自耳朵后面将镜片固定在眼前的、弯曲的眼镜脚柄。眼镜的意大利语名字来自"occhi",词义为眼睛。这个英语单词最初与用于眼睛的玻璃(eye-glasses)这个想法有关。

当使用一个术语时,总是要考虑到特定语言中的联想或内涵。在法律领域,避免选择可能引起其内涵对法律发展有不利或负面影响的术语尤为重要。例如,一个律师认为,因为"soviet"(苏维埃)一词的政治含义,就不应该把它翻成"council"(委员会)。③

多种语言的法律文书起草人、口译人员和文字翻译经常会遇到寻找足够中性的词语以避免不必要的意思或内涵的累赘问题(参见 Dannemann 2012:96-9)。除非欧盟多语言立法伴有一套所有参与其中使用的成员共享开发的共同概念,否则欧盟立法不可能具有统一的效果,也不能实现国家法律的协调一致。

欧盟法院是推进寻求一套共同概念的主要代理人之一。法院判决否定欧盟规范性文本一个或多个的语言版本,是出于秉承欧洲法律的统一的需要。如果欧盟立法的不同语言版本在成员国中的解释和应用方式不同,就

---

① See, for instance, the example provided by Case 533/07 *Falco Privatstiftung and Thomas Rabitsch v. Gisela Weller-Lindhorst* [2009] ECR I-03327, discussed by Ioriatti Ferrari (2010:320, note 28).
② 这一案例引自 Alinei (2009:77-8)。
③ 这一案例来自 Sacco(1992)。

不能保证这种统一。然而,欧盟法院坚持发展自主的欧盟法律概念也表明,确定哪些概念构成欧洲法律的基本组成部分是一个问题,也可以在单个一种语言的语义场内出现(见本书克嘉和恩格伯格的第六、十章)。出于这个原因,语言学证据本身并不能确定其含义被赋予了某一特定欧盟法律条款。

结　　论

近期的法学研究一再提出了一项新的欧洲法律文化诞生的主题,这个文化在多个地方以各种方式逐渐发展。在这整件事中缺失的部分往往是,在欧盟目前的语言机制提供的多语言基础上,如何建立这种新的法律文化。

本章指出,任何忽略欧洲法律多语言基础的法律和文化贡献,都不能认识到当今欧洲法律的一个基本方面。[①] 欧盟各机构制定的每个文案都提出了如何解释并跨国界应用的问题。欧洲的多语言立法不能在整个欧洲范围内产生统一的法律变更或法律协调,除非所有负责实现其统一实施的人员对欧盟立法有共同的理解。欧盟法律适用缺乏一致性通常是由于欧盟颁布的法规不能依赖欧洲区域共享的一套统一概念。建立统一概念的工作正在进行中。此外,制定多语言立法需要更全面的能力来探索语言符号在实践中用来表达欧洲法律的效果。这需要进行语言和法律上的比较,这对法律翻译研究的发展和多语言的欧洲跨文化交流至关重要。

我在开始这一章时,强调必须把重点放在文本的规范性特点上,还要更多地关注奠定欧洲法律实践基础的规范力。我坚持我的上述观点,然而,我的结论却以不同的基调结束。多语言欧洲的一个全新的法律文化的诞生,将会依赖于以下两方面,即多语言立法者要拥有各种方法和手段的全

---

① 另外,一些学者对这个方面具有强烈的意识:例如,参见 Wilhelmsson, Paunio and Pohjolainen(2007);另参见 Glanert(2014)。而且,这是皮埃尔·罗格朗(Pierre Legrand)在他对法律、语言和文化的许多挑战性的贡献中阐述的基本信息,他倾向于表示,语言(以及特定文化)的迷宫般层面是没有出路的。另参见克嘉和恩格伯格在本书第六、十章中的评论。

新意识,以及足够能使法律成为一项可信的交际行为的复杂的语言需求。

参 考 文 献

Aitchison, J. 1997. *The Language Web: The Power and Problem of Words*. Cambridge: Cambridge University Press.

Alinei, A. 2009. *L'origine delle parole*. Roma: Aracne Editrice.

Baaij, C. J. W. 2012. Fifty years of multilingual interpretation in the European Union, in *The Oxford Handbook of Language and Law*, edited by P. Tiersma and L. Solan. Oxford: Oxford University Press, 217-23.

Baker, J. H. and Milsom, S. F. C. 1986. *Sources of English Legal History: Private Law to 1750*. Cambridge: Cambridge University Press.

Bengoetxea, J. 2011. Multilingual and multicultural legal reasoning: the European Court of Justice, in *Linguistic Diversity and European Democracy*, edited by A. L. Kjær and S. Adamo. Farnham: Ashgate, 97-122.

Borghetti, J.-S. 2008. Les intérêts protégés et l'étendue des préjudices réparables en droit de la responsabilité civile extra-contractuelle, in *Études offertes à Geneviève Viney*. Paris: L. G. D. J., 145-71.

Dannemann, G. 2012. In search of system neutrality: methodological issues in the drafting of European contract law rules, in *Practice and Theory in Comparative Law*, edited by M. Adams and J. Bonhoff. Cambridge: Cambridge University Press, 96-119.

Dannemann, G., Ferreri, S. and Graziadei, M. 2007. Consolidating EC contract law terminology: the contribution of the terminology group, in *Principles of the Existing EC Contract Law (Acquis Principles)*. Contract I, prepared by the Research Group on the Existing EC Private Law (Acquis Group). Munich: Sellier European Law Publishers, xxxiii-xl.

Derlén, M. 2011. In defence of (limited) multilingualism: problems and possibilities of the multilingual interpretation of European Union Law in national courts, in *Linguistic Diversity and European Democracy*, edited by A. L. Kjær and S. Adamo. Farnham: Ashgate, 143-66.

Everett, D. 2013. *Language: The Cultural Tool*. London: Profile Books.

Ferreri, S. (ed.) 2010. *Falsi amici e trappole linguistiche: Termini contrattuali angbfoni e difficoltà di traduzione*. Torino: Giappichelli.

Glanert, S. 2012. Europe, aporetically: a common law without a common discourse. *Erasmus Law Review*, 5(3), 135-50.

Glanert, S. (ed.) 2014. *Comparative Law-Engaging Translation*. Abingdon: Routledge.

Graziadei, M. 2010. Liability for fault in Italian law: the development of legal doctrine from 1865 to the end of the twentieth century, in *The Development and the Making of Legal Doctrine (Comparative Studies in the Development of the Law of Torts in Europe)*, edited by N. Jansen. Cambridge: Cambridge University Press, 126 ff.

Graziadei, M. 2012. Financial collateral arrangements: Directive 2002/47/EC and the many faces of reasonableness. *Uniform Law Review*, 17, 497-506.

Graziadei, M. 2014. Many languages for a single voice: the heteroglossia of EU private law and the evolving legal cultures of Europe, in *Translating the DCFR and Drafting the CESL: A Pragmatic Perspective*, edited by B. Pasa and L. Morra. Munich: Sellier European Law Publishers, 69-83.

Grossfeld, B. and Eberle, E. 2003. Patterns of order in comparative law: discovering and decoding invisible powers. *Texas International Law Journal*, 38, 291-316.

Harms, L. T. C. 2012. Law and language in a multilingual society. *Potchefstroom Electronic Law Journal*, 15(2), 21-31.

Honnold, J. 1988. The Sales Convention in action-uniform international words: uniform application? *Journal of Law and Commerce*, 8, 207-12.

Ioriatti Ferrari, E. 2010. Draft Common Frame of Reference and Terminology, in *A Factual Assessment of the Draft Common Frame of Reference*, edited by L. Antoniolli and F. Fiorentini. Munich: Sellier European Law Publishers, 313-34.

Kennedy, D. 1998. *A Critique of Adjudication (fin de siècle)*. Boston: Harvard University Press.

Kitamura, I. 1993. Problems of the translation of law in Japan. *Victoria University of Wellington Law Review*, 23, 1-40.

Kjær, A. L. 2004. A common legal language in Europe, in *Epistemology and Methodology of Comparative Law*, edited by M. Van Hoecke. Oxford: Hart Publishing, 377-98.

Kjær, A. L. 2008. Language as barrier and carrier of European legal integration, in *Paradoxes of European Legal Integration*, edited by H. Petersen, A. L. Kjær, H. Krunke and M. R. Madsen. Aldershot: Ashgate, 149-56.

Markesinis, B. and Lawson, F. 1982. *Tortious Liability for Unintentional Harm in the Common Law and the Civil Law*. Cambridge: Cambridge University Press.

McAuliffe, K. 2011. Hybrid texts and uniform law? The multilingual case law of the Court of Justice of the European Union. *International Journal for the Semiotics of Law*, 24, 97-115.

McCall Smith, A. 2003. *Portuguese Irregular Verbs*. New York: Anchor Books.

Mertz, E. 1982. Language and mind: a Whorfian folk theory in United States language law. Sociolinguistics Working Paper Nr. 93, July. Available at: http://ccat.sas.upenn.edu/~haroldfs/540/theory/mertzl.html [accessed 1 December2013].

Milsom, S. F. C. 1986. *Historical Foundations of Common Law*. 2nd edition. Cambridge: Cambridge University Press.

Reddy, M. J. 1979. The conduit metaphor: a case of frame conflict in our language about language, in *Metaphor and Thought*, edited by A. Ortony. Cambridge: Cambridge University Press, 284-324.

Riles A. 2011. *Collateral Knowledge: Legal Reasoning in the Global Financial Markets*. Chicago: University of Chicago Press.

Sacco, R. 1991. Legal formants: a dynamic approach to comparative law II. *American Journal of Comparative Law*, 39, 343-401.

Sacco, R. 1992. *Introduzione al diritto comparato comparato*. 5th edition. Torino: Utet.

Sacco, R. 1995. Mute law. *American Journal of Comparative Law*, 43, 455-67.

Sartor, G., Casanovas, P., Biasiotti, M. and Fernández-Barrera, M. (eds) 2011. *Approaches to Legal Ontologies: Theories, Domains, Methodologies*. Dordrecht, Heidelberg, London and New York: Springer.

Schilling, T. 2010. Beyond multilingualism: on different approaches to the handling of diverging language versions of a Community law. *European Law Journal*, 16,47-66.

Sin, K. K. 2013. Out of the fly-bottle: conceptual confusions in multilingual legislation. *International Journal for the Semiotics of Law*, 26, 927-51.

Šarčević, S. 1997. *New Approach to Legal Translation*. The Hague: Kluwer Law International.

Šarčević, S. 2013. Multilingual lawmaking and (un)certainty in the European Union. *International Journal of Law, Language & Discourse*, 3(1), 1-29.

Visconti, J. 2010. Piccole insidie e grandi danni: connettivi e preposizioni, in *Falsi amici e trappole linguistiche. Termini contrattuali anglofoni e difficoltà di traduzione*, edited by S. Ferreri. Torino: Giappichelli, 29-50.

Vygotsky, L. S. 1978. *Mind in Society: The Development of Higher Psychological Processes*, selected and edited by M. Cole, V. John-Steiner, S. Scribner and E. Souberman. Cambridge, MA: Harvard University Press.

Wilhelmsson, T., Paunio E. and Pohjolainen, A. (eds) 2007. *Private Law and the Many Cultures of Europe*. Alphen a/d Rijn: Kluwer Law International.

第三章
欧盟多语言法律:法律、语言和文化的接口

科林·罗伯逊①

引　言

　　本章从法律、语言和文化的角度审视欧盟多语言法律,其目的不是审查具体问题,而是从接口的角度来反思它们对欧盟法律所产生的一些影响。欧盟的法律是一个相对较新的现象,到现在它仅有60年的历史。国家自愿同意接受其所能有限控制的国际机构所创造的法律和政策的约束,这一理念在历史上并不常见。就构建这一新的超国家法律体系的方法和思路而言,必须要有提供"原材料"的源头。人们可以探索这些理念的渊源,研究它们被融入欧洲一体化进程中的方式,其中欧盟法律形成了一个主要的链条。显而易见的方法是研究关于欧洲一体化和欧盟的历史的著作。但是,还有另外一种方法,就是本文的研究方法,大体从功能视角来探寻一些潜在的过程和机制。在这里,我们不会过多关注谁做了什么,什么时候做的,而会更多地关注基本的方法和技巧,对事不对人地来看待。这是一个技术角度的观点。其中,参与者的特定身份和特定的历史细节被置于背景之中,取而代之的是我们对结构问题和运作方式及选择的关注。同样,我们不会通过欧盟法律来分析某些理论,特别是经济理论的适用,而是反思为此目的而使用的工具,特别是法律和语言的工具。作为一个活的有机体,

---

① 所有评论都是纯个人的。

欧盟法律是多方影响力参与的场所，而选择"文化"这一附加观点则是试图考虑各成员国内部和各成员国之间存在的互相竞争的价值观和利益是如何汇集在一起，在制定受到广泛支持的欧盟的立法文本过程中是如何被斟酌考量的。这里关注的主要焦点是欧盟的法律文本，其目的是反思对文本起作用并影响其正式结构、内容和语言的接口，主要关注点是立法而不是法庭或其他法律文本。

首先是多年来在最终被采纳、签署和出版之前，检查和修订欧盟多语言立法文本草案的从事法律和语言工作的实践者的观点。简单来说，这就是所谓的"律师兼语言学家"的观点。从这个角度来看，法律文本的准确性、细节的直接性、任务的紧迫性以及在语言内和跨语言找到解决术语问题方案的需要起着突出的作用。对于立法文本来说，所有谈判合作伙伴都要达成协议的问题大多集中在文本上，这些文本要符合欧盟法律、欧盟立法起草方法和高质量语言的要求，这样才能达到理想的法律效果。每个欧盟立法文本都经历了起草、翻译成所有欧盟语言、审查、修改和法律语言审核以及所有语言版本校准的过程。在这种环境下，欧盟律师兼语言学家的任务是确保所有语言版本的最佳质量，以及它们之间最高程度的信息等值。但是，这也是所有参与者的目标(关于质量，请参阅本书斯特兰德维克的第九章)。

欧盟的每一项立法过程都符合一个有始有终的线性文本的形式，但是它的每个部分都经过了仔细和深入的研究，都见证了各方力量所施加的影响。其中，我们可以引用与文本结构和格式有关的形式上的影响。这里有一些因法律考量而产生的影响，例如，需要指出那些可以赋予制定附属法令，诸如法规或者指令等权力的条约规定。但也有一些语言问题，例如在法令的不同部分使用哪种动词的类型：在颁布规则(条款)中的命令动词，例如"shall"；为解释和证明行为内容的陈述所用的条件动词，例如"should"。第三是来源于每个法令的内容，例如所寻求的行为或法律效果以及所考虑的政策领域。所有这些都是以成员国(和第三国)内部的利益、需求以及文化作为背景的，这些成员国(和第三国)通常最终负责执行这些法令,将其条款转变为其国内法律制度并普遍确保遵守规则。

欧盟的立法文本和观点

欧盟的每个立法文本都是为了引起欧盟法律和/或成员国法律的某些行动或改变而编写的,因为这个功能,每一个文本都成为一个多重势力与压力交锋互动的场所。这种潜在的动荡环境受到高度的控制和管理,以确保实现最有效的结果。机构和受雇的官员在此进程中进行监督、指导和建议。一方面,每一个文本都有指定的方法,举个例子,经协商一致、按照机构的程序规则如委员会程序规则,①以及按照条约规定的程序(如普通立法程序,参见 Art. 294 TFEU)。另一方面,每个文本都必须符合成为主要法律②的有关条约(TEU,TFEU,TEAEC etc.),以及多年来由欧盟法院所制定的通用法律和原则(参见 Rosas et al. 2012)。然而,每个文本都有其他的影响,因为这是人的层面;这些文本一般是在欧盟委员会内起草的,欧盟委员会垄断了欧盟的立法建议(Art. 17 TEU③);它们由各成员国的官员、专家和政治家与欧盟理事会的行政人员和律师共同进行检查和修改;④欧洲议会成员⑤与其官员一起用同样的方式进行研究和修改;同时由其他机构和团体以及各国议会根据诉讼类型和程序类型进行核查。⑥ 在每个案例中,参与研究的人都带入了他们的知识、经验、语言和文化。正是这种环境为欧盟机构的工作以及成员国立法文本的质量和接受提供了基础。每种语言都反映了参与者的利益平衡,以及在适应多语言和多文化环境的语言表达

---

① 2009 年 12 月 1 日欧盟理事会通过了《理事会程序规则》(2009/937/EU) (OJ 325, 11 Dec. 2009, at 35);参见 http://eur-lex. europa. eu/LexUriServ/LexUriServ. do? uri = OJ:L: 2009: 325:0035:0061:en:PDF. 本章中所有基于网页的参考资料均于 2013 年 11 月 12 日实时访问。
② See inter alia, http://europa. eu/legislation_summaries/institutional_affairs/decisionmaking_process/114530_en. htm.
③ See also http://www. europarl. europa. eu/ftu/pdf/en/FTU_l. 3. 8. pdf.
④ See http://europa. eu/about-eu/institutions-bodies/council-eu/.
⑤ See http://europa. eu/about-eu/institutions-bodies/european-parliament/.
⑥ 关于各国议会在欧盟立法中的作用,参见 http://euromove. blogactiv. eu/2013/11/05/what-role-for-national-parliaments-in-eu-law-making/。

行为中所寻求的政策和对结果的兼顾。

欧盟的共同文化建立在主要条约文本之上。它们由成员国进行谈判和签署。虽然它们植根于国际法的法律文化和语言,具有双重功能,但又创造了欧盟法律的法律制度和文化。它们赋予了欧盟法律人格(Art. 47 TEU),所以现在欧盟与其成员国迥然不同。它有自己的机构:欧洲议会、欧洲理事会、欧盟理事会、欧盟委员会、欧盟法院、欧洲中央银行和审计法院(Art. 13 TEU)以及其他组织和机构(参见 Chalmers et al. 2010:52-89)。每个机构和组织都是由成员国派出的人员组成,无论是欧盟委员会成员、欧洲议会成员或者国家元首和政府首脑以及部长,他们主持并代表欧洲理事会和部长理事会。在每一种情况下,相关人员都参与欧盟法律和欧盟政策的集体决策过程。这样他们就能把他们的国家利益、文化、经验和需求提到议程上来。

对于专业人员来说,参与不同语言版本的立法文本草案的编制、检查和审查过程,最重要的是最终文本准确、高效、有效地表达了集体意愿。律师兼语言学家的任务是在文本起草时检查所有的语言版本(参见 Guggeis and Robinson 2012:64-70)。这包括审查法律形式和风格、语言和术语问题,而且还要尽可能使每个语言版本的法律效力保持一致。文本往往是复杂的,但已经设计出来多种有效的工作方法。

罗伯逊的文章(Robertson 2010a)指出,欧盟的法律文本可以从法律、语言、政策和实践这四种不同的观点来审视。在每一步中,人们被引导去思考与案文有关的不同问题和启示,并以这种方式来审查它们的效率和效力;它构成了质量控制的一部分。例如,一个"法律观点"不仅会让人研究与欧盟法律相关的法律权力、行为的形式和结构有关的问题,而且还会涉及成员国的法律政策以及之后在法案实施时所带来的法律影响。一个"政策观点"会引发对计划中的一般性领域(农业、预算、竞争、环境、社会政策)[①]的研究,以及新的文本是否符合正在考虑的政策领域,包括欧盟法律

---

① 关于欧盟的政策,参见 http://ec.europa.eu/policies。

第三章
欧盟多语言法律：法律、语言和文化的接口

政策领域内的现有安排，因为它们之间总是存在相互作用。一个"语言观点"会引发对文本的结构和布局、句子的结构、语法、拼写和术语的检查。因为，这些同时也表达了法律和政策的思想，所以肯定会有重叠，但是语言观点也会让人考虑不同的语言版本如何相互配合、相互关联和形成一个单一的多语言文本。最后是"实践观点"。这包括要求弄清楚：每一个词、短语、句子、段落和文章为什么在那里以及要起什么作用？意思是否表达清楚了？读者能理解并预测出计划要实施的行为吗？对此还可补充：每个语言版本在每个条款中是否产生相同的法律效力？实践观点提供了对跨语言的术语对等的检验，因为如果答案是"是"，那么它就为通常情况下极为细微和复杂的领域提供了一定程度上的信心。人们应该记住，每个立法文本草案都是对未来的预测。它勾勒了未来的法律规定，并尽一切努力确保所希望的结果将被读者按照制定者的意图来理解。然而，外行读者的困难在于，欧盟法律文本通常主要是为专家撰写的。这是欧盟文化的一部分。

考虑到这四个观点，并反思对欧盟法律文本的影响，会让人们逐渐开始思考每个文本背后的影响，以及未来摆在它面前的影响，决定着它是如何被阅读、理解和实施的。欧盟是一个"动态"的组织，它不断对成员国内新情况、压力和深层的政治平衡进行回应，这一点反映在新文本一直处在不断的变化之中这一现象上。这种"动态"的一面之所以存在是因为欧盟文本的目的通常是给成员国的国内法律带来变化。人们可以在欧盟"指令"的概念中看到这一点，《欧盟职能运作条约》（TFEU）第 288 条对"欧盟指令"的定义是"对所涉及的每个成员国所达成的效果具有约束力，但应该由各国当局选择形式和方法"。这种行为给其转化为国内法律留出了时间。

欧盟法律与成员国的国内法律之间的关系也许可以最简单地用"制约性"（conditionality）来描述。这是一个相互依赖的状态。一方面，欧盟法律依赖于成员国的存在，因为它们是通过条约创立的。欧盟法律的作用是根据其中的二级立法（和其他）行为，对条约所列事项来调整成员国的国内法律。另一方面，每个成员国的国内法律已经深受欧盟的超国家层面的法律影响，并在同样程度上依赖于欧盟的法律。欧盟主要在农业和渔业中承担

责任(Art. 38 TFEU),①而在其他领域,这种关系有所不同,其平衡因政策而异。就环境政策而言,成员国的国内法律深受欧盟立法和法律的影响。②为什么要根据欧盟法律来采取措施?从环境法而言,就是因为环境问题跨界并且货物和产品的市场是欧洲范围内的,国内法不能解决在邻国造成的问题。通过国际协议来规范跨境问题是可能的,而且符合常规,但是这些文本需要由每个国家签署和批准,这需要时间,有时耗时长久,有时遥遥无期。欧盟提供了一个制度环境,有会议室、秘书处、24种语言和翻译设施(如需要可提供更多)、既定程序和工作方法,以及有现场专家在较短的时间内提供指导和帮助以取得预期成果。这是一个功能角色。

从相邻欧洲国家之间的这套关系来看,有三种背景在起作用:成员国的国内法律体系、管理它们之间关系的国际法,以及在"超越"(超越国家)它们的层面并"在它们之间"运作的欧盟法律。我们可以用"矩阵"(Matrix)(Robertson,2011)来看待这一点,并且可以用它作为探索欧盟多语言法律中法律、语言和文化接口的起点。

法 律 接 口

在考虑术语时,法律观点是有用的,因为它会引发人们思考关于词和术语的准确的法律语境。法律术语的含义来源于其法律语境,并且对其所在的法律体系来说是特定的,尽管它在文化相关的法律体系之间多有重叠,因为正如大陆法系与罗马法一样,普通法体系与英国法律有共同的术语。然而,首先,欧盟法律并不真正适合这些法律制度的概念,因为它的根本出发点,即市场运作、竞争和国际关系就与其他的法律大相径庭。欧盟法律的作用不在于规范公民社会及其机构和人与人之间的法律关系(包括地位问题、财产转让等);而是协调国家与经济运营者之间的经济生产和贸易方

---

① See also http://ec.europa.eu/policies/agriculture_fisheries_food_en.htm.
② 参见"欧洲环境法网",地址为:http://ec.europa.eu/policies/agriculture_fisheries_food_en.htm.

第三章
欧盟多语言法律:法律、语言和文化的接口

式。在这方面,它可以被归类为商法(包括与公司和企业有关的法律),它的重点是国际市场和竞争,这是一个普遍认为不同于大陆法和普通法的领域(Robertson 2012a)。其次,是要问欧盟法是否可以作为法律体系来考虑。要回答这个问题,就已经超出了现在的范围。但是为了当前的目的,我们可以认为:它具有系统性,展示出了人们对一个法律体系所期待的那些特点。

把欧盟法律语言当作一个不同的风格类型来考虑是很方便的(Robertson 2012a)。这种观点与认为欧盟法律在法律认知上是一个单独的"法律秩序"异曲同工,该"法律秩序"可能对国内法律产生直接影响,正如欧盟法院在1963年2月5日第26-62号案件昂卢斯案(van Gend en Loos)①中作出的裁定。欧盟法律遵循"矩阵"的概念,位于其他两个法律秩序,即国内法和国际法之间;它是通过条约的形式按国际法创造出来的,主要是为了规约成员国的国内法。人们不仅可以从法律的角度来探索法律秩序之间的关系,也可以从语言和文化的角度来探讨它们。此外,还可以在单个文本的层面上寻找其影响和启示,也可以在每个文本的每个术语及其含义的层面上搜索。这种方法所带来的实际益处来自强调在每种情况下仔细思考每个文本或术语如何与三个法律秩序相关的这一需求。在一个自主的国内法律制度下,由于国内规则、概念和术语普遍存在,这可能不是一个主要问题,但是在欧盟法律和欧盟立法文本草案中,这便成为一个问题,不仅因为概念和术语大都来自别的地方,也因为欧盟的法律文本通常都在国内体系或国际法范围内产生影响,所有这些都包含不同的法律和语义背景。在实践中,这意味着欧盟的文本和术语与各国的国内法律文本和术语密切相关,而且这些文本和术语的读者只可能在其所在的国内法律文化中来阅读,这就存在对术语的意义产生与欧盟起草人原意相反的理解的风险。将国际法文本与欧盟文本放在一起的话,由于读者通常对意义的文化转变已经有了高度的认识,因此风险可能就会更小。阅读和理解法律文本意味着

---

① Case 26-62 NV *Algemene Transport-en Expediteur Onderneming van Gend & Loos v. Netherlands Inland Revenue Administration* [1963] ECR 1.

要精通它们被制定时所处的法律文化,而教育在这里是一个重要的因素。

有些欧盟的法律文本来自国际法文本,例如联合国决议①或世界贸易组织②。欧盟文本有可能成为转化为国内法律体系的起点,或者,如果它是条例的形式的话(Art. 288 TFEU)可能停留在欧盟的层面直接实施。在这种情况下,我们可以看到一种法律、语言的"级联"(cascade):比如说联合国制定的国际文本被欧盟的法律行为转化为欧盟的法令,接下来又被转化为成员国的法律。成员国本可以将联合国的文本直接转换到它们的系统中,但是在欧盟的"权限"范围内,欧盟应该代表它们行事,这在实践中意味着与它们密切协商。另外,还有"共享"或"混合"的权限,意思是成员国和欧盟委员会应在它们所负责的领域行事;我们在这里便进入了复杂的法律领域。在版权法的领域,有些法律文本属于国际层面(《保护文学和艺术作品伯尔尼公约》(Berne Convention for the Protection of Literary and Artistic Works)③),有些是欧盟层面(《关于信息社会中版权和相关权利的某些方面的统一的2001/29/EC指令》(Directive 2001/29/EC on the Harmonization of Certain Aspects of Copyright and Related Right in the Information Society)④),还有国内法的层面(《1988年英国版权、外观设计和专利法》(UK Copyright, Designs and Patents Act 1988)⑤)。有关每一个层面的概念、术语和意义在现实中的法律和语言中的问题是:它们是否相同?答案取决于在各自背景下对相关文本的深入分析。但是,如果控辩双方就这些文本上法院打官司时就出现了问题,除了涉及有关案文的特定语言问题之外,还有一系列其他因素会发挥作用:事实、法律规则、来自每个文本的法律含义、文本和意义之间的法律层级关系、法律的选择等。在这种情况下,在各个层面上的接口会错综复杂。

有关欧盟法律文本的因素之间的相互作用可能是法律文本生命周期的

---

① See http://www.un.org/en/sc/documents/resolutions/.
② See http://www.wto.org/.
③ See http://www.wipo.int/portal/en/index.html.
④ OJL 167, 22 June 2001, at 10.
⑤ Available at: http://www.legislation.gov.uk/ukpga/1988/48/contents.

两个阶段中最为激烈的:首先是在起草阶段;其次是在解释阶段,特别是在法院解决纠纷的情况下进行的解读。我们可以把这些作为两个参照点来研究法律、语言和文化的接口。如果我们从欧盟立法文本草案的背景出发,首先要问,从何处可以融入该体系?一级条约文本还是二级或三级的文本实施?这个问题的答案指向了形式和结构两方面:条约文本采用了一种形式,通过查看过去的欧盟条约我们可以发现是什么形式。二级或三级的欧盟法令可以是条约规定的几种类型之一,例如法规、指令、决定、建议或意见(Art. 288 TFEU)。就其结构而言,人们可以研究欧盟的立法指南,特别是《1998年12月22日关于起草共同体立法共同准则的机构间协议》(Agreement of 22 December 1998 on Common Guidelines for the Quality of Drafting of Community Legislation)、《参与起草欧盟立法的共同实用手册》(Joint Practical Guide for Persons Involved in the Drafting of European Union Legislation)和《欧盟理事会内设的法案先例手册》(Manual of Precedents for Acts established within the Council of the European Union)。这些文本都是先前讨论和谈判的产物,所以如果希望进一步研究这些接口,他应该参考这些指导文本本身的构建过程。在如何构建欧盟二级和三级法令的指导意见中,有国内法律实践和方法以及国际法方法的背景。同样,关于法律文本的操作,无论是修改还是合并,都在欧盟术语中被称为"编纂"(codification)[1]——这是一个源自法语编纂类型的概念。关于纠正立法文本中重大错误的法律程序,1969年《维也纳条约法公约》(Vienna Convention on the Law of Treaties 1969)第79条的程序[2]根据欧盟的情况(《欧盟理事会内设的法案先例手册》第163—166页)进行了调整。

虽然欧盟法令的形式结构和基本要求基本上是事先制定的,但每一项法令都会实施政策,并规定法律后果和效果。在这种背景下,会有很多能影响文本的因素,其中大部分都与政策内容有关。法律层面的因素就是要

---

[1] See explanation at: http://ec. europa. eu/dgs/legal_service/codifica_en. htm.
[2] Available at: http://treaties. un. org/doc/Treaties/1980/01/19800127%2000-52%20AM/Ch_XXIII_01p. pdf.

确保内容与欧盟现行法律(条约、其他法令、判例法、一般法律原则等)保持连贯、一致、系统,文本要符合立法质量标准。

如果我们现在转向欧盟法律文本的解释方面,那么需要牢记两个问题:第一个问题涉及欧盟的每一个多语言文本的含义;第二个问题是在发生争议的情况下解释案文的法院程序。有关这方面的思考是有意义的,因为它可能对文本的解释方式以及文本的含义产生影响。我们发现法律矩阵也与法院有关。虽然欧盟法院(法院、普通法庭和公务员法庭)①是在欧盟法律文本含义上的最终仲裁者,但是所有的国内法院都会解释和使用欧盟法律文本(有关国内法院的实践,请参阅本书德兰的第四章)。从这个意义上说,每个国内法院都是"欧盟法院",因为欧盟法律不像联邦法律那样适用于各个联邦法院。国内法院提及在有疑问或争议的情况下,可根据《欧盟职能运作条约》第267条的规定由法院来澄清欧盟文本的含义。在这种情况下,一般来说,当事方是受国内法律约束的人,涉及国内法也许还有国际法,以及有关欧盟法的规定。此处,性别歧视法律就是一个例子。②

法院的案件和程序就是符合"法律观点"的,尽管我们可以在法律政策方面对它们进行同等的分类。它们在确定欧盟法律文本意义的方面发挥着作用。欧盟的法令可能会在任何法律程序中,在任何法庭内接受审查和解释。涉及法律接口的一系列问题出现了:哪个法院拥有管辖权?法院的程序、证据问题适用哪一种法律体系?事实如何得到证明?法院将对该案件适用何种法律体系?行为的每一方都受制于其当时的地位及其追求或捍卫行为权利的法律规定。该事件是否可以不去诉诸欧盟法律?语言本身就可能是一个法律问题,因为有很多法规是关于语言的选择取舍。法律文本之间的关系、它们如何相互关联以及哪些有优先权也是法律问题。还有很多的规则或法律方法被用以翻译解释文本(例如广义或狭义的方法),这些会根据所应用的法律制度而各不相同。因此,英语的法律解释有字面规则、

---

① See http://curia.europa.eu/jcms/jcms/Jo2_6999/.
② See http://ec.europa.eu/justice/gender-equality/rights/.

黄金法则、弊端规则和解释论方法。① 欧盟翻译中的目的论方法是众所周知的(参见 Derlén 2009：43-7)。穆雷(Murray)对法律解释的比较方法进行了有趣的法律分析。这些各种各样的因素在欧盟法令含义的"表面"上并不明显，而是处在可以产生间接影响的隐藏的"冰山"之中。

语言的接口

正如"法律观点"一样，由于法律文本是语言的产物，所以语言是无所不包的，因此需要从一开始就澄清所考虑的主题的范围。为此，我们建议区分"纵向"和"横向"的语言问题。前者是指一种唯一的语言，所有的文本都是在过去、现在或将来用该语言所创建的。相反，后者则是指从更高一层来看，旨在表示并行采用的所有语言；语言的"士兵"们排成一排，列队齐步走的图像让人感觉别开生面。因此，我们可以从每种语言的内部动态的角度来考虑接口，也可以从欧盟语言对其集体影响的角度来考虑它。欧盟的法令通常是多种语言的，目前扩展到了24种语言，不包括翻译成冰岛语和挪威语，这两个国家是非欧盟成员国但却是欧洲经济区的缔约国，并根据《欧洲经济区协定》(Agreement on the European Economic Area)②，通过大多数与单一市场有关的欧盟立法。

"纵向"和"横向"的观点产生了不同的问题和信息。就前者而言，我们从所用语言的角度来看每个文本的结构和内容：有哪几部分？文本是如何构成的？如何构造句子？是否符合制定的语言标准？拼写是否正确？诸如此类。然而，这个观点也考虑了术语：它是否与统辖它的更高一级的文本一致？二级法令不能改变条约中的条款，还是必须要遵守条约语言？语域内的术语使用是否保持了一致性？不同的术语是含义相同还是不同？对此，我们可以增加历史维度，并询问条款是否随时间而改变。在文本层面

---

① 有关英国的法律解释，参见 http://www.e-lawresources.co.uk/Statutory-interpretation.php。
② See http://www.efta.int/media/documents/lega-texts/eea/the-eea-agreement/Main%20Text%20of%20the%20Agreement/EEAagreement.pdf。

上,欧盟的法令总体与以往相似,但是结构上会有变化,例如对说明条款进行了编号,使用了一次引导语,而不是对每个说明条款都重复一次。欧盟的法令有越来越长和越来越复杂的趋势,但这也是所解决问题复杂性的一个功能。例如,有关继承事宜的(欧盟)第650/2012号法规有83个说明条款。①

  在每种语言中,在下一级文本中需要重复上一级文本中的术语,这就产生了接口,在同一领域内为保证术语的一致性在不同文本中处理相似问题时重复使用统一术语也是一样的情况。第三种方法包括引用其他文本或文章的名称或编号,把其中的条款或文本合并为参考书目。另一个"纵向"的语言层面涉及欧盟法律文本中语言形式、术语和意义之间的关系,并将其与国内法或国际法中的类似形式进行比较。一般而言,修正后②的第1号条例规定了欧洲经济共同体所使用的语言,如果被列在其中,那该语言就是欧盟的官方语言并将被使用在欧盟的法律文本之中。然而,与大部分和欧盟法律及语言相关的事件一样,它是原来固有的:它是一个或多个成员国的官方语言。语言的国家形式为语法、句法、正确拼写,以及术语及其含义提供了起点和参考标准。然而,欧盟法律有许多自己的概念(机构名称、法令、国家语言背景的类型以及专业性语域的术语),这些往往和国家语言的语境不相匹配;因此,国家语言必须适应欧盟的情况,这是开始作为新成员加入欧盟的准备过程。关于这点可以补充说明,有些语言在不止一个国家使用(例如,英语:英国、爱尔兰、马耳他;法语:法国、比利时、卢森堡;德语:德国、奥地利、比利时;荷兰语:荷兰、比利时)。不同国家的语言形式可能存在差异(例如,参见奥地利德语词汇表③),对欧盟法律文本而言,可能需要该语言使用者之间就术语进行内部的谈判协商。国际法律文本也出现

---

① Regulation (EU) No. 650/2012 of the European Parliament and of the Council of 4 July 2012 on jurisdiction, applicable law, recognition and enforcement of decisions and acceptance and enforcement of authentic instruments in matters of succession and on the creation of a European Certificate of Succession (OJ L 201, 27 July 2012, at 107E).

② OJ L 17, 6 October 1958, at 385.

③ Available at: http://german.about.com/od/vocabulary/a/Austrian.htm.

第三章
欧盟多语言法律：法律、语言和文化的接口

类似的情况。因此，我们可以看到，国内、国际和欧盟法律语境的"矩阵"也适用于语言问题。与法律一样，这次是语言的新领域，而该领域跨越了两个系统并对于术语和它们的确切含义来说至关重要。这种审视使我们回到之前关于法律术语含义的讨论之上。

如果我们以欧盟中的英语为例，原来的条约文本和当时的 ECSC/EEC/EAEC"法规"都被翻译成了英文，因为欧盟文本需要有英文版本。为此，它的主要依据是英国英语，即"女王英语"，使用《牛津英语词典》（*Oxford English Dictionary*）等词典中的术语和表达；简言之就是"标准化"的官方英语。这涉及拼写、标点符号、语法、术语等。但是，与其他欧盟语言一样，英语也必须适应欧盟的情况。这在当时意味着（并且现在仍然意味着）为欧盟的概念创造出新的、不属于标准英语的术语。许多新的术语和表达方式进入了英语（"绵羊肉"（sheepmeat）、"山羊肉"（goatmeat）、"典章制度"（acquis）、"欧盟委员会体系"（comitology），还有"黄油山"（butter-mountains）和"葡萄酒湖"（wine-lakes）等日常表达），但同样一些现有的术语获得了专门的欧盟意义（整合意义上的法典化）。英语文本主要是从为法律文本提供了主要语义结构的法语翻译而来。因此，很容易会把它们看作对这种语言表示的语义转借，尽管这样会夸大两者的关系。尽管如此，它标志着欧盟英语不同于标准的、源于不同传统的法律英语的用法。这是欧盟所有语言所经历的语言新领域。它在不知不觉中产生，人们一直努力保持对欧盟文本中使用的术语的密切关注并力求使其与国内用法保持接近，以此将影响降到最低；对术语的定义在使差异更清晰的同时，在提高所有语言版本的等同性方面起着重要作用。欧盟法令的主要目的是在成员国内产生影响，并与国内法案和术语并存。将一项欧盟指令纳入国内法律意味着用国内术语来取代欧盟术语；它是一种语内翻译的形式。它作为一种普遍问题，出现在具有共同语言的法律体系之间（例如，参见 Robertson（1999）有关英语和苏格兰法律语言的文献）。

欧盟法律文本中语言分歧的一个重要原因可以追溯到关注多种语言之间互相影响的横向观点。在欧盟中，有很多因素在起作用。首先也是最明

显的是,欧盟文本倾向于先用一种语言编写,然后翻译成其他的欧盟语言,因此,基础语言在语法和术语方面就会对其他语言产生重大影响。从历史上来说,法语一直是欧盟主要的起草语言;多年来它面对英语而"节节败退"的原因主要是出于实用,即各国代表和专家们对英语的掌握要优于法语,并且感觉使用英语更舒服些。尽管如此,法语仍然与英语一并作为机构的参考语言,根据个人的体验,在起草和工作语言方面两种语言是紧密合作的。

在欧盟语言之间,从"横向"的角度可以发现功能的问题。例如,所有语言的文本具有相同的形式结构和布局;说明条款和条款项目拥有相同的编号;标题和类目互相匹配,在文档中相同编号的页面上能找到相同的信息,但是代码用 ISO 符号标记以指示语言版本(不太容易被发现)。简言之,各语言版本是同步的,在《机构间风格指南》(*Interinstitutional Style Guide*)中这称为"对观法"(synoptic approach),它提供关于如何在每种语言中撰写欧盟文本的建议。对观法对于多语言法律制度是必不可少的,因为如果谈判者或律师提到特定的文章或句子,每个人都必须能够方便快捷地在他或她的语言版本中找到相同的参考文献,以便进行检查。各国语言版本像一排士兵一样齐步走,每一个都旨在传达相同的信息。这就需要特别注意每个页面中插入的信息量,因为有些语言更简洁,而另外一些更为冗长;所有语言版本都要在相同的字体大小和边距的页面中填入所有的内容。这是一个有技巧的文秘任务,首先要创建一个基本语言的"模型",然后是其他语言,并在出现任何问题时进行调整。

对欧盟文本的另一种语言影响则源于它们所处的翻译环境。每一个文本都是为了翻译成其他语言而起草的,而其他语言的版本在法律上与"正本"的地位相同,所以重要的是最初的草案要考虑到其他语言在对信息进行处理时遇到的问题和困难。通常起草人无法事先意识到这一点,因此在一般情况下,人们要确保有一个有效的"反馈环节"来对所有语言版本进行横向审查。每个机构的律师兼语言专家在欧盟的立法程序中都有这样一个任务,通过检查、法律语言修订和会见所有语言的专家来共同审核并最终

第三章
欧盟多语言法律：法律、语言和文化的接口

确认基础语言，最后完成每一个语言的版本，并确保所有语言版本的语言对齐(Morgan 1982; Robertson 2010a; Šarčević and Robertson 2013)。这是撰写案文的最后阶段，但也可以在早期阶段通过代表的观察和翻译员的反馈来确定术语上的困难并探讨解决办法。

翻译的具体情况涉及写作风格的合适性，①并以此来促进理解和翻译。这里需要使用较短的句子。复杂的句子更难以在各种细微差别中重现。在可能的情况下，应避免使用专属特定法律体系的术语和概念；这是在《机构间风格指南》和《共同实用手册》中所提到的。外交上的模棱两可(Gallas 2006)是另一个问题，基础文本出于政治妥协的目的而出现的明确的功能性表达在其他语言中并不是总能全部体现出来，要复制这种模棱两可是很困难的。这个问题在诸如斯拉夫语言等必须指出精确关系的屈折语中尤为突出。翻译者可能被迫去"解释"文本，这通常需要参考其他语言版本，并且如果可能的话，去咨询作者。含糊不清的而又更广泛的问题是，它有可能对不确定性敞开大门，迫使经济活动者去解决这种不确定性；最后，法院参与进来解决问题。这就可能花费巨大。

在之前考虑法律观点时，文本创作的过程与翻译的过程之间是有区别的，它可能涉及法庭程序。人们可以在语言问题上采用同样的方法。主要的背景差别在于，第1号条例直接适用于文本创建过程，而第7条规定："在法院诉讼程序中使用的语言应在其程序规则中规定。"欧盟法院有一个独立的语言管理体制，欧盟法院、欧盟普通法院和公务员法庭都有程序规则。从语言和翻译的角度来看，主要的区别在于：对于立法文本，可以选择一种语言作为一般的起草语言，然后进行安排，一步到位地将其翻译成所有其他语言。然而，在庭审中，通常以听证会中法院所参考的语言或双方当事人的语言(见法院排序的个别规则)向欧盟法院提出诉讼，所以任何一种语言都有可能成为庭审语言。这意味着要从任何一种语言翻译成所有其他语言。这会出现实践方面的问题：可能的语言组合数量以及翻译服务在

---

① 有关实际例子参见 http://developer.gnome.org/gdp-style-guide/stable/locale-5.html.en。

同时掌控所有这些语言上的限制,因此会采用内部方法,如通过中心语言进行中继翻译(McAuliffe 2010)。法院通过将所有案件翻译成法语并使用该语言作为内部工作语言来保持"语言稳定性"(见本书第四章)。

如果我们再次回顾法律观点以及翻译一个案文与在完成这个翻译时的法庭程序环境之间的区别,那我们就一方面进入欧盟法律文本的多种语言翻译领域(Robertson 2012b;Derlén 2009),另一方面则涉足法院案件的语言排序。如果从法律效果的角度来看,语言版本之间的意义没有什么区别的话,那待完成的文本之间就没有冲突,这也是正常的情况。但是,要是存在差异的话,那欧盟法院已经制订了一些方法来确定哪个(些)版本与适用规则想要表达的意思最为接近。这可能是大多数的语言,或者几种语言,在特殊情况下,甚至只是某一种单个语言,①但是一切都取决于语境、法令的目的,作者的意图、条约基础、适用的法律原则等。然而,我们应该注意到,在这里我们正在远离文本的语言表达,而哪个版本传达了规则,这是一个法律问题。

迄今为止,关注点都在欧盟法院的背景之下,但是对此所引用的初步翻译都始于国内法院的诉讼,通常是一个或多个当事方就欧盟法律文本提出申诉。在这种情况下,可能有多个语言变量:每一方的语言、每个证人的语言、法院和程序所用的语言、文件和证据的语言,所适用的国内法语言、法庭语言中可能包括或者未包括的国际法令所用的语言,以及欧盟法令的语言。在一个没有外来因素的、唯一语言的法律体系内的纯粹一国之内的案件中,会使用一种主导语言。国内法律事务和文本用的是该国语言,欧盟文本用的是欧盟语言;但如果对欧盟的文本进行"本国"风格的翻译对当事方的案子有益的话,他们会主张这么做。我们再次进入了复杂的法律领域,因为每种可能方案的方法和解决方案都被涵盖在法规之中:国际私法法规(法院的选择、适用法律的选择)、法院程序规则、证据和笔译与口译的

---

① See Opinion of Advocate General Stix-Hackl in Case C-265/03 *Igor Simutenkov v. Ministerio de Educación y Cultura*, *Real Federación Española de Fútbol* [2005] ECRI-02579.

第三章
欧盟多语言法律:法律、语言和文化的接口

安排规则。①

文化的接口

现在我们转向考虑欧盟多语言法律中的文化接口。什么是文化？在经过一番对字典的研究之后,发现它在英语中有各种不同的定义,但建议保留《牛津英语词典》的以下释义:"一个社会或集团的思想、习俗等(1796,来自德语的'Kultur')。"这个定义足够宽泛到可以涵盖关于法律和语言以及我们生活方式背后的相关思想的所有想法。从这个角度来看,前面提到的有关欧盟法律及语言的法律和语言观点的所有内容,都在这个范围之内。但是,如果从文化的接口方面来考虑,那么这个定义就会让人们从特定的社会和团体的角度来思考。在欧盟的背景下,人们可能会认为各个成员国是文化实体,但是每个国家本身都可以被当作一致性范围或大或小的、复杂的团体和社会。公司企业和政府部门、地方政府以及家庭一样,都有自己的文化。其中,大部分与欧盟的法律和语言几乎没有什么直接关系,但有些部分却有关系。问题是谁有关系和有什么关系。在这里,先把那些可以从历史书籍、解读报告和准备工作文件中获得的具体的历史细节放在一边,建议读者们把注意力放在一些框架结构的方面,而文化的影响力正是通过这些框架结构来施加在欧盟法律文本之上的。第一,欧盟条约所创造的文化环境已经触及了法律和语言;第二,存在着主要由条约决定的二级法令的文化环境,但它们也受到个别文本实施政策的影响;第三,存在成员国和在每一个正在编写的案文中都有所涉及的谈判各方的文化。

欧盟法律有一个政策领域以"文化"冠名(Art. 167 TFEU;同时参见

---

① 有关欧盟成员国法庭口译以及刑事诉讼中口译和翻译权的 2010/64/EU 指令的国内法转换,见本书巴耶赛琪的第十三章。另参见欧盟委员会网站"公正、口译权和笔译权", http://ec.europa.eu/justice/criminal/criminal-rights/right-translation/index_en.htm。

Europedia Moussis），还有欧盟有关文化的文本①和每年的欧盟"文化之都"。② 这里的焦点主要集中在诸如戏剧、艺术、舞蹈、电影之类的社会活动上，而欧盟法律文本的功能通常是鼓励分享、融合和相互了解，以此降低壁垒，通过更大程度上的相互理解来加强欧盟独一无二的"文化空间"。虽然这些文化活动与欧盟法律文本和欧盟机构略有脱离，但它们是欧盟试图鼓励和促进的成员国中的盛事。

应对文化接口问题的第四种解决方法是拿起每一个法律文本，反思那些对其施加的影响力量，而且更重要的是，反思想要达成什么样的目标；这种影响也可以从已经发生的文化选择的角度来看待。在这方面，市场经济和竞争关心的是"文化"选择，但是它们必须适合并适应广泛的、有文化导向的，或一致或相互冲突的政策领域。欧盟的每一个法律文本都有它自己的历史，这个历史由背景情况、理念、事件、协商、艰苦的谈判、妥协和解决办法组成。为了确定文化对法律文本的影响，我们需要阅读工作底稿，并阅读参与制定文本人员的详细报告。举个例子，在前面提到的继承法领域内，在海牙国际私法会议③的主持下由专家起草的，沃特斯（Waters）的一份关于适用死者遗产继承法律公约的解释性报告（Explanatory Report）中阐述了在公约谈判中遇到的问题、提出的方法和解决办法。但是，欧盟的立法文本是不同的，因为解释性报告并不构成法令的一部分。欧盟文本的解释部分是在说明条款中，其中列出了案文的理由，并在条款中介绍了具体的规定。它们是法律文本的一部分。它们并不涉及文本如何产生的过程。引用特定事件和问题会倾向于使用抽象的、一般的和中性的语言来表达，从而增强公正性。这就是欧盟的立法之术。

如果有人希望超越法律文本的表层，进入更深的意义、含义和文化影响的层次的话，那么有一种方法就是回顾一开始提到的四种观点：法律、语

---

① See the Europa Agenda for culture at：http://ec. europa. eu/culture/our-policy-development/european-agenda_en. htm.

② See http://ec. europa. eu/culture/our-programmes-and-actions/capitals/european-capitals-of-culture _en. htm.

③ See http://www. hcch. net//index_en. php？ act = publications. detailsandpid = 2959.

第三章
欧盟多语言法律:法律、语言和文化的接口

言、政策和实施。我们已经讨论了法律和语言的观点。那么,政策和实施呢?这些可以被看作"在运作的文化"。如果一个社会有一个"商业"文化,它会青睐那些可以促进商业行为具有商业导向的政策。同样,如果是一个农村、城市、消费者、自然、宗教导向的社会,它就会让它的政策和实施举措来适应这些目的。政策和实施的观点在一定程度上可以看作文本作者的"文化价值观"。从这个角度来看,对欧盟近半个世纪的条约和二级法令的一项研究表明,从强调煤炭和钢铁开始,逐步转变为更广泛的经济问题,然后再扩大到包括司法、国内事务、外交政策、环境、公民身份、货币和银行业务。这些是政策领域,但它们反映了成员国之间受到具体的经济和社会需要影响的文化和文化价值观的相互作用。目前的欧盟政策可以在 TEU、TFEU、TEAEC 等中找到,在欧盟委员会的欧洲公民倡议网站①上有一个便捷的清单。

从"文化"的角度看欧盟的法律文本,可以在法庭程序的背景下重新审视文本创作和阅读与翻译之间的双重性。在创造方面,立法文本中以价值观和利益为中心的相互作用,被融合和"冻结"(frozen)。在阅读和翻译方面,存在着价值和利益的相互作用,它左右着特定词语和词组的意义和作用。在许多情况下,会有一个单一的权威机构以自己的方式来使用这些文本,从而控制着所要赋予的意义,例如,欧盟委员会根据其法律机构的意见来解释自己的程序规则。它还指导成员国将欧盟指令转化为各国的国内法律。然而,一旦立法文本通过并生效,就会具有"自己的生命",并被成员国和其他地方的经济活动者使用。通常涉及经济利益和巨大数额的财富时可能会有分歧,而这就会导致法庭纠纷(或仲裁),而诉讼花费高昂。庭审案件不仅是处理法律纠纷,也是思维方式、行为方式、信仰方面文化纠纷的场所。法院提供了一个舞台;程序规则构成了双方之间的"博弈";法院决定结果;各方呈交他们的证据,并申明他们的观点。他们试图在效果和行动方面从文本"提取"出对己有利而于人无益的含义。也许他们对法令背后

---

① See http://ec.europa.eu/citizens-initiative/public/welcome.

的政策意图也有不同的看法,特别是如果这个措辞含糊不清的话。这些因素也对欧盟法律和语言产生影响。

最后,我们可以说,一个新的成员国在按照《欧盟条约》第49条加入欧盟后,就会经历一个文化适应的过程。这种适应涵盖了所有之前提到的四个观点,首先,必须调整国内的法律和政策,以符合现行的欧盟法律(例如,引入增值税制度)。为此,欧盟的法令必须翻译,而且如果新加入国家带来一种新的欧盟语言的话,那欧盟的概念就必须用术语来表达。欧盟现行文本的翻译是一项艰巨的任务,它强调语言和术语,需要编制许多新创建术语的详细术语表(见本书第十一章和第十二章)。其次,欧盟法律需要调整,以考虑新成员国。这需要通过欧盟现有条约和许多二级法令进行文本修改,通过加入条约将新加入的国家包括进来。所有这些活动都旨在确保新加入国家的政策与欧盟现行法律的政策保持一致。欧盟需要对法律进行调整,以考虑到新加入国家的特殊性,而通常加入条约附件中也提到了这些内容。最后也许是实施观点占主导,由此欧盟法律文本所产生的结果将按照条约的规定适用于新老成员国。加入的过程涉及文化的转变,而这需要时间。

在天平的另一端,一个成员国可以根据《欧盟条约》第50条决定退出欧盟。这个过程涉及谈判达成一项国际协议来解决细节问题。但是,经过多年与欧盟法律机构及其他成员国的法律、语言和文化上的密切交流,亲密合作的影响必定会留下痕迹,就像任何形式的离婚或分居一样。在1985年格陵兰岛脱离欧洲经济共同体的案例中,它与丹麦和欧盟仍然保持着密切的关系。脱离欧盟意味着改变一套接口并用另一套接口来替换。法律、语言、政策和实施之间关系的具体细节发生了变化,但是它们仍在继续。特别是与欧盟的法律和语言的关系仍然存在,但对促进其未来发展的影响减少了。与此同时,欧盟的文化丰富程度也在下降。

结　　语

本章通过援引法律、语言、政策和实施的四种观点,对欧盟多语言法律中的法律、语言和文化的一系列界面接口进行了研究。这些观点最初的设想(Robertson 2010a)是从法律语言的角度来为审查和修改法律文本提供各种方法,它们也可被应用于经由查询其功能和上下文来进行的术语分析。对于抽象且受系统限定的法律术语,这些方法可以帮助澄清依附在它们之上的文化附加意义。对此的分析也可以结合将术语看作符号的符号学方法(Robertson 2010b)。

　　本章的重点在法律文本生命周期的两个方面:一方面是它的制定,一方面是对于意义和效果而言的阅读及翻译解读。这是法律文本"参与"(engagement)的时刻。当一个文本被创建时,各种影响和接口将在"线性"(linear)文本中被"编码"(encoded)。在阅读的时候,它们被"解码"(decoded)。对于欧盟的法律文本来说,读者往往对引发文本制定的因素缺乏了解。读者们自己会试图从字词中提取信息,形成他们对法律和语言的理解,从而获得政策背景、目标以及预期要达到的确切效果的心理图式。有可能会有不同的心理图式,而且这些图式总是对己方有利。出现分歧后就引发法院诉讼。每个庭审过程都可以被视为一个众多界面接口汇聚之地,这些也可能影响对欧盟法律文本的阅读。在每个欧盟法律文本以及对它的翻译解读中,其背后都有需求紧迫的国家背景与欧盟背景之间的内部"紧张"或"平衡",而欧盟背景已经被置于高于国内法的地位。平衡受到破坏并产生影响,这是目前欧盟法律环境的部分现状。人们可以在《欧盟条约》和《欧盟职能运作条约》结尾所附声明中略见一二。

　　本章一直强调一个观点:欧盟法律是一个单独的法律秩序,并与国内和国际法律有关的其他法律秩序并行存在。所有这些一起形成一个矩阵。每个矩阵都有自己的语境;词汇以及术语由此进入通过,但是这样做的同时,它们就有可能发生意义上的转变。这个矩阵主要是法律层面的,但法律又影响了语言。

　　一切都可以从文化的角度来看待,但是这里强调的是文化观点在法律文本中以及通过因文本意义争议所产生的种种纠纷而呈现出的方式。根据政策和实施来分析文本有助于揭示一些背后的文化观念,以及折射在每个文本中的文化观念。几年来,欧盟法律的政策重心逐渐转移了,这也被视为文化发展的一种体现。新的国家加入欧盟时,必须适应各种不同的新状况。这一变化体现在加入条约中,而每一个加入条约都可以被视为欧盟法律的一个"快照缩影",因为它就"矗立"在加入之日。通过研究过去每一个加入条约,我们可以窥见法律语言和文化的历史接口。而未来会如何呢?这永远无法确定,但又充满了可能性。

参 考 文 献

Chalmers, D., Davies, G. and Monti, G. 2010. *European Union Law, Cases and Materials.* Cambridge: Cambridge University Press.

Derlén, M. 2009. *Multilingual Interpretation of European Union Law.* Alphen aan den Rijn: Kluwer Law International.

Europedia Moussis. Available at: http://www. europedia. moussis. eu/books/Book_2/4/10/03/? all = 1.

Gallas, T. 2006. Understanding EC law as 'diplomatic law' and its language, in *Multilingualism and the Harmonisation of European Law*, edited by B. Pozzo and V. Jacometti. Alphen aan den Rijn: Kluwer Law International, 119-28.

Guggeis, M. and Robinson, W. 2012. 'Co-revision': legal-linguistic revision in the European Union 'co-decision' process, in *The Role of Legal Translation in Legal Harmonization*, edited by C. J. W. Baaij. Alphen aan den Rijn: Kluwer Law International, 51-81.

Interinstitutional Agreement of 22 December 1998 on Common Guidelines for the Quality of Drafting of Community Legislation (OJ C 73, 17 March 1999, at 1).

Interinstitutional Style Guide. 2011. Luxembourg: Publications Office of the European Union. Available at: http://publications. europa. eu/code/en/en-000

100. htm.

Joint Practical Guide for persons involved in the drafting of European Union legislation. 2013. Available at: http://eur-lex.europa.eu/content/pdf/techleg/joint-practical-guide-2013-en.pdf.

Manual of Precedents for Acts established within the Council of the European Union. 2010-2011. Brussels: General Secretariat of the Council of the European Union, Directorate for the Quality of Legislation. Available at: http.//ec.europa.eu/translation/documents/council/manual_precedents_acts_en.pdf.

McAuliffe, K. 2010. Language and the institutional dynamics of the Court of Justice of the European Communities: a changing role for lawyer-linguists? in *How Globalizing Professions Deal With National Languages: Studies in Cultural Conflict and Cooperation*, edited by M. Gueldry. Lewiston, Queenstown and Lampeter: The Edwin Mellen Press, 239-63.

Morgan, J. F. 1982. Multilingual legal drafting in the EEC and the work of jurist/linguists. *Multilingua*, 1(2), 109-17.

Murray, Justice John L. Undated. Methods of interpretation: comparative law method. Available at: http://curia.europa.eu/common/dpi/col_murray.pdf.

Oxford English Dictionary. Available at: http://www.oed.com/view/Entry/45746? rskey = HMOQuQ & result = l#eid.

Robertson, C. 1999. II diritto scozzese e il diritto inglese: due sistemi, una lingua. *Quaderni di Libri e riviste d'ltalia, la traduzione, Saggi e documenti*, 43(4), 117-34.

Robertson, C. 2010a. Legal-linguistic revision of EU legislative texts, in *Legal Discourse across Languages and Cultures*, edited by M. Gotti and C. Williams. Bern: Peter Lang, 51-73.

Robertson, C. 2010b. EU law and semiotics. *International Journal for the Semiotics of Law*, 23(2), 145-64.

Robertson, C. 2011. Multilingual legislation in the European Union: EU and national legislative-language styles and terminology. *Research in Language*, 9(1), 51-67. Available at: http://versita. metapress. eom/content/g851738257gm73kl.

Robertson, C. 2012a. EU legal English: common law, civil law or a new genre? *European Review of Private Law*, 5-6, 1215-40.

Robertson, C. 2012b. The problem of meaning in multilingual EU legal texts. *International Journal of Law, Language and Discourse*, 2(1), 1-30. Available at: http://www. ijlld. com/2012-index.

Rosas, A., Levits, E. and Bot, Y. (eds) 2012. *The Court of Justice and the Construction of Europe: Analyses and Perspectives on Sixty Years of Case-Law*. Berlin and Heidelberg: T. M. C. Asser Press by Springer.

Šarčević, S. and Robertson, C. 2013. The work of lawyer-linguists in the EU institutions, in *Legal Translation in Context: Professional Issues and Prospects*, edited by A. Borja Albi and F. Prieto Ramos. Bern: Peter Lang, 181-202.

第四章
唯一文本或唯一含义：欧盟立法的多语言口译和各国法院中的欧盟法院案例法

马特亚斯·德兰

引言：国内法院的重要性

在苏珊·莎尔切维奇(1997：218)有关法律翻译的影响深远的著作中，她认为各国法院对国际条款的不同解读是一个严重的问题，它威胁到了翻译员的工作成果。她坚称，各国法院往往采用自己的解读方法，很少参考法规的其他语言版本。在借鉴泰伯(Tabory 1980：195)时，莎尔切维奇指出，有必要统一对国际法规的翻译解读。

像莎尔切维奇一样，本章的重点是各国法院在多语言法律秩序中的重要性，此处指的是欧盟。虽然不能否认，欧盟的立法者和法院是主要参与者，但对欧盟法的实际使用在很大程度上是赋予了各国法院。从积极的角度来看，国内法院是欧盟法律探索的前沿，它进行初步裁决并向欧盟法院(CJEU)提供翻译解读和发展欧盟法律的机会。从消极或至少是现实的角度来看，它们对欧盟法律效力产生了限制。从法理上而言，如果没有条约的修订，那欧盟法院对欧盟法律的含义有最终决定权(Schroeder 2004：181)。然而，从事实上来看，国内法院控制着欧盟法律的含义。在科恩-本迪特(Cohn-Bendit)案和尼科洛(Nicolo)案之间的10年中，无论欧盟法院对此案的判例如何，法令对法国的行政法院没有产生直接的影响(Komarek

2007：473）。考虑到这种强大的权力，对国内法院的关注却很有限，这很难让人理解。

本章分析研究了各国法院对于欧盟法多种语言特性的态度。欧盟立法者针对多种语言制采取了不同的方法，一方面是立法，另一方面是欧盟法院的判例法。下面将详细讨论这些差异，对多语制的讨论分量较大，对立法的分析讨论要简略些，因为所有的语言在法律上都具有同样权威，①而欧盟法院的判决只有一本用源语言书写的正本。这些不同的方法在这里被称为唯一含义或唯一文本的思想。"唯一文本"一词表明存在一个法律上的正本，在翻译解释上起决定作用。另外，"唯一含义"一词则表示所有语言在对话中一起决定了一项规定的含义。各国国内法院也采用了这两种不同的方法，但却迥然不同，最重要的是，没有坚持区分立法和判例法。本章将借鉴五个成员国法院的实例，以展示欧盟法律多语言解释口译的一些方法，以及不同的多语言立法和判例法制度如何在国内法院中相互融合。

条约与欧盟立法的多语言特征：唯一含义

欧盟的主要法律（更具体地说是基本条约）、二级法（立法）和欧盟法院判例法存在着不同的规则。这些条约以及欧盟的立法全都适用充分的多语制，即所有24种官方语言都具有同等的法律效力。② 关于基本条约，它直

---

① 术语"依法有效的"（authentic）和"官方正式的"（authoritative）在本章中可互换使用。根据1969年《维也纳条约法公约》，一个依法有效的文本（正本）是最终的和确定的，一个官方正式的文本是用于解释一项条约的（参见 Hilf(1973：51-2)和 Tabory(1980：171-2)）。但在欧盟语境内，术语与文本是否在正本之间没有任何区别，这意味着它将被用于翻译之中。例如，《欧盟条约》第55条将这些语言指定为"同样有效的"。条款的文本和版本也可以互换使用，因为欧盟法律不支持《维也纳条约法公约》所作的区分（另见 Derlén(2009：18-20)）。

② 根据 CJEU（例如，参见法国农民联合会诉食品、农业与渔业部部长案（C-298/12），ECLI：EU：C：2013：630，第22段），我使用了一级和二级法律出版语言的官方语言术语，这些语言可以作为欧盟法院案件语言，以及可以用来与欧盟沟通的语言，所有都按照有关规则进行。从它们产生一般性权利的角度来看，这些语言并不是正式的。在克里斯蒂娜·基克（Christina Kik）诉内部市场协调办公室（商标和外观设计）案（C-361/01 P）（OHIM）[2003] ECR I-8283，第81-87段中，欧盟法院认定，在欧盟内部，没有一个普遍的语言平等原则超越了条约和二级立法的既定规则。

第四章
唯一文本或唯一含义：欧盟立法的多语言口译和各国法院中的欧盟法院案例法

接依照《欧盟条约》第55条、《欧盟职能运作条约》第358条和《欧洲原子能共同体条约》第225条的规定，它们是用所有24种语言制成的唯一正本，这些语言版本具有同等效力。因此，《欧盟条约》第55条及其相应条款保留了所有24种正式语言同时出版的设想，从而强调了它们的平等效力。谈到二级法，《欧盟职能运作条约》第342条规约欧盟理事会在达成一致同意的情况下行事，确定了欧盟机构的语言制度。这是通过第1/58号条例完成的，①它承认24种语言既是官方语言也是工作语言。这种说法的后效对条约中的语言规则来说有些含糊不清。正如希尔博德(Hilpold)指出的那样，工作语言这一术语的定义是开放性的。在实践中，存在着内部和外部工作语言之间的差异。从外部角度看，这些机构以所有24种正式语言在工作，出版所有语言的具有约束力的法规，并保障公民以自己选择的语言与各个机构进行交流的权利(Hilpold 2010：699)。从法律确定性的角度出发，以所有语言出版立法是必要的，特别是因为欧盟条款的直接适用性和直接效力(Gundel 2001：781-2)。德国联邦宪法法院在其《马斯特里赫特决定》(Maastricht Decision)中明确指出，公民以母语与欧盟进行交流的权利是一项基本的民主权利(Gundel 2001：782)。从内部角度看，这些机构事实上已经采用了几种工作语言来简化日常事务。一些机构在欧洲中央银行使用唯一的工作语言，如英语，而另一些机构则使用几种工作语言，如在欧盟委员会中使用英语、法语和德语(Robinson 2005：4)。

如果我们超越这种内部和外部工作语言的讨论范围的话，就会遇到官方语言平等的法律后果问题。《欧盟条约》第55条和相应的条约或第1/58号条例中都没有提供任何超出条约中所明确规定的语言平等地位的内容，明确在条约条款中，并在第1/58号条例中隐含地将它们全部指定为第1条中的官方语言。因此，成员国把同等效力的法律后效问题留给了欧盟法院。法院基本上有三种选择，它们都与"条约"和第1/58号条例的措辞相一致(Derlén 2011：144-5)。首先，同等效力可以证明依赖于唯一语言是正

---

① 欧洲经济共同体理事会1号决定[1958] OJ 17/385的修正案规定了欧洲经济共同体所使用的语言。

确的,例如,瑞典语与法语一样具有权威性。其次,按照1969年的《维也纳条约法公约》第33.3条的适用范例,就可以使用一种怀疑的标准来证明依靠唯一语言是合理的,只要有关规定是明确而无歧义。然而,欧盟法院两者都没有选择,而是选了第三种,依此,官方语言的同等效力要求使用所有的语言。换句话说,欧盟法律的每一条规定都有一个唯一的含义,所有的语言在被共同解读时产生了这个含义。欧盟法院经常强调,欧盟立法不能用一种语言来理解,而只能在参考其他语言后才能理解。事实上,法院的意思是,所有的语言在一起被解读时才能显示出立法者的目的(Derlén 2011:158-60),该处使用了下述正规表述:

> 根据既定的判例法,统一适用的必要性以及对欧盟措施的统一解释的必要性使得孤立地考虑文本的一个版本成为不可能之事,而是要根据作者的真实意图及其所追求的目标,特别是根据所有其他官方语言的版本才能作出解释。①

在这里,唯一文本的使用显然被拒绝了,并且欧盟法院通过阅读所有语言版本来为法规找到了目的。

强调同等效力就必须要有所谓的被翻译的原文本,也就是说,翻译既不是源语言文本,也不是目的语文本(Pommer 2012:1248)。但是,这显然只是一个法律构想;实际上立法是用一种语言起草的,然后翻译成其他官方语言。欧盟委员会的立法提案现在主要以英语起草,法语则一直处在与之相去甚远的第二位(Schilling 2011:1471)。在1993年,法语还是欧盟委员会主要的源语言,占43.5%,而英语为36.4%(European Commission 1995:10)。然而,在1997年,英语超越了法语,21世纪英语的主导地位显而易见,2010年有77%的文件以英语起草(European Commission 2012:10)。欧盟委员会在处理一项提案时,是将其翻译成其他官方语言,然后再送交立法机构的(Robinson 2005:5)。

---

① Case C-298/12 *Confédération paysanne v. Ministre de l'Alimentation, de l'Agriculture et de la Pêche*, ECLI:EU:C:2013:630, para. 22, references omitted.

第四章
唯一文本或唯一含义：欧盟立法的多语言口译和各国法院中的欧盟法院案例法

欧盟法院判例法的多语言特征：唯一文本（或两个？）

虽然一级法与二级法完全遵循多种语言制和唯一含义的理念，但欧盟法院判例法的语言制度却完全不同。欧盟法院和普通法院的语言制度不受第1/58号条例的管辖，而是遵循《欧洲联盟法院规约》的规定。① 根据《欧洲联盟法院规约》第64条，法院的语言安排是受《程序规则》和《普通法院程序规则》的管辖。② 根据《程序规则》第36条，24种官方语言中的任何一种都可以被用作案件的语言。这种案件语言的概念既是多语言的也是单语言的。很显然，多语制在这个意义上指的是所有24种语言都可以在法庭上使用。欧盟法院强调，联盟内的所有机构"由于不可推翻的法律推定"而认可所有官方语言。③ 因此，被告向法院提供了案件以外的其他语言的文件则不能不让法院知晓这一信息。欧盟法院也一贯是宽容大度的，在没有正式承认的情况下扩展了官方语言的数量。例如，丹麦语、英语和爱尔兰语在1974年12月的《程序规则》中仅被列为案件语言，但法院在丹麦、爱尔兰和英国加入后立即承认其语言（Usher 1981：277）。但是，法院的语言制度也是单语言的，因为诉讼使用唯一的语言。案件中只使用一种语言能简化程序和降低成本（Loehr 1998：52）。

《程序规则》第37条规定有关案件语言的确定。在直接诉讼中，申请人通常会选择24种官方语言中的一种作为该案的语言。就上诉而言，案件语言是普通法院的判决用语。最后，在初步裁决程序中，案件的语言将会是国内法院或向欧盟法院提交此事的法庭语言。很显然，针对法院以国内诉讼的语言来接受答复是切实可行的。此外，这一制度还使双方能够像在

---

① 它来自于《欧盟职能运作条约》第342条的一个例外规定。
② 本章只讨论欧盟法院。普通法院（原诉法庭）的语言制度遵循欧盟法院的语言制度（详见Schübel-Pfister（2004：76-7））。关于法律总顾问对欧盟法院案例法的多语言解释的分析，请参阅Derlén（2014）。
③ Case 1/60 *Acciaieria Ferriera di Roma v. High Authority of the European Coal and Steel Community* [1960] ECR English special edition 165, at 169.

国内法院之前那样在欧盟法院保留原有的律师(Sevón 1997：537)。国内诉讼程序的语言被沿用到欧盟法院诉讼这一做法也更加公正。鉴于个人通过直接诉讼来挑战法案的可能性有限,初裁机构是保护个人权利的重要手段。因此,初步裁决以国内程序的语言来进行,这对当事人和国内法院来说是非常重要的(Athanassiou 2006：21)。

案件语言被使用在诉讼中的书面语和口语之中。[①] 翻译成案件语言的版本与案件语言的其他语言翻译版之间会有根本性的区别(Usher 1981：279)。各方都要对案件语言的翻译负责。用另一种语言书写的文件,必须要提供它翻译成案件语言的版本。欧盟法院可以拒绝未经翻译的文件。然而,在文件篇幅过长的情况下,欧盟法院可能批准仅翻译摘要节选的部分。[②] 欧盟法院的成员在用其他语言发表意见时有更大的自由度。例如,根据《程序规则》第38(8)条,法律总顾问的判决意见书可以用24种官方语言中的任何一种提交给欧盟法院。[③] 登记官安排案件语言的翻译。成员国因为它们总是有权力用自己的官方语言介入法院的案件或参与初步裁决的案件,在这一点上它们占据着特殊的地位。

欧盟法院负责案件语言的翻译。翻译总司承担这个任务。根据《程序规则》第40条,法院的判决要被翻译成欧盟的所有官方语言。

如上所示,案件语言在欧盟法院的诉讼程序中起着举足轻重的作用。这点反映在《程序规则》第41条中,该条规定:"以该案语言拟定的文件案文,或在适用情况下,以本细则第37条或第38条授权的另一种语言提出的案文将被视为有效。"由此,判决只有使用案件语言才具有法律约束力(Schübel-Pfister 2004：70；McAuliffe 2008：808；Gallo 2006：181；Kürten 2004：84；Usher 1981：281；Hilpold 2010：701；Mulders 2008：47；Due 1999：78)。与一级法和立法的充分多语制相比,唯一文本是决定性的。

---

① 《程序规则》第31条。
② 《程序规则》第38(2)条与第38(3)条。
③ 但是,法律总顾问一般不会使用以其母语表达判决意见书的权利。至少自从2004年欧盟的扩张以来,法律总顾问都是以一种主要语言(英语、法语、德语、西班牙语和意大利语)来发表判决意见,通常选择英语或法语(另见 McAuliffe(2008：816)和 McAuliffe(2012：208))。

第四章
唯一文本或唯一含义：欧盟立法的多语言口译和各国法院中的欧盟法院案例法

根据盖洛(Gallo 2006：181)的说法，判决唯一原文本的存在是因为存在以下事实：由判决所约束的当事方和国内法院必须能够使用自己的语言。我认为，当事人需要能够理解判决这一点，使判决必须要使用诉讼语言；这并不能解释为什么案件语言是唯一有效的。相反，案件语言的地位大概是由于当事方和国内法院需要依靠自己的语言进行判决，而不是被迫去咨询和比较其他语言版本。不仅如此，这个版本确实是真正意义上的原始正本，因为诉讼是以此语言来进行的。

《程序规则》第38(8)条可被视为使用一种或多种内部工作语言的依据(McAuliffe 2012：203；Schübel-Pfister 2004：71)。然而，欧盟法院自己限定了唯一的工作语言，即法语(Due 1999：77；Sevön 1999：580；Mancini and Keeling 1995：398；Gallo 2006：181；Mulders 2008：47；Athanassiou 2006：22；Schübel-Pfister 2004：71；Kürten 2004：87；von Danwitz 2008：778；Hilpold 2010：701；Oppermann 2001：2665)。工作语言的身份地位是指所有的文件都要翻译成法语，而判决书专门以法语进行审议和起草，而不论诉讼语言为何(Schübel-Pfister 2004：71-72；Due 1999：77；Sevón 1999：583)。但是，却发生了与非法语不用背道而驰的情况。根据文献研究，审议有时会用英语进行讨论，但法语仍然占主导地位(Kürten 2004：87；Oppermann 2001：2665)。麦考利夫(McAuliffe 2008：816-17)认为：欧盟普通法院"在准备报告书，起草判决书，甚至在审议过程中会间歇性地夹杂使用英语"，但法语仍处在强势地位，欧盟法院的工作语言制度不曾受到影响。关于在欧盟法院使用法语以外的其他语言的讨论并不新鲜。在1981年，厄舍(Usher 1981：281)认为，使用英语和德语的例子可以发生在议事厅里，而法语通常在法庭上使用。

法语作为法院唯一的工作语言，既有优点也有缺点。使用唯一工作语言的一个显而易见的普遍优势是在欧盟法院审议时不需要口译员，这就能使审议工作保持秘密性(Schübel-Pfister 2004：72)。希尔波尔德(Hilpold 2010：702)认为，对保密的需要并不是选择法语本身的理由，选择法语的历史原因时下已经不存在了。根据希尔波尔德的说法，法语在英语缺席的情况下(共同体成立之初没有成员国说英语)被用作工作语言,这是因为法语的强势地位,由此法语被当作外交用语。然而,未来属于英语。希尔波尔德的讨论与通常对使用法语的批评合在了一起;以欧盟成立以来的历史发展为依据,把法语作为一种工作语言是不合时宜的。鉴于新成员国的语言能力,很难有讲法语的法官,而英语将是更自然的选择(Kürten 2004:90;Schübel-Pfister 2004:73)。此外,使用法语对非法语国家的法官显然是不利的,这增加了他们在审议中令人信服地辩论的难度(Oppermann 2001:2665;Kürten 2004:89;Mancini and Keeling 1995:398)。使用法语也会影响判决书的风格,这一结果可被看作要么是积极的,要么是消极的。从有利的方面来看,有人认为法语能让判决书"简明扼要"(Mancini and Keeling 1995:398)。不利的一面是,法官会潜意识地运用法语的法律概念,放弃来自其他法律体系的相关法律概念(Schübel-Pfister 2004:74)。可能有利的方面还包括内部程序的效率,它能避免过多不必要的翻译并能确保词汇的一致性(Athanassiou 2006:22;Mancini and Keeling 1995:398)。此外,有人认为,使用唯一的工作语言可以加强欧盟法院法官们之间的团体合作精神(Mancini and Keeling 1995:398)。缺点还包括有可能会对案件语言的规则进行限制。涉案双方了解了欧盟法院用法语来阅读、审议和起草,他们就会有使用法语作为案件语言的驱动力,而放弃在诉讼中使用任何一种官方语言的权利(Schübel-Pfister 2004:74)。正如我们下面将要看到的那样,在法院中使用法语作为工作语言也会在国内法院中产生影响。

国内法院中的唯一文本:回归初始语言

在面对欧盟法的多语言特征时,国内法院可以选择回归初始语言,让唯一文本在翻译解释中起决定性的作用。但是,这不是一个同类型的方法。下面的例子说明了"初始的"的构成要件,并由此造成了裁决语言各自不同。

《程序规则》第41条规定,在译释欧盟法院案例法时要使用唯一文本。

第四章
唯一文本或唯一含义：欧盟立法的多语言口译和各国法院中的欧盟法院案例法

国内法院有时会显示出存在欧盟法院判决原本的意识。例如，当爱尔兰高等法院在解释 M. M. 诉司法部长案（C-277/11）①时，霍根（Hogan）法官指出，只有案件的语言（英语）才具有权威性。② 同样，德国联邦行政法院在解释欧盟委员会诉芬兰案（C-342/05）③时，提到了《程序规则》第 31 条（现为第 41 条），并认定只有芬兰语版才具有约束力。因此，德语版判决书的措辞被认为是错误的翻译，而对其不予理睬。④

但是，我们也可以找到国内法院依照欧盟法院判决事实上的原文本——法语版来统辖翻译解释的例子。例如，在英国西电公司案中，女法官阿尔丁（Arden）只参阅了亨里克森案的法语版本，⑤尽管丹麦语才是案件语言。⑥

同样，当厄尔斯费瑞的罗杰（Rodger of Earlsferry）大法官在解释"卡片保护计划"案时，⑦他发现由于术语不一致，英文版第 29 和 30 段（他称之为"英文翻译"）有些含糊不清。这种不确定问题通过参照术语统一的法语版本被解决了。⑧ 因此，法语版本在解释上是起决定性作用的，尽管英文是此次的案件语言。厄尔斯费瑞的罗杰大法官指出，法语版是"欧盟法院起草时用的案文"⑨。

由丹麦海事和商业法院（Danish Maritime and Commercial Court）于 1995

---

① Case C-277/11 *M. M. v. Minister for Justice, Equality and Law Reform, Ireland and Attorney General*, ECLI: EU: C: 2012: 744.
② *M. M. v. Minister for Justice and Law Reform*, Ireland [2013] IEHC 9, para. 17.
③ Case C-342/05 *Commission of the European Communities v. Republic of Finland* [2007] ECR I-4713.
④ BVerwG, Beschluss vom 17. 4. 2010-9 B 5.10, paras. 7-9.
⑤ Case 173/88 *Skatteministeriet v. Morten Henriksen* [1989] ECR 2763.
⑥ *Telewest Communications Pic, Telewest (Publications) Limited v. Commissioners of Customs & Excise* [2005] EWCA Civ 102, Court of Appeal, para. 79.
⑦ Case C-349/96 *Card Protection Plan Ltd (CPP) v. Commissioners of Customs & Excise* [1999] ECR I-973.
⑧ *Customs & Excise Commissioners v. College of Estate Management* [2005] UKHL 62, the quote at 77.
⑨ *College of Estate*, at 78.

年对丹麦贸易案作出的决定是欧盟法院法语版判决重要性的另一个例子。① 在欧盟法院进行的诉讼中,当事各方都试图从欧盟法院处获得一份关于《平等待遇76/207指令》的先决裁定。但是,海事和商业法院驳回了这一请求,认为由于已有欧盟法院在赫兹案中的判决,此事有先例可循。② 在对判决第16段的解释中,海事和商业法院一开始使用了丹麦语版本,但同时还参照了判决的法语版。丹麦语版本提到怀孕后出现"原有"(viser sig)的疾病。根据法院的说法,这可能只是指在怀孕后自显的疾病,或者是在怀孕期间和之后都自显的疾病。在坚持后者的过程中,海事和商业法院似乎从法语版第16段的措辞中得到了确信,该处使用了更通用的"显现"(apparaitre)一词。③

因此,国内法院可以采用法律上和事实上的欧盟法院判决的原文本。《程序规则》第41条直接支持前一种方法,而后者显然受到了欧盟法院工作语言意识的启发。

谈到欧盟立法的解释,情况更为复杂。如上所述,立法领域对多语制的理解显然是多元化的。基本规则与《程序规则》第41条有所不同,前者宣布所有正式语言具有同等的真实效力,而且欧盟法院的立场又前进了一步,要求在欧盟法律条款的解释中使用多种语言。然而,尽管强烈支持唯一含义这个理念,我们还是可以找到国内法院在译释欧盟立法时反过来依照原文本的例子。然而,这种方法不是完全均等的,所依靠的原文本也各不相同。我们可以确定有三种不同的态度。第一个也是最明显的方法是关注起草语言,并将这个事实上的原文本提升到更接近法律上的原文本的地位。最近,英国最高法院的阿桑奇案就是一个能说明问题的例子。④ 最高法院不得不在《2002/584JHA关于欧洲逮捕令的框架性裁决》中解释"司法

---

① Case 361/1995 *HK som mandatar for Helle Elisabeth Larsson mod Dansk Handel & Service som mandator for Fotex Supermarked A/S*, UfR 1996.111H.

② Case C-179/88 *Handels-og Kontorfunktionaerernes Forbund i Danmark v. Dansk Arbejdsgiverforening* [1990] ECR I-3979.

③ *Dansk Handel*, at 112.

④ *Assange v. Swedish Prosecution Authority* [2012] UKSC 22.

第四章
唯一文本或唯一含义:欧盟立法的多语言口译和各国法院中的欧盟法院案例法

机关"(judicial authority)一词,并决定一位检察官是否能构成这样的一个权威。作为这个讨论的一部分,菲利普斯(Phillips)大法官在一本关于立法的英文教科书的指导下,选择了这些词的自然含义。他参照了英语"司法机关"(judicial authority)和法语"司法当局"(autorité judiciaire)的自然含义。菲利普斯大法官在解释使用法语版《框架性裁决》时,对欧盟的起草过程表现出了现实主义的态度。他承认,就该裁决的最终版本而言,英语和法语版本必须被同等对待。然后他补充说:"然而事实是,法语草案是在英文之前准备的,草稿中如果发生冲突的话,英语版本的含义必须让位于法语的含义。"① 换句话说,由于英语版本是法语版本的翻译版,因此《框架性裁决》的含义已经由法国版本确立。他发现这些术语的含义有些不同,而且上下文支持法语的意思而不是英文的,最后他得出结论说检察官可以构成一个"司法权威"(judicial authority)。

可以找到许多类似的例子,国内法院显示出了一种对立法规定的事实上原本的意识。在这些情况下,法院经常将国内语言版本称为翻译版本,并且/或指定另一种语言版本作为原始版本或权威版本。例如,在巴斯夫(BASF)案中,丹麦环境保护委员会将78/631指令的丹麦语版本作为翻译版本,然后开始参照指令的英语版本。② 同样,当巴登-符腾堡州(Baden-Württemberg)行政事务上诉法院在解释关于监督和控制废物运输的第259/93号委员会条例时,不愿意依照德语版本。法院指出,德语版本只是用法语起草的原本的译文。③ 在卡托案中,英国上诉法院在决定给予渔船退役补助时根据法语版来解释83/515指令的英语版。斯托克(Stocker)大法官曾两次提到法语版本是正本,而珀切斯(Purchas)大法官却对英文版的措辞

---

① *Assange*, para. 16.
② Case nr. 71-103 *om klassifikation og mærkningskrav i forbindelse med godkendelse af Fennosan B 100 som slimicid i papirproduktion, indeholdende aktivstoffet dazomet*, decided by the Environmental Board of Appeal, 9 March 1998.
③ VGH Baden-Württemberg 1999-03-23, 10 S 3242/98, reported in *Umwelt-und Planungsrecht* 1999/7, 276-8.

感到遗憾,因为它会导向另一个错误的解释。①

格兰切斯特(Grantchester)大法官对巴克沃斯案中的原始案文采取了第二种更具创新性的态度。② 这一案件涉及对 77/388 第六增值税指令的第 13.A.1.c 条有关增值税医疗豁免那一款的翻译解释。格兰切斯特大法官发现这个英语版本毫无帮助,因为这个翻译是依照法语版本的。他明确指出,法语是欧盟法院的工作语言。因此,我们在这里看到了判例法译释与立法译释之间的交叉。欧盟法院的判决是用法语进行审议的,这一事实产生了一种溢出效应,确立了立法规定法语版的合法地位。

最后,英国高等法院大法官法庭的瑞科沃斯诉亨特案(*Rxworks v. Hunter*)展示了应对原始版本概念的另一种方法。在解释 89/104 商标指令时,法院在 1988 年 12 月通过指令时,就参照了"欧盟成员国语言",即丹麦语、荷兰语、法语、德语、希腊语、意大利语、葡萄牙语和西班牙语的版本。③ 这种看法并不关注实际的起草语言,而是从历史的角度出发。有关立法在被通过时的官方语言被视为原始语言,而后来的语言被视为翻译。这种看法可能显得异乎寻常,而且显然偏离了欧盟法院的做法,但法律总顾问至少这样做过一次。在亨里克森案中,法律总顾问雅各布斯(Jacobs)在解释第六增值税指令时提到"指令的六个版本在通过时都是有效的"。④

国内法院的唯一含义:由对话构建的意义

与上面讨论的唯一文本方法相比,唯一含义的方法与之思路相反。法院不是通过确认原始语言版本,而是通过强调语言版本的平等有效性以及

---

① *James Joseph Cato v. Minister of Agriculture, Fisheries and Food*, Court of Appeal [1989] 3 CMLR 513, at 539-40 and 537-8.

② *Barkworth v. Commissioners of Customs and Excise*, Value Added Tax Tribunal London [1987] 3 CMLR 507.

③ *Rxworks Limited v. Hunter (t/a Connect Computers)*, Chancery Division [2008] E.C.C. 15, at 255.

④ Opinion of Advocate General Jacobs in case 173/88 *Skatteministeriet v. Morten Henriksen* [1989] ECR 2763, delivered 17 May 1989, para. 14.

第四章
唯一文本或唯一含义：欧盟立法的多语言口译和各国法院中的欧盟法院案例法

所有语言如何在一起创造意义来遵循欧盟法院的判例。

当提到立法的解释,我们可以找到很多国内法院认同唯一含义的例子。然而,唯一含义的理论有其理论和实践的方面。语言版本的平等有效性和原始语言的缺失构成了唯一含义学说的理论方面,而所有语言版本在翻译解释中的使用是该学说的实践方面。欧盟法院提倡对该学说两头并重,而国内法院在唯一含义的理论的实际应用方面往往更加有限(但有不同程度的期愿)。

在 X 诉中苏塞克斯公民咨询局案中,英国最高法院强调了欧盟理事会000/78/EC 指令①的各个语言版本的同等效力。曼斯(Mance)大法官认为对指令的解释符合"明确行为"(acte clair)的要求,正如 *CILFIT* 案中所确定的那样。② 他指出,指令的不同的、具有同样效力的语言版本并没有让人对正确的译释产生怀疑;相反,它们会使之强化。不过值得注意的是,他仅仅谈到了"提交给法院的语言版本",即法语、荷兰语、西班牙语和德语版。③

同样,当慕尼黑金融法院在解释欧盟理事会关于适用于返回欧共体关税辖区货物的海关处理的第 754/76 号条例时,除德语版外,法院还查阅了英语和法语版本。④ 法院强调,所有的语言版本都具有同等的权威性,这可以被视为排除基于孤立的唯一语言的解释。德语版本身并非不明确或模棱两可,参考英语和法语版本只作为确认。这表明了坚持唯一含义的理念;欧盟法律的含义不能只通过一种语言来理解。然而,德国法院在承认所有语言的平等权威的同时,只审核了其中的两个。换句话说,欧盟法律的含义不能基于唯一的语言来理解,但是也没有必要审核所有语言,甚至是大多数语言来确定其含义。根据德国法院的规定,审核其他一种或两种语言就足够了,因为它们与其他语言一样具有权威性。

---

① X v. Mid Sussex Citizens Advice Bureau and another [2012] UKSC 59.
② Case 283/81 Srl CILFIT and Lanificio di Gavardo SpA v. Ministry of Health [1982] ECR 3415, paras. 16-20.
③ X v. Mid Sussex Citizens Advice Bureau, paras. 47-48 and 31-33, the quote at para. 48.
④ FG München 1980-01-23, III 234/77 Z, reported in Entscheidungen der Finanz-gerichte 1980, vol. 7, 348-9.

欧盟法律中的语言与文化：以多学科为视角

某些情况下，在国内法院使用其他语言的做法更多的是出于对实际问题的考量，而不是多语制的后果。例如，在无烟燃料诉国税局委员会案中，华纳（Warner）法官查阅了 73/79 指令的英语和法语版本。他如下解释道：①

  在这一点上，我必须申明，欧洲共同体指令或欧共体所有正式语言的其他文书的文本是同样有效力的，并且从经验上来说，如果一个人可以但却只用一种语言来看这样一种文件的文本通常是不明智的，我请求律师把这个指令的法语版本也转交给我，他们也这样做了。

华纳承认不同语言版本的平等效力，但也强调了多语言翻译解释的实际操作的方面。知道一个唯一文本可能导致口译者误入歧途，他发现有必要寻求共同的含义。不过，他显然觉得参照法语版本已经足够了。换句话说，基于一个唯一文本的理解并不可取，但是对比两个或三个语言版本以确定共同的含义是满足要求的。

关于唯一含义的理念和对欧盟法院判例法的译释，我们可以看到一个非常有意思的进展。如上所述，《程序规则》明确指出了存在一个欧盟法院判决的原始版本：以案件语言进行的判决。另一种事实上的原始版本（法语）正在与这个法律上的原文本互争高低，但唯一文本的概念明确无误。然而，尽管如此，我们仍然可以找到国内法院甚至在解释欧盟法院判例法时采用唯一含义的例子。

最明显的例子就是拉瓦尔案（*Laval case*）。拉瓦尔案涉及在欧盟范围内提供服务的自由，它始发于瑞典工会与拉脱维亚拉瓦尔公司之间的大量争端，涉及后者为建筑业签署相关集体协议的义务。瑞典劳工法院要求作出初步裁决，欧盟法院于 2007 年 12 月作出了答复。② 劳工法院于 2009 年

---

① *National Smokeless Fuels Limited v. Commissioners of Inland Revenue*, Chancery Division [1986] 3 CMLR 227, quote at 237.

② Case C-341/05 *Laval un Partneri Ltd v. Svenska Byggnadsarbetareförbundet, Svenska Byggnadsarbetareförbundets avdelning 1, Byggettan and Svenska Elektriker-förbundet* [2007] ECR I-11767.

第四章
唯一文本或唯一含义:欧盟立法的多语言口译和各国法院中的欧盟法院案例法

12月对案件作出了最终裁决,①决定工会对拉瓦尔公司采取的集体行动所造成的损害承担赔偿责任。然而,当劳工法院试图译释从卢森堡获得的初步裁决时,困难就随之而来。法院明确指出,对拉瓦尔公司采取的集体行动违反了欧盟法律。但是,劳工法院认为这是不够的,工会还有支付赔偿金的责任。同时,拉瓦尔公司也有必要依靠现在的《欧盟职能运作条约》第56条来反对工会。换句话说,第56条必须得到所谓的横向直接效力(horizontal direct effect)。拉瓦尔公司认为,欧盟法院在其初步裁决中给予了这种横向的直接效力,而工会声称第56条只能用来起诉一个成员国。据工会所言,初步裁决应该被理解为瑞典违反了欧盟法律。瑞典法律在该案中授予了工会采取集体行动的权利。这违反了欧盟法律。因此,从工会的角度来看,欧盟并没有打击工会的行动,瑞典的法律也允许这些行为。

劳工法院认为,瑞典语版本的初步裁决似乎赞成工会提出的解释。在瑞典语版本中,法院在第111段认为,在该案中,欧盟法律阻止了工会"采取集体行动的权利"(ges möjlighet att genom fackliga stridsåtgärder)。这意味着错误的是瑞典的立法,而不是工会本身。法语和德语版本的裁决使用了类似的措辞,从而强化了瑞典语版本所提出的解释。但是,英语和丹麦语版本中没有包含任何类似的短语。这些版本指出,欧盟法律"被解释为阻止工会"采取相关的集体行动(skal fortolkes således, at de er til hinder for, at en fagforening...)。根据英语和丹麦语版本,劳工法院驳回了工会提出的译释。对拉瓦尔公司的判决应被解释为:对《欧盟职能运作条约》第56条赋予了横向的直接效力。

劳工法院在解释欧盟法院判决时明显采用了唯一含义的方法。它讨论了判决第111段的瑞典语、法语、德语、英语和丹麦语文本。由于英语和丹麦语版本的措辞清楚,瑞典语、法语和德语版本的含义不被采纳。劳工法院甚至没有提到作为案件语言的瑞典语是判决的唯一法律上的原始语言版本。此外,法院并没有提到法语作为欧盟法院的工作和起草语言是事实上

---

① AD 2009 nr 89.

的原始语言。由于有英语和丹麦语这两种译文中的措辞,法律上和事实上的原始版本被放在了一边。劳工法院采用与解释立法相同的唯一含义的推理。这种奇特的做法引起了工会的强烈反响。工会认为劳工法院的推理,包括使用判决的"错误"的语言版本,显然是不正确的,工会从瑞典最高法院寻求特别帮助,但没有成功。①

瑞典税务局在早先关于在车库租赁停车位的增值税案件中采取了类似的做法,包括上述欧盟法院在亨里克森案中的解释。② 税务局从判决英文版本的第 15 段处出发,该处表明,如果出租行为与用于不同的免税目的的不动产出租密切相关,那么停车场的出租不包含在增值税中,由此"两种出租构成一个单一的经济交易"。欧盟法院在第 16 段中继续说:"一方面,如果停车场和用于其他目的的不动产是同一幢综合建筑的一部分,且在另一方面来说,如果两处地方由同一个所有人租给租客"。税务局认为英语版在第 16 段所述的两个条件是否是替代或累积的这一点上语焉不详。在这种情况下,税务局转向德语和丹麦语版本的判决,两者都明确表示条件是累积的。这一解释得到了税收制度目的的佐证。

判决的两个特点特别具有意义。首先,值得注意的是,税务局把判决的英语版本作为出发点,而不是丹麦语版本(丹麦语版本原本就是正式有效的,因为它是案件语言)。其次,当英语版本模糊不清的时候,德语版和丹麦语版就被参照了。因此,没有参照法语文本。相反,除丹麦语的原始版本之外,税务局还参照了两个版本(英语和德语版本),这两个版本既不是法律上的,也不是事实上的原始语言版本。

在多语言译释方面,唯一含义原则下的一些国家成为非常雄心勃勃的例证。德国联邦行政法院于 2010 年 4 月的判决,包括对欧盟委员会诉芬兰案的译释,可以作为一个例证。③ 联邦行政法院在所面临的问题和欧盟委

---

① NJA 2010 N 30.
② RÅ 2003 ref 80.
③ BVerwG 9 B 5. 10, decided 17 April 2010 and case C-342/05 *Commission of the European Communities v. Republic of Finland* [2007] ECR I-4713.

第四章
唯一文本或唯一含义：欧盟立法的多语言口译和各国法院中的欧盟法院案例法

员会诉芬兰案第29段相关,即什么时候可以通过对理事会92/43/EEC指令中列出的动物物种的严格保护来给予减损。用英语版中第29段的第一句话说:"但是,在确定不会加重这些人群的不利保护状况或在对他们有利的保护状态下不妨碍其恢复,通过例外方式给予这种克减仍然是可能的。"联邦行政法院认为,第29段的德语版本在两个方面具有误导性,首先,它指出两个标准(不恶化不利的保护状况,并且不妨碍其恢复)是二选一而不是累积的;其次,它需要满足第三个标准,即存在例外情况。欧盟法院接受了芬兰语版本的判决,并强调这是根据当时《程序规则》第31条规定的有效版本。根据芬兰语版本,很明显,"例外情况"不是一个独立的标准,另外两个标准是累积的,而并非二选一。此外,这一翻译也得到了英语、法语、西班牙语、意大利语、葡萄牙语和希腊语判决书的佐证。只有荷兰语和德语版本有偏差,联邦行政法院认定德语版本出现了翻译错误。

联邦行政法院的判决构成了唯一含义与唯一文本方法之间的有趣结合。一方面,德国法院完全意识到欧盟法院的语言制度和法律原本的存在。此外,案件语言是权威性的,它统辖解释并且拒绝了欧盟委员会诉芬兰案德语版所表述的含义。另一方面,英语版似乎是法庭的立足点,它仍然需要审查另外七个版本的判决,以确认芬兰语版本的翻译。即使把案件语言看作原始且权威的版本,唯一含义这个理念也有强大的生命力。

结论：互为竞争的理念体系

欧盟法律是多语制的,但多语制的含义和后果在法律上和事实上都有所不同。成员国已经在立法和欧盟法院判例法上采用了不同的语言制度。在一级法和立法方面完全使用多种语言制,这赋予了每一种官方语言的平等效力。根据欧盟法院的解释,立法绝不能用一种唯一语言来理解。就欧盟法院的判例法而言,成员国选择了更为有限的多语制。法院可以使用所有24种官方语言,但最后的判决的有效版本只能是案件语言的版本。因此,从法律的角度来看,我们可以确定两种截然不同的方法,这里被称为唯一含义和唯一文本的理念。

独特的语言制度在怎样适用法律渊源上呈现出截然不同的观点。所有立法的官方语言版本的同等价值都来自于法律确定性和成员国平等地位的根本观念(Gundel 2001:780-81)。从欧盟法院的角度来看,平等效力和唯一含义的理念对于确保欧盟法律的统一解释和适用至关重要。判例法中缺乏完全的多语制化,这表明对裁决的一种局限性的观点,其中判决包括将立法适用于某一特定情况,但不一定构成独立的法律来源。阿努尔(Arnull 1993:265-6)认为,甚至欧盟法院在把以前的判决作为一个独立的法律来源上也犹豫了很久,这说明在引用方法上缺乏连贯性。如果欧盟法院的判决主要是争议双方和相关的国内法院所感兴趣的话,那么唯一文本思想是有道理的。案件语言是权威性的语言,这反映了欧盟法院的诉讼程序,使国内法院可以依靠自己的语言进行判决。问题在于这种观点过于狭隘,而忽略了判例法在欧盟体系中的重要性。尽管最初的想法可能是限制欧盟法院所起到的作用,但卢森堡法院迅速逃脱了这一桎梏。如今,判例法是欧盟法律的重要组成部分,有时甚至被视为最重要的法律来源(Schermers and Waelbroeck 2001:133;Stone Sweet and McCown 2003:113)。从这个角度看,唯一文本的观念并不是一个显而易见的选择。欧盟法院的判决在普通法系统(Derlén, Lindholm, Rosvall and Mirshahvalad 2013)中更像是判例法,在这样一个系统中,可以认为支持立法语言制度的基本理念是目的明确的。

然而,法律的视角只是讨论的第一部分。如果我们超越多语制的规则,情况就变得更加复杂。事实上的原始文件存在于单一意义领域,即这些条文是用一种语言起草的,然后翻译成了其他语言。此外,作为另一个选择,由于法语被作为欧盟法院的内部工作语言,因此在唯一文本领域内存在一种事实上的原始文本。这就造成了理念体系竞争和原始文本竞争的局面。关于立法的官方理念是唯一含义的观念,却受到众所周知的存在一个起草语言的挑战。同样,案件语言作为判决的原始版本,并且由此也是权威性的版本的地位也受到了法语的挑战。

国内法院发现自己处在这个不确定领域的中心。如上所述,国内法院

第四章
唯一文本或唯一含义：欧盟立法的多语言口译和各国法院中的欧盟法院案例法

对多语制采用了各种各样的办法，这部分反映在现有的备选方案上，部分是将其融合在一起。通常的不确定性反映在成员国法院的行为中。所采取的各种方法不仅各不相同，而且从根本上来说大相径庭，甚至何种要素才能构成原始版本的概念也不尽相同。至于最后一个问题，除了更为显而易见的选择之外，还有一些创新性的选择。这包括让欧盟法院的工作语言来决定立法解释的决定性语言，以及将立法通过时的官方语言作为原始语言。

最有趣的是，我们可以观察到在判例法与立法之间以及立法与判例法之间的溢出效应，它模糊了语言制度之间的界限。上文讨论的巴克沃斯案是判例法直接影响立法解释的最明显的例子。由于欧盟法院用法语进行审议，大概是用法语来参照欧盟的立法，所以国内法院也应该关注法语立法的措辞。过去十年来的起草工作方面的进展已经大大降低了法语的重要性而支持英语，但是法语在欧盟法院的使用可能使得法语在一段时间内仍然可以保持立法原始语言的地位。但是，判例法的语言制度也可以说是一种间接的影响。通过明确承认唯一原本，它在立法时为同样的态度立场敞开了大门。相反，欧盟法院对唯一含义释放出的强烈信号显然已经从立法领域渗透到判例法领域。这是否是由于判例法的语言制度存在不确定性，它在成员国中可能不如其立法对应物那么为人所熟知，或者因为对唯一含义理念更为根本性的接受，因为唯一语言永远不可能成为理解欧盟法律的基础，这一点很难得知。一些例子，如上面讨论的瑞典案例（*Laval and RÅ 2003 ref 80*），没有明确提到判例法的语言制度和案件语言的特殊地位，这让两种解释都行得通。而其他的情况，例如上面讨论的德国联邦行政法院的判决，明确承认了案件语言的地位，但仍然认为参照其他语言版本是有益的，这表明其对唯一含义观点的基本上的支持。

总之，官方语言在立法的译释和欧盟法院判例法方面的作用一直处于变化之中。正式而言，这些领域都各自截然不同，正如唯一含义和唯一文本的理念所表达的。从国内法院的角度来看，理念的含义和分界线正在开始变得模糊。由立法和判例法的不同语言制度的存在而产生的基本不确定性，被国内法院从事多种语言翻译解释所采用的多重技巧而放大。这使得争端当事方很难预测哪种语言或哪些语言对解释有决定性的作用。不仅如此,虽然在判例法领域中转向唯一含义原则是合理的,但是随着作为法律渊源的判例法的不断发展,它对纯粹翻译版本的依赖是值得怀疑的。非该案件语言或法语没有让欧盟法院另眼相待,因此它们表现为法院意图的价值也是有限的。上文讨论的拉瓦尔案判决之后的争议说明了潜在的问题。如果多语言翻译解释的统一方法要继续发展,那就必须伴随着起草和翻译过程的变化。

参 考 文 献

Arnull, A. 1993. Owning up to fallibility: precedent and the Court of Justice. *Common Market Law Review*, 30, 247-66.

Athanassiou, P. 2006. *The Application of Multilingualism in the European Union Context*. Legal Working Paper Series of the European Central Bank, No. 2, March 2006.

Danwitz, T. von 2008, Funktionsbedingungen der Rechtsprechung des Europäischen Gerichthofes. *Europarecht*, 769-85.

Derlén, M. 2009. *Multilingual Interpretation of European Union Law*. Alphen aan den Rijn: Kluwer Law International.

Derlén, M. 2011. In defence of (limited) multilingualism: problems and possibilities of the multilingual interpretation of European Union law in national courts, in *Linguistic Diversity and European Democracy*, edited by A. L. Kjær and S. Adamo. Farnham: Ashgate, 143-66.

Derlén, M. 2014. Multilingual interpretation of CJEU case law: rule and reality. *European Law Review*, 39, 295-315.

Derlén, M., Lindholm, J., Rosvall, M. and Mirshahvalad, A. 2013. Coherence out of chaos: mapping European Union law by running randomly through the maze of CJEU case law. *Europarättslig tidskrift*, 517-35.

Due, O. 1999. Understanding the reasoning of the Court of Justice, in *Mélanges en hommage à FernandSchockweiler*, edited by G. C. Rodríguez Iglesias, O. Due, R. Schintgen and C. Elsen. Baden-Baden: Nomos Verlagsgesellschaft, 73-85.

European Commission. 1995. *A Multilingual Community at Work*. Luxembourg: Office for Official Publications of the European Communities.

European Commission. 2012. *Translation and Multilingualism*. Luxembourg: Publications Office of the European Union.

Gallo, G. 2006. Organisation and features of translation activities at the Court of Justice of the European Communities, in *Multilingualism and the Harmonisation of European Law*, edited by B. Pozzo and V. Jacometti. Alphen aan den Rijn: Kluwer Law International, 179-95.

Gundel, J. 2001. Zur Sprachenregelung bei den E. G. -Agenturen-Abschied auf Raten von der Regel der 'Allsprachigkeit' der Gemeinschaft im Verkehr mit dem Bürger? Anmerkung zum Urteil des EuG von 12. 7. 2001, Christina Kik/Harmonisierungsamt für den Binnenmarkt, Rs. T-120/99. *Europarecht*, 776-83.

Hilf, M. 1973. *Die Auslegung mehrsprachiger Verträge-Eine Untersuchung zum Völkerrecht und zum Staatsrecht der Bundesrepublik Deutschland*. Berlin, Heidelberg and New York: Springer-Verlag.

Hilpold, P. 2010. Die europäische Sprachenpolitik-Babel nach Maβ. *Europarecht*, 695-711.

Komarek, J. 2007. In the court(s) we trust? On the need for hierarchy and differentiation in the preliminary ruling procedure. *European Law Review*, 32 (4), 467-91.

Kürten, M. A. 2004. *Die Bedeutung der deutschen Sprache im Recht der Europäischen Union—Eine Untersuchung der aktuellen sowie zukünftig möglichen Bedeutung der deutschen Sprache in der EU*. Berlin: Duncker & Humblot.

Loehr, K. 1998. *Mehrsprachigkeitsprobleme in der Europäischen Union—Eine empirische und theoretische Analyse aus sprachwissenschaftlicher Perspektive*. Frankfurt am Main: Peter Lang.

Mancini, G. F. and Keeling, D. T. 1995. Language, culture and politics in the life of the European Court of Justice. *Columbia Journal of European Law*, 1, 397-413.

McAuliffe, K. 2008. Enlargement at the European Court of Justice: law, language and translation. *European Law Journal*, 14, 806-18.

McAuliffe, K. 2012. Language and law in the European Union: the multilingual jurisprudence of the ECJ, in *The Oxford Handbook of Language and the Law*, edited by P. M. Tiersma and L. M. Solan. Oxford: Oxford University Press, 200-216.

Mulders, L. 2008. Translation at the Court of Justice of the European Communities, in *The Coherence of EU Law*, edited by S. Prechal and B. van Roermund. Oxford: Oxford University Press, 45-59.

Oppermann, T. 2001. Reform der EU-Sprachenregelung? *Neue Juristische Wochemchrift*, 2663-8.

Pommer, S. E. 2012. Interpreting multilingual EU law: what role for legal translation? *European Review of Private Law*, 5 & 6, 1241-54.

Robinson, W. 2005. How the European Commission drafts legislation in 20 languages. *Clarity*, 53, 4-10.

Schemers, H. G. and Waelbroeck, D. F. 2001. *Judicial Protection in the European Union*. 6th edition. The Hague: Kluwer.

Schilling, T. 2011. Multilingualism and multijuralism: Assets of EU legislation and adjudication? *German Law Journal*, 12, 1460-91.

Schroeder, W. 2004. Die Auslegung des EU-Rechts. *Juristische Schulung*, 180-86.

Schübel-Pfister, I. 2004. *Sprache und Gemeinschaftsrecht—Die Auslegung der mehrsprachig verbindlichen Rechtstexte durch den Europäischen Gerichtshof.* Berlin: Duncker and Humblot.

Sevón, L. 1997. Languages in the Court of Justice of the European Communities. *Rivista di Diritto Europeo*, 533-46.

Sevón, L. 1999. Experiencing the Court of Justice of the European Communities, in *Mélanges en hommage à Fernand Schockweiler*, edited by G. C. Rodríguez Iglesias, O. Due, R. Schintgen and C. Elsen. Baden-Baden: Nomos Verlagsgesellschaft, 577-92.

Stone Sweet, A. and McCown, M. 2003. Discretion and precedent in European law, in *Judicial Discretion in European Perspective*, edited by O. Wiklund. Stockholm: Norstedts Juridik, 84-115.

Šarčević, S. 1997. *New Approach to Legal Translation*. The Hague: Kluwer Law International.

Tabory, M. 1980. *Multilingualism in International Law and Institutions*. Alphen aan den Rijn: Sijthoff & Noordhoff.

Usher, J. A. 1981. Language and the European Court of Justice. *The International Contract—Law & Finance Review*, 2, 277-85.

第五章
比较法与法律翻译的新疆域

芭芭拉·波佐

比较法分析的任务

比较法律师是注定要处理法律翻译问题的。① 他们所寻求的关于外国法律制度的信息,嵌入在所分析的法律体制用来表达其法律规则的语言之中。② 这就是为什么法律翻译一直被认为是比较法分析的重要工具。③

传统上,法律翻译的问题源于在比较法分析的过程中将一些概念从一种语言转换成另一种语言的需要,这样做的目的在于获取知识,找寻分歧及趋同点,揭示陷阱和具体困难,以找到法律概念上的分歧和趋同点。

在比较法中,法律翻译的每一个操作都隐含着一个复杂的智力劳动,这应该是旨在理解我们想要翻译的"深层"含义,并确定目标语言中可能的对应关系(Durieux 1992:95)。这远非是一个单纯的技术问题,因为法律和语言深深地受到文化的约束。这就是为什么翻译总是意味着一个转述的问题(Ioriatti Ferrari 2008),而应该避免在不同语言中的法律概念的简单罗列,

---

① 在意大利,鲁道夫·塞科(Rodolfo Sacco)是法律翻译问题一个重要学派的创始人(see Sacco 1987:845 ff.; 1994:475; 2011; Sacco and Castellani 1999)。
② Gerber(2005:41) and Kitamura(1995:862)。
③ 法律翻译在比较法话语中的重要性体现在国际比较法学会在1986年和1998年会议上专门讨论这一问题。第一次悉尼会议的论文发表在1987年拉瓦尔大学法学院(Faculté de droit de l'Université Laval)的《法学笔记》(Cahiers de Droit)第28卷第4期上;第二次布里斯托会议的记录参见 Jayme(1999)。

因为它只能达到一种非常肤浅的结果(Legrand 1996：234)。

从这个角度来看,法律翻译需要防范不忠实于目标文本的源文化及不清晰性而翻译颠倒的危险。有些东西当然会"丢失",但比较法律师也可能在这个翻译过程中"发现"一些东西(Pozzo 2011：149)。

法律翻译的技术问题

比较法律师需要翻译法律概念,一方面是技术层面的,另一方面是和文化紧密相关的(Terral 2004：876)。因此,有人认为,外国法律术语的教学可能是一种教授比较法的方法(Bergman 1987：89)。

在翻译的过程中,所要关注的一点是要识别同一单词或术语所表达的各种含义(Gu 2006),即使在同一种语言中,每个单词、短语或句子也不仅只有一种含义(Boyd White 1990)。

法律概念与不同意义的层次

法律概念在一个特定的法律体系中是随着时间的推移而产生的不同含义层次的结果。[①] 识别这些含义是任何翻译操作的先决条件。一个例子可能比一个啰唆的论述更能说明这个问题。[②] "Eigentum"这个词能否翻译成"propriété""property"或者"proprietà"? 对于普通人来说,这些词的意思,就像翁贝托·埃科(Umberto Eco 2003)说的那样,是"几乎一样的"。

然而,一个法学家首先要确定翻译的主题,并且注意到,在《德国民法典》(Bürgerliches Gesetzbuch, BGB)的背景下,"Eigentum"具有不同的含义,因此,在私人当事人之间的关系中,而不是在宪政语境中,可以在《德国宪法》(Grundgesetz)第14条中找到相同的术语。

在《德国民法典》第903节下的所有权制度的定义,的确受制于该法第90节所规定的限制,该条款规定"Sachen im Sinne des Gesetzes sind nur

---

[①] 该观点参见 A. Gambaro in Candian et al. (1992：3)。
[②] 该例子来自 Candian et al. (1992：316 ff.)。

körperliche Dinge"(法院认定的东西只有合法的东西)。就私法财产制度而言,法律意义上的"货物"只是包括有形物质而已,因此在这种情况下,不包括对任何非物质财产的提及。因此,德国的财产限定模式从来没有涉及任何保护知识产权的范围,该情况若发生在其他国家背景下,此概念的适用范围会更加广。

我们回到德国宪法语境,根据现行《德国宪法》①第 14 条的规定,"Eigentum"这个词,法院一直将其解释为是包括专利和版权的。德国宪法法院(*Bundesverfassungsgericht*)②在财产法和其他法律领域的"功能对等"假设的基础上,进一步拓宽了所有权的宪法概念,使之也包括一些公共权利(subjektive öffentliche Rechte),从而与所有人的地位相对应(Nicolaysen 1966)。

因此,即使在德国的法律体系本身之内,"Eigentum"并不总是"Eigentum",当使用"property""propriété"或"proprieté"翻译它时可能会产生问题,这取决于相关背景和进一步的警告。当将其用于私法和宪法背景时,这种意义上的分歧可能根本就不存在,或者在瑞士或奥地利法律中也使用了术语"Eigentum",只是被使用的层面不同。

法律概念及其界线功能

进一步而言,在翻译法律概念的时候,我们必须记住,它们的界线功能可能会因被视为参考语境的法律制度而有所不同。例如,就合同概念而言,欧洲的各种法律体系存在很大的差异,这不能仅仅依据普通法/民法的二分加以解释。

为了解决这个问题,我们也许应该提醒自己,婚姻对法国人来说是一种"contrat"(契约),而对德国人、意大利人和英国人则不然。同样,捐赠对德国人和意大利人来说是契约性的,而对英国人不是。信托是受财产法律管辖的普通法律手段;然而,如果该制度的任何影响被转移到民法法域,则必

---

① 《德国宪法》第 14 条摘自《魏玛宪法》(Weimar Constitution)第 153 条。
② 主要案例发表于 *BVerfGE* 4, 240;参见 Sendler(1971:20)。

须诉诸所有目的都是合同法的一部分的机制。

考虑到这一切,我们是否可以将"contratto"(合同)翻译为"Vertrag""Contract"或"Contrat"呢?由于契约概念的界线功能根据每个个体的参照背景而变化,所以问题在于如何告知翻译者使用不强调所翻译的概念的局限性和界限的直译所带来的风险。

内在价值观问题

我们对法律规则的直接理解是,它们似乎与其书面形式不可分割。但是,在谈到法律语言和法律翻译时,重要的是要记住,书面语言只是法律表达和表现的可能形式之一。从历史的角度来看,法律并不总是完全以书面形式规定的(Sacco,1995:783;1999)。

在西方的法律传统中,我们习惯于在写作时斟酌语言,我们接受过主要以书面形式制定法律的训练。从这个角度来看,只有成文法被认为是权威的(Grossfeld and Eberle 2003:306)。在其他法律传统中,如在中国(参见 Cao 2004:161)或在非洲法律制度中(参见 Allott 1967:63),这种看法可能不同,因为习惯规则的不成文特征在法律实践中可能占上风。

此外,无论是口头的还是书面的法律规则都可能受到翻译前需要揭示隐匿结构模式的深刻影响(Grossfeld and Eberle 2003:297)。一般而言,人们可能会说,在每一个翻译过程中,隐含着法律规则根植于其中的文化理解任务;然而,在某些情况下,文化因素可能是最重要的。

为了揭示隐匿模式和确定法律制度的内在价值观,比较法律师需要了解法律与文化之间的深层联系。① 让我们举几个例子来说明法律概念的文化嵌入性:是否可能理解中国私有财产的概念,而不去考虑它所嵌入的社会主义意识形态的价值观(关于这个话题,参见 Chen 2010:983)?或者,有没有可能在无视印度教传统法律附加在寡妇这个词本身的价值观的情况下,了解有关印度寡妇再婚的立法(参见 Carroll 1983)?

---

① 关于法律与文化之间的相互作用,参见 Gordon(1984),Krygier(1986)and Abel(1978)。

法律翻译的新疆域

法律翻译问题在欧洲多语言的背景下有了一个新的层次。由于欧盟正式文本必须以所有官方语言出版,因此欧盟的立法必须多语言化。这往往会导致复杂和重大的翻译问题。

虽然已经提出了减少官方语言的提案,但即使考虑到新成员国的加入大大增加了官方语言的数量,欧盟选择多种语言这一做法似乎也并未受到质疑。随着2013年7月1日克罗地亚的加入,现在已有24种官方语言。[①]在执行层面,经常强调的是,每种官方语言的互译不再处在可控范围内了,因为现在必须要操作500多种可能的语言组合。

尽管如此,在我们这个多元主义、保护少数族裔和重新发现区域文化和少数族裔文化是政治阶层和公众舆论的核心利益的时代,尽管翻译问题日益严重,去倡导限制官方语言的数量似乎并不是合理的解决办法(Jacometti 2009:4)。

回顾过去的经验,我们看到欧洲的多语言化对传统的法律翻译态度造成了许多挑战(Salmi-Tolonen 2004:1167)。关于法律翻译在欧盟立法过程中的作用尤其如此,其中二级立法的目的是协调规则,以保障所有欧盟公民的平等权利。

实现统一的困难

在欧洲层面上,并没有由共同的欧洲法律文化创造和塑造的统一的法律术语预先就存在于欧盟法律文本之中,因此,当欧盟指令使用法律术语而不定义其内容时,将指令转化为国内法律的法律术语将根据各自的国家

[①] 在2004年扩大之前,正式语是英语、法语、德语、荷兰语、瑞典语、丹麦语、葡萄牙语、意大利语、西班牙语、希腊语和芬兰语。2004年5月1日,增加了9种新的语言:爱沙尼亚语、立陶宛语、拉脱维亚语、斯洛文尼亚语、波兰语、匈牙利语、捷克语、斯洛伐克语和马耳他语。此后,爱尔兰语被确认为第21种官方语言;2007年增加了保加利亚语和罗马尼亚语,2013年增加了克罗地亚语。

背景进行解释,从而在达成协调一致的效果方面造成难以克服的困难。

在欧盟起草人故意选择技术定义的情况下也会出现类似的问题。① 欧洲议会2004/35/EC指令和2004年4月21日欧洲理事会关于预防和补救环境损害的环境责任可以很容易提供一个例子。② 根据该指令第2条的定义,损害是指"自然资源的可衡量的不利变化,或可能直接或间接发生的自然资源服务的可衡量损害"。由于没有给翻译人员提供明确的标准,这个定义会让其在不同的国家背景下作出不同的解释,从而破坏这一指令旨在实现的一致性过程。

进一步的观察涉及在相同语言版本中使用术语时,或者当从一种语言翻译成另一种语言时,缺乏一致性和连贯性的问题。1985年12月20日通过的保护与在营业场所以外谈判的合同有关的消费者85/577理事会指令就是这方面的一个重要例子。

该指令第4条的意大利语版本规定了消费者取消合同的权利(diritto di rescindere),而不是解除权(recesso)。③ 法国版本给予消费者"有权从合同的效力中解放出来"(son droit de résilier le contrat)时,把"résilier"和"renoncer"这两个词当作同义词来使用,尽管两者是不同的。前者是指取消或退出有缺陷合同的可能性,后者涉及放弃一项意图的可能性,比如,有人拒绝或放弃采取法律行动的权利的案例。至少在2002年对债法进行改革之前,德语版通常在《德国民法典》中使用"Widerruf"这个术语,以表明撤销一项单方面行为,例如一项要约,当然不是合同。然而,"Rücktritt"这个术语也被用在德语版本的指令本身之中,就好像它是同义词。英文版在不加区分的情况下使用以下表达方式:"to assess the obligations arising under the contract, right of cancellation, right to renounce the effects of his undertaking, right of renunciation"(评估合同规定的债务、注销权、放弃承诺

---

① 关于这些问题大致参见Jacometti(2009:4)。
② OJ, 30.4.2004, L 143/56.
③ "解除权"(recesso)的一般补救办法规定在《意大利民法典》(Italian Civil Code)第1373条中:如果其中一方已被授权退出合同,只要没有开始履行,这种权力就可以行使。在连续或定期执行的合同中,这种权力也可以随后被执行,但是撤回对已经执行或者正在执行的没有任何影响。

的权利、放弃权)。

寻找解决方案

这种起草、翻译和解释欧盟法律文本的复杂情况,使欧洲各个机构作出了使之理性化的一些努力。这些共同的努力产生了《欧洲议会、理事会和欧盟委员会内参与欧盟立法起草人员之共同实用手册》(Joint Practical Guide of the European Parliament, the Council and the Commission for Persons Involved in the Drafting of Legislation Within the Community Institutions)(以下简称《共同实用手册》)的出版,并于2013年更新并被重新命名。①

根据《共同实用手册》的"总则",立法行为必须以清晰/简单和准确的语言(1.1)起草,从而确保所有人都能获得和理解法律,以保证在法律面前的公民平等(1.2)。

起草者应尽可能用易懂的日常用语来表达立法意图(1.4.1)。最好的解决方案应该是选择尽可能简单、通用,因此要尽可能使用非技术性的语言。《共同实用手册》第五章提醒起草者在整个起草过程中,要始终考虑到欧盟立法的多语言性质。第5.2条要求原始文本要特别简单易懂,并避免那些与各个国家法律系统过于紧密相关的术语(5.3.2)。

这些准则肯定会对建立欧洲私法体系产生重要的影响,法律语言的技术性质在某种程度上似乎与所用术语的模糊性和非技术性相冲突。然而,为了找到新的解决办法,有必要超越单纯的翻译问题,用24种语言创建一套通用术语,同时制定一个多语言文本的统一法律解释理论,以便在欧盟层面和国家一级保持协调一致的效果。

用24种语言创建一套通用术语的需求

与欧盟法律中使用的术语有关问题在过去十年中一直是委员会关注的

---

① Joint Practical Guide of the European Parliament, the Council and the Commission for persons involved in the drafting of European Union legislation, the 2nd edition, is available at: http://eur-lex. europa. eu/content/pdf/techleg/joint-practical-guide-2013-en. pdf.

第五章
比较法与法律翻译的新疆域

核心问题,特别是在合同法领域。自从2003年2月12日制定《行动计划》①以来,委员会强调指出,困扰欧盟法律的其他问题除了欧洲合同法内的不一致问题之外,还有在指令中使用的抽象术语根本没有定义,或者定义过于宽泛。

作为其《行动计划》的一部分,委员会资助了一个全欧盟的学术项目,以制定一个《欧盟民法典》(CFR)②,通过定义例如"contract"(合同)或"damage"(损害)的基本概念和抽象术语,来提供通用术语和规则的最佳解决方案,并制定适用于例如不履行合同的规则。《欧盟民法典草案》(欧洲私法的原则、定义和范本规则)(von Bar, Clive and Schulte-Nölke 2009)③于2009年终于获得批准和出版,其目的是双重的。首先,它的目的是通过提供明确定义合同法的法律术语、基本原则和统一示范模式,作为一种工具来改进欧盟法律,这些规则借鉴了成员国法律制度中现有的欧盟法律及其最佳解决办法。其次,据说,《欧盟民法典草案》可以作为欧洲合同法可选文书的基础(Marchetti 2012:1265-76)。事实如此,欧盟委员会2011年以法规形式出版的《欧洲共同销售法》的提案④即旨在引入一个可选的制度,以便在跨境销售商品之间制定一套企业和消费者的统一合同规则。

就我们的目的而言,我们对DCFR的内容并不感兴趣,而是对它的语言感兴趣,它的语言又反过来影响了《欧洲共同销售法》的语言和风格。⑤虽然《欧盟民法典草案》是用英语起草的,但是这个英语不同于表达普通法概

---

① Communication from the Commission to the European Parliament and the Council, *A More Coherent European Contract Law*, *An Action Plan*, Brussels, 12.2.2003, COM(2003) 68 final.
② Communication from the Commission to the European Parliament and the Council, *European Contract Law and the revision of the acquis: the way forward*, Brussels, 11.10.2004, COM(2004)651 final.
③ Available at: http://ec.europa.eu/justice/policies/civil/docs/dcfr_outline_edition_en.pdf.
④ COM(2011) 635 final, Proposal for a Regulation of the European Parliament and of the Council on a Common European Sales Law. The CESL is based largely on the DCFR and the 'Feasibility Study' completed in May 2011 and available at: http://ec.europa.eu/justice/contract/files/feasibilily_study_final.pdf.
⑤ 见本书第九章,特别是斯特兰德维克(Strandvik)对委员会翻译总司在翻译《欧洲共同销售法》中所做的个案研究。

念的那个英语。在《欧盟民法典草案》的背景下,英语成为与古典民法背景相关的中性或描述性语言。因此,它不再转换普通法概念(也不是历史上的另一特定法律秩序的概念),而是那些正受到成员国各种文化和法律背景影响的新兴法律制度——欧洲法律体系。

由于新兴的欧洲法律制度也是多语制的,因此起草者们付出了艰辛的努力,创造出一种中性的语言,没有任何法律和技术问题,可以"使其很容易翻译而没有不必要的包袱"(《欧盟民法典草案》序言,von Bar, Clive and Schulte-Nölke 2009:29)。出于这个原因,避免了诸如"recission"(遣返)、"tort"(侵权)和"delict"(不法行为)之类的术语,并用描述性的释义来代替。例如,"torts"被描述为"对他人造成损害而引起的非合同责任"。受害方被称为"受到法定损害的人",侵权人被称为"造成损害的人"(Ⅵ.-1:01)。为了更加简洁,尽可能创造新词,其中一些是描述性的,另一些是直译。例如,"force majeure"(不可抗力)的规则称为"event beyond control"(无法控制的事件)(Ⅵ.-5:302),德语"Rücktritt"是单方面撤回,"Rechtsgeschäft"是司法行为(Ⅱ.-1.:101)。拉丁语短语词组也被回避。例如,民事制度中的"Geschäftsführung ohne Auftrag"(无因管理),不是使用通常的拉丁语"*negotiorum gestio*"(未经授权的代理),而是被称为"benevolent intervention in another's affairs"(善意干预他人的事务)(第五册)。

英国一项对《欧盟民法典草案》语言的评估证实,起草者通常设法"用术语来表达规则,这是用英语来理解的,但与英国法律本身的技术概念没有太大的联系"。尽管《欧盟民法典草案》使用中性的、描述性的语言,评估指出,"术语的一些重大问题"仍然存在,在将《欧盟民法典》翻译成欧盟的所有官方语言时,这一点将变得明显起来(Whittaker 2008:10)。

在这种情况下,提及《欧盟民法典草案》中定义的重要作用也很重要,这些定义对欧洲统一术语的发展具有建议的作用,即统一的概念。除了示范规则文本中的定义之外,附录Ⅰ还公布了一套术语和定义的清单,该清单被认为是《欧盟民法典草案》的一个必要组成部分。定义的实质部分来源于欧盟法律,但主要来自示范规则。因此,一些学者建议术语清单可以被看作是在建立统一概念,多数看法则认为定义不能脱离示范规则。换言之,这些定义对于模型规则至关重要,模型规则对定义来说亦是如此(《欧盟民法典草案》简介,von Bar, Clive and Schulte-Nölke 2009:17)。

如果欧洲的律师们不能指望多语言文本译释的一致性理论的话,那么与此同时地在欧洲的层面寻求统一的术语就是在做无用功。事实上,一旦共同概念在超国家层面上得到了实现,为了保持其协调作用,还是需要根据相同的解释原则来译释。

多语言文本译释的一致性理论

从历史的角度来看,我们有一个重要的例子,可以说明对唯一文本的不同译释随着时间的推移如何导致了不同的结果。例如,19世纪当《法国民法典》在比利时生效时,是不需要翻译的。但是,众所周知,同样的条款在两个制度的法院的适用上引起了相当不同的解释(Pozzo 2006:16)。

在这种情况下,鉴于其机构职责,欧盟法院发挥了重要作用。根据《欧盟条约》第19条,在条约的解释和适用上,欧盟法院有责任确保法律得到遵守。实现这一目标的主要手段是创始条约授予法院作出初步裁决的权限。从这个意义上讲,《欧盟条约》第19条规定,欧盟法院有权对欧盟机构对条约的解释及所采取行为的有效性作出初步裁决。

过去几十年来,欧盟法院制定了各种解释标准,以确保欧盟法律为符合条约的目标的统一适用(参见 Derlén 2009)。首先,法院提出了一个新的法律秩序概念,并在1963年的昂卢斯案判决书中[①]提出了正式的概念。法院明确指出,这些机构使用的语言是不同于并独立于各国语言的,包括它们的法律语言。正如艾欧亚提指出的那样(Ioriatti 2009),在布鲁塞尔用于表达新现实的术语是对欧盟的需求的回应,而欧盟的这些需求往往与概念本身同时出现。

---

① Case 26/62 *Van Gend en Loos v. Nederlandse Belastingadministratie* [1963] ECR 1.

如今,这个新的现实必须用 24 种不同的语言来表达和解释,以达到相同的总体结果。在这种情况下,我们需要回顾一下,欧盟的所有一级和二级法律文本具有同等效力,这就意味着所有版本都具有相同的含义,从而传达相同的规则和陈述。然而,正如比较法研究(Gambaro 2007)所强调的,这种简单的推定是自相矛盾的证据,而不同版本之间存在着差异。

在多语言的司法管辖区,口译员需要检查多个权威语言版本。这意味着,在同样可靠的文本的情况下,没有任何语言版本是用于解释目的的主导文本。这个字面解释(literal interpretation)原则是由欧盟法院判例法确定的,①相关判例法明确指出,欧盟法律文本的一种语言版本本身并不能被认为是优越于其他的。为了达到欧盟法律的统一适用,口译员还要参考其他的语言版本。

除此之外,法院的判决提出了一个难以实际操作的问题,因为这需要口译人员掌握大量官方语言(Ajani and Rossi 2006:79)。在这些情况下,口译员必须搜寻立法者的意图。这种做法与心理意义上的意图没有太大的共同之处(Gambaro 2007),但是需要把一种感觉归于与赋予他们目的相一致的规则。

这种目的论标准似乎在判例法中占有优势,特别是自 *CILFIT* 案②以来,法院为解释欧共体(如今的欧盟)法律,提出了三个主要原则。首先,在对欧共体法律的解释中,必须考虑规则的多语制性质,因此需要比较所有有效的语言版本。其次,法院认为,即使在语言版本完全一致的情况下,欧共体法律也会使用适合其自身目的的特定术语,而法律概念在欧共体法律和各国法律中并不一定具有相同的含义。最后,欧共体法律的每一条规定都必须放置在它的背景之中,并根据本法律的规定及其目的和其发展变化的状态加以解释。

---

① Case 02.04.1998, C-296/95; Case 20.11.2003, C-152/01.
② Case 283/81, Judgment of the Court of 6 October 1982, *Srl CILFIT and Lanificio di Gavardo SpA v. Ministry of Health*. Reference for a preliminary ruling: Corte suprema di Cassazione-Italy. 关于对案例法的讨论,参见 Pozzo(2008:383-431)。

第五章
比较法与法律翻译的新疆域

在 CILFIT 案后,法院发展出两条解释,每当有疑问出现时,就会根据其多语言性质来解释条款。第一条支持纯粹的字面直译标准,第二条支持目的性解释的原则。不过,法院还是有联合适用两个解释标准的案例。

尽管官方语言数量不断增加,但法院在某些情况下①,会坚持只根据不同的语言版本进行比较来保持解释规则。大多数情况下,当某一语言版本与其他语言版本不同时,法院就很容易选择一种且不会引起进一步解释问题的解决方案。

法院没有提到要解释立法目的这一事实表明,这个问题是通过仅仅把不同的语言版本②并列在一起来解决的。因此,就翻译而言,直译标准在大多数简单的案子中起着重要的作用,只是因为通过不同语言版本的措辞比较,疑问就消失了。

在另一些案件中,法院特别提到用"大多数语言版本"来达到解释性翻译的目标。③ 在另一类案件组中,欧盟法院开始采用字面直译规则,如果单纯的比较不足以调和多语言的分歧,那么就通过分析有关立法的目的来应用目的论方法。

在衡量各种语言版本的差异时,欧盟法院还提到了系统的评估

---

① See, for example. Case 144/86, Judgment of the Court of 8 December 1987, *Gubisch Maschinenfabrik AG v. Giulio Palumbo*. Reference for a preliminary ruling: Corte suprema di Cassazione-Italy; Case 114/86, Judgment of the Court of 27 September 1988, *United Kingdom of Great Britain and Northern Ireland v. Commission of the European Communities*; Case 357/87, Judgment of the Court of 5 October 1988. *Firma Schmid v. Hauptzollamt Stuttgart-West*. Reference for a preliminary' ruling: Finanzgericht Baden-Württemberg-Germany.

② 在 *Gubisch Maschinenfabrik AG v. Giulio Palumbo* 中,法官只是简单地(根据总则第 14 条)指出,德语版本必须"以与其他语言版本相同的方式构建"。在 *United Kingdom of Great Britain and Northern Ireland v. Commission of the European Communities* 中,委员会(根据总则第 3 条)提出,"根据法院既定的判例法,统一解释共同体立法的需求,要求这个版本[即英文版]不应该被孤立地加以考虑,如果出现疑问,应该根据其他语言版本来解释和适用"。在 *Firma Schmid v. Hauptzollamt Stuttgart-West* 中,法院从"不同语言版本的比较"中提出了解决办法(根据总则第 8 和 9 条),根据其他官方语言的规定解释德语文本中的不精确的定义。

③ 如同 C-228/94 案,1996 年 7 月 11 日法院判决史丹利·查尔斯·阿特金斯诉市议会及交通部一案,初步裁决的参考:英国高等法院王座法庭(女王)(根据总则第 30 条):"这一解释是因为在该指令的大多数语言版本中,单数形式在第 1 条中明确用于说明,该指令的目的是逐步实施第 3 条规定的社会保障领域的男女平等待遇原则和其他社会保护要素。"

(systematic evaluations),采用不一致的术语,有时是指"系统"①,其他时候则是指"系统性"②的概念,甚至是"系统功能及立法目的"③。

总之,对欧盟法院案例法的审视表明,欧盟多语言文本的翻译仍然没有一致性的理论可以为调和不同的语言版本提供一个安全的平台。

由于欧盟法律的技术性问题、时间压力以及欧盟机构的法律兼语言学家和翻译人员的日常巨大工作量,某些语言差异可能是翻译错误的结果。然而,更深刻的意义上的差异是在欧洲各种参考语境中所发展的不同传统中,找到相应等同概念的难度所造成的。

法院努力调和其意义而不仅仅是不同的语言版本,最终目的是发展欧盟法律的统一概念和价值。欧盟法律的主要任务是在界定欧盟概念和建立一个真正的欧洲体系的困境中来帮助欧盟法院。

一种新的翻译逻辑

尽管欧盟致力于使用多种语言,但越来越多地使用英语来构建新的欧洲法律秩序,将来也会对欧盟法律翻译带来新的挑战。首先,主要问题不再仅仅是将法律概念从一种反映特定法律文化的价值观、心态和体系结构的法律语言转换成另一种语言。鉴于英语在协调过程的当前阶段的作用,新的问题将是把与特定价值体系无关的混合语言翻译成所有其他语言(参见本书范丽奇的第八章)。

其次,我们必须记住,我们正在寻求的不是两种语言之间,而是跨越24种不同的语言的等值关系:这就是为什么有一个《欧盟民法典》是必要的。

---

① Case 135/83, Judgment of the Court of 7 February 1985, *H. B. M. Abels v. The Administrative Board of the Bedrijfsvereniging voor de Metaalindustrie en de Electrotechnische Industrie*. Reference for a preliminary ruling: Raad van Beroep Zwolle-Netherlands.

② Case 136/80, Judgment of the Court (First Chamber) of 17 September 1981, *Hudig en Pieters BV v. Minister van Landbouw en Visserij*. Reference for a preliminary ruling: College van Beroep voor het Bedrijfsleven-Netherlands.

③ Case 449/93, Judgment of the Court (First Chamber) of 7 December 1995, *Rockfon A/S v. Specialarbejderforbundet i Danmark*. Reference for a preliminary ruling: Østre Landsret-Denmark.

如果我们忘记这一点,那我们将从一开始就失败。

最后,在从标准化的英文翻译成其他官方语言的情况下,如果在目标语言中没有对应词,就必须创造"新"术语(新词)、概念和原则,或用新方法,或者在新的语境中使用"旧"术语和概念,而这会导致在国家层面上的危险的共存现象(见本书莎尔切维奇的第十一章)。

新的问题还会出现。事实上,我们会盲目认为,一旦引入这些新词,它们将被统一解释和应用,尽管没有合适的工具来保证这一结果。换句话说,为了保持等同性,必须对各种官方语言新词的使用不断监控。这既不荒唐也不是不可能的。加拿大的法语地区采取了类似的做法,虽然只有法语和英语,但法律术语的标准化已经超过一种以上的语言了。①

在最近对意大利法律语言进行的实际调查中(参见 Pozzo and Bambi 2012),有可能证明法律的不同部分(私法、程序法、刑法、刑事程序)如何以不同的速度作出反应,用不同的方法来处理欧洲立法过程的语言。这种现象造成了语言内部不一致的重要问题,导致同一用语但含义却不同的情况。

结　　论

《欧盟民法典草案》的新术语是在欧洲层面建立起来的,目的是促进私法的统一,以达到建立一套标准化的术语,并已经为此项目投入了巨大的人力物力(Marchetti 2012:1265-76)。虽然没有达成原定的标准化,但结果是非常有价值的。这套新的英语术语必须要在其他所有有关的语言中进行测试,在一个"循环圈"里,而不是在纯粹的"双边"逻辑的背景下,并始终铭记这种立法的目的。

在像魁北克这样的双重司法及双语体系中的比较法经验表明,如果没有对各种语言的标准化术语进行持续的监控,那么"对等"术语从长远来看将会出现偏离。这就是为什么没有特定的"欧洲的"解释理论和基于比较

---

① 关于魁北克的有趣经历,参见 Kasirer(2003:481-501)and Coté(2002:7-19)。

法研究的特定的"欧洲的"教育,即使我们用英语创建了一套标准化的术语,也很难应对将其翻译成众多欧盟官方语言的挑战。

参 考 文 献

Abel, R. L. 1978. Comparative law and social theory. *American Journal of Comparative Law*, 26, 219.

Ajani, G. and Rossi, P. 2006. Multilingualism and the coherence of European private law, in *Multilingualism and the Harmonisation of European Law*, edited by B. Pozzo and V. Jacometti. Alphen aan den Rijn: Kluwer Law International, 79-93.

Allott, A. 1967. Law in the new Africa. *African Affairs*, 66(262), 55-63.

Bar, C. von, Clive E. and Schulte-Nölke H. (eds) 2009. *Principles, Definitions and Model Rules of European Private Law-Draft Common Frame of Reference (DCFR)*. Munich: Sellier-European Law Publishers.

Bergmans, B. 1987. L'enseignement d'une terminologie juridique étrangère comme mode d'approche du droit comparé: l'exemple de l'allemand. *Revue Internationale de droit comparé*, 39(1), 89-110.

Boyd White, J. 1990. *Justice as Translation: An Essay in Cultural and Legal Criticism*. Chicago: University of Chicago Press.

Candian, A., Gambaro, A. and Pozzo, B. 1992. *Property-Propriété-Eigentum*. Padova: Cedam.

Cao, D. 2004. *Chinese Law: A Language Perspective*. Aldershot: Ashgate.

Carroll, L. 1983. Law, custom and statutory social reform: the Hindu Widow's Remarriage Act of 1856. *The Indian Economic and Social History-Review*, 20(4), 363-88.

Chen, L. 2010. Private property with Chinese characteristics: a critical analysis of the Chinese Property Law of 2007. *European Review of Private Law*,

18,983-1004.

Coté, P. 2002. L'interpretation des textes législatifs bilingues au Canada, in *L'interprétation des textes juridique rédigés dans plus d'une langue*. Torino: L'Harmattan Italia, 7-19.

Derten, M. 2009. *Multilingual Interpretation of European Union Law*. Alphen aan den Rijn: Kluwer Law International.

Durieux, C. 1992. La terminologie en traduction technique: apports et limites. *Terminologie et Traduction*, 2, 95-103.

Eco, U. 2003. *Dire quasi la stessa cosa-Esperienze di traduzione*. Milano: Bompiani.

Gambaro, A. 2007. Interpretation of multilingual legislative texts. *Electronic Journal of Comparative Law*, 11(3). Available at: http://www.ejcl.org/113/article113-4.pdf.

Gerber. D. J. 2005. Authority heuristics: language and trans-system knowledge, in *Ordinary Language and Legal Language*, edited by B. Pozzo. Milan: Giuffrè, 41-59.

Gordon, R. W. 1984. Critical legal histories. *Stanford Law Review*, 36, 57.

Grossfeld, B. and Eberle, E. J. 2003. Patterns of order in comparative law: discovering and decoding invisible powers. *Texas International Law Journal*, 38, 291-316.

Gu, S. 2006. *The Boundaries of Meaning and the Formation of Law: Legal Concepts and Reasoning in the English, Arabic, and Chinese Traditions*. Montreal: McGill-Queen's University Press.

Ioriatti. E. 2009. Linguistic precedent and nomadic meanings in EC private law. *Revista General de Derecho Público Comparado*, 6. Available at: http://www.iustel.com/v2/revistas/detalle_revista.asp?id=14.

Ioriatti Ferrari, E. (ed.) 2008. *Interpretazione e traduzione del diritto*.

Atti del Convegno tenuto a Trento presso la Facoltà di Giurisprudenza on 30 November 2007, Padova: Cedam.

Jacometti, V. 2009. European multilingualism between minimum harmonisation and 'a-technical' terminology. *Revista General de Derecho Público Comparado*, 6. Available at: http: www. iustel. com v2 revistas/detalle_revista. asp?id = 14.

Jayme, E. (ed.) 1999. *Langue et droit*. Bruxelles: Bruylant.

Kasirer, N. 2003. Legal education as *métissage*. *Tulane Law Review*, 78, 481-501.

Kitamura, I. 1995. Brèves réflexions sur la méthode de comparaison francc-japonaise. *Revue Internationale de droit comparé*, 47. 861-9.

Krygien M. 1986. Law as tradition. *Law and Philosophy*, 5, 237.

Legrand, P. 1996. How to compare now. *Legal Studies*, 16. 232-42.

Marchetti, C. 2012. Legal categories and legal terms in the path towards a European private law: the experiment of the DCFR. *European Review of Private Law*, 5-6, 1265-76.

Nicolaysen, G. 1966. Eigentumsgarantie und Vermögenswerte subjekrive öffentliche Rechte. in *Hamburger Festschrift für Friedrich Schack*, edited by H. P. Ipsen. Berlin. -Metzner. 107-23.

Pozzo, B. 2006. Multilingualism, legal terminology and the problems of harmonising European private law, in *Multilingualism and the Harmonization of European Law*, edited by B. Pozzo and V. Jacometti. Alphen aan den Rijn: Kluwer Law International, 3-19.

Pozzo, B. 2008. L'interpretazione della Corte del Lussemburgo del testo multilingue: una rassegna giurisprudenziale, in *Europa e Linguaggi giuridici*, edited by B. Pozzo and M. Timoteo. Milan: Giuffrè Editore, 383-433.

Pozzo, B. 2011. Lost and found in translation, in *Les frontières avancées du savoir du juriste: L'anthropologie juridique et la traductologie juridique/The*

Advanced Frontiers of Legal Science: *Legal Anthropology and Translation Studies in Law*, edited by R. Sacco, Actes du Colloque ISAIDAT, Turin, 25-28 April 2007. Bruxelles: Bruylant, 141-54.

Pozzo. B. and Bambi, F. 2012. *L'Italiano giuridico che cambia*. Firenze: Accademia della Crusca (Academy of the Italian Language).

Sacco, R. 1987. La traduction juridique-un point de vue italien. *Les Cahiers de droit*, 28(4), 845-59.

Sacco, R. 1994. La traduzione giuridica, in *Il linguaggio del diritto*, edited by U. Scarpelli and P. Di Lucia. Milano: Giuffrè.

Sacco, R. 1995. Le droit muet. *Revue trimestrelle du droit civil*. 94, 783-96.

Sacco, R. 1999. Lefonti non scritte e l'interpretaztone. Turin: Utet.

Sacco, R. (ed.) 2011. *Les frontières avancées du savoir du jurist*: *L'anthropologie juridique et la traductologie juridique/The Advanced Frontiers of Legal Science*: *Legal Anthropology and Translation Studies in Law*, Actes du Colloque ISAIDAT, Turin, 25-28 April 2007. Brussels: Bruylant.

Sacco, R. and Castellani, L. (eds) 1999. *Les multiples langues du droit européen uniforme*. Turin: L'Harmattan.

Salmi-Tolonen, T. 2004. Legal linguistic knowledge and creating and interpreting law in a multilingual context. *Brooklyn Journal of International Law*, 29, 1167-91.

Sendler, H. 1971. Die Konkretisierung einer modernen Eigentumsverfassung durch Richterspruch. *Die öffentliche Verwaltung*, 16 ff.

Terral, F. 2004. L'empreinte culturelle des termes juridiques. *Meta*, 49(4), 876-90.

Whittaker, S. 2008. *The Draft Common Frame of Reference*: *An Assessment*. Assessment commissioned by the Ministry of Justice, UK.

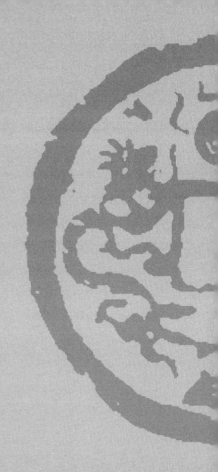

第二部分
欧盟的法律翻译

第六章
欧盟法律翻译的理论问题:语言、翻译与欧盟法律自主之间的悖论关系

安·丽丝·克嘉

引　言

　　本章的目的是讨论我们在欧盟所谓的翻译究竟是不是翻译问题,还是我们正在目睹一些不同的、还没有形成一个合适的理论概念的问题。我们知道的是,欧盟文本是用24个并行语言版本编写的,其中没有一个具有原本的法律地位,也没有一个被指定为翻译版本。总之,它们是欧盟法律的同样重要的来源(Kjær 2007)。尽管多语言版本与统一的欧盟法律之间存在这种矛盾的关系,但我们可以看到,欧盟法律是发挥其功能的,并且在现实生活中得到成员国的遵循,多语言规则在欧盟机构范围内外都是合理的。但从理论上讲,我们无法解释为何如此。

欧盟法律与多语制的实践与理论挑战

　　欧盟法律面临的最大挑战之一是其多语制。如果按照所有官方语言的平等有效性原则,没有专门的翻译人员努力翻译欧盟的立法,使得所有普遍适用的欧盟法案在其实施或生效之日均以所有正式语言来提供的话,那它便无法运作。每当一个新的国家被接纳为欧盟成员时,加入欧盟过程的

一个基石就是"共同体的语言"（acquis communautaire）被翻译成该国选择的成为欧盟官方语言的国家语言。甚至在欧盟法院的判例法中已经确定，除非将欧盟法律翻译成各国自己的语言，并在欧盟官方期刊中发表，则它不能对新成员国的公民和企业具有约束力。①

尽管欧盟法律必须翻译成成员国的语言，但是欧盟立法并不是从国内法而是从欧盟法中推导出来的。欧盟法律在欧盟法院的判例法中被定义为一种在语义上独立于各国法律体系的自主法律体系。② 因此，即使欧盟机构的立法过程需要翻译，立法文本中的24种官方语言的制定也不是严格意义（senso strictu）上的翻译，因为源语文本的含义和目标文本意义重合。从理论上说，这是共同起草的，但实际上并非如此；不仅欧盟多语言法律中的共同起草难以管理，而且24种语言版本中的大多数事实上都是作为翻译产生的，有时是在立法行为通过之后很长时间才出炉。

在我看来，欧盟的翻译应该是一个独特的研究领域，值得被定义为自成一格的（sui generis）翻译类型。为了能真实体现多语言文本的生成实践及欧盟法律的超国家性质，需要对由来已久的法律翻译的内涵和必要性这些概念进行重新考虑。人们无法对欧盟的翻译准确地加以描述，除非对其所嵌入的法律和制度背景进行调研。欧盟法律自主权的特别实用之处在于欧盟法院给出的定义和解释不参照任何成员国国内的法律语言（见本书恩格伯格的第十章）。③

在理论和实践上，法律翻译一直是由具备法律知识和一般语言知识相结合的人来做的，特别是那些具有比较法知识和懂翻译的人。因此，对欧盟翻译领域中技术现状的主要贡献者是那些承认跨学科研究方法的研究人

---

① In C-Case C-161/06 *Skoma-Lux sro v. Celní ředitelství Olomouc*; for a comment on the judgment, see Bobek (2011).
② For the first time in Case 6/64 *Costa v. ENEL* [1964] ECR 1203.
③ For an introduction to the theory of judicial lawmaking in the EU, see, for example, Barents (2004) and Stone Sweet (2004).

第六章
欧盟法律翻译的理论问题:语言、翻译与欧盟法律自主之间的悖论关系

员。① 虽然比较法知识和语言知识是执行、评估以及描述欧盟法律翻译的一项必要条件,但是,在欧盟法律的制定中,它对充分解释法律、语言和翻译的相互影响是远远不够的。有人甚至会问比较法理论和翻译理论是否为适用时最相关联的理论。

自主的欧盟法律中的法律、语言及翻译之悖论

这一章的标题(欧盟法律翻译的理论部分),让我始终留在学术的理想世界——其间一个人可以安全地提出任何他发现的合适的理论——而不会被日常问题和法律翻译的挑战所打扰。为此目的,我正试图对法律中语言作用的基本原理形成反思,这可能有助于我们理解为什么欧盟的翻译在实践中起作用,而从理论上来说,欧盟法律的翻译似乎是自相矛盾的。这样的反思也应促使我们从理论上描述翻译实践中所发生的事情时变得更为精准。如果我们接受所谓的在欧盟称之为法律翻译的活动,在严格的遣词意义上来说不是翻译,我们需要提出一个新的概念,它可以更准确地捕获这种活动的真实面目。"混合文本"(Trosborg 1997;Snell-Hornby 2001;Schäffner and Adab 2001a)、"语言的先例"(McAuliffe 2009 and Mulders 2008)和"复制文本"(Kjær 2007)等概念涵盖了欧盟翻译的悖论的诸多方面。然而,我们仍然需要解释,为什么"混合文本"和"复制文本"可以在它们产生的狭隘的制度环境之外被理解和赋予一致的含义。"混合文本"作为原始文本产生在一个特定的文化空间,它本身通常就是一种不同文化的交集(Schäffner and Adab 2001b)。"复制文本"不是基于源语文本的语义,而是基于"语言先例",即现有的文本和平行文本的表层措辞。无论包含在文本本身里的含义是否被认为是文本制作者的用意,还是视文本接受人的文本如何应用,这是解释为什么这类文本具有意义的一个理论上的挑战。

---

① See, for example, Šarčević(1997, 2012), Baaij (2012), Bobek (2011), Burr and Gréciano (2003), Derlén (2011), McAuliffe (2009), Müller and Burr (2004), Pozzo and Jacometti (2006), Paunio (2013), Prechal and van Roermund (2008) and Kjær (2007)。

出于这种反思的目的,我提出了以下几种法律与语言关系以及多语制法律、翻译和自主的欧盟法律之间关系的悖论。它们意在迷惑读者,并引发理论反馈,而不是实际的解决方案:

> 法律和文本:
> 法律不是文本的问题,
> 但法律不能在其实践过程中和文本分离。
> 语言和法律译释:
> 法律译释不是揭露单词含义的问题,
> 但没有词语就没有译释,也没有什么可以来译释。
> 多语制法律与翻译:
> 多语制法律不是翻译的问题,
> 但没有翻译就不能形成多语制规则。
> 多语制法律与译释:
> 多语言的立法以多个语言版本来表述,
> 但译释的各语言版本仅代表同一个法律文本。
> 多语制欧盟法律及自主独立的概念:
> 欧盟立法用24种语言版本来表述,
> 但在欧盟立法中使用的概念是独立的欧盟法律概念,
> 而且在被解读时必须独立于它们所表述的语言。

这些悖论(这些不是在该词严格逻辑意义上的悖论)是用于描述复杂关系的一种速写,实际上是法律和语言的相互依赖性,我相信这就是为什么律师和语言学家都被法律和语言领域如此吸引的原因。

我不再详细讨论这些矛盾。这些矛盾显示了这些假设的框架,据此,我就以下面的叙述作为分析的基础。我先提出已经被两个普通欧洲法院,即欧盟法院和欧洲人权法院(ECtHR)引入创建的自主概念的理论。在此基础上,我将转入多语制法律、法律翻译和自主概念之间的关系,这是更为根本性的非常错综复杂的关系。这主要指的是回归到已经吸引了比较法学者

第六章
欧盟法律翻译的理论问题：语言、翻译与欧盟法律自主之间的悖论关系

们将近 20 年的一个问题，即是否有可能跨越大相径庭的各国法律语言和文化，在欧洲建立一个共同的法律语言；或者换句话说，在欧洲这一层级上法律和政治加速一体化的情势下，各国法制体系是否正在趋同化。①

多语制的法律和自主概念

欧盟法院和欧洲人权法院都开发了自主概念的理论，即"享受语义独立性状态"的概念，其意义不同于国内法中相同的概念所具有的意义（Letsas 2007：42-3）。

欧洲人权法院在这个意义上，已明确了《欧洲人权公约》中作为自主的八个概念的特点。在第 6 条第 1 节里的"民事权利和义务"和"刑事指控"是最广为人知的例子，因为它们是形成公约的核心权利之一（获得公正审判的权利）的根本基础（Brems 2001：304-5）。

在欧盟法院的判例法中，自主概念的名单并不是最终的，因为欧盟立法的主体庞大，处于不断变化和延伸的过程中。主要例子是有关管理自由流动的概念，例如，欧盟竞争法的"条约"概念、"承诺"和"影响贸易"的概念；欧盟劳动法中"劳工"的概念；欧盟税法中使用的许多概念，例如"居住地"；以及《理事会条例》中民商事判决的承认和执行等所使用的概念，②例如"住所"概念。

两院的总体解释意图是相同的。根据欧洲人权法院，《欧洲人权公约》的概念必须在"公约"的语境中进行解释。该法院在 *Chassagnou* 案裁决的第 11 段明确说明了这一要求："问题并不在于法国的法律中 ACCAs③ 是私人协会、公共或者公众协会，还是混合协会，而在于是否是该公约第 11 条的目的所指向的协会。"

---

① 参见皮埃尔·罗格朗（Pierre Legrand）的著作，他是在学术界一直主导相当激烈的争论的参与者（Legrand 1996）。
② Council Regulation (EC) No. 44/2001 of 22 December 2000.
③ ACCA 是法语 *Association communale de chasse agréée* 的缩写。

欧盟法律中的语言与文化:以多学科为视角

除非欧盟法律有一条款"明确提及成员国的法律"①,否则从欧盟法律的概念作为一个独立的法律秩序来看,欧盟立法的语义不能从国内法得出;这是在 Costa v. ENEL 案中法院判决中首次在欧盟法院的判例法中确立的:

> 任何企图在国内法律的基础上解释共同体法律的内容和性质的行为[……]都排除了将共同体法律概念化为内在的统一,从而剥夺其共同体的特征和挑战其存在的理由。(Case 6/64 Costa v. ENEL [1964] ECR 1203)

欧盟法院也在著名的 CILFIT 案判决书中表达了欧盟的自主概念,该判决确立了"共同体法律的特征及其译释带来的特殊困难"②。法院在这里界定了自己的译释方式,阐明了国际法历史上的诠释转向,对欧盟法律文本及其措辞减少权重,更加关注其动态发展和欧盟总体目标的实现。这些特征总结了欧盟法律作为自我参照的描述,即具有自己的术语和概念的自我指涉的进化法律体系,并且对国家口译员给出一般性的警告,即他们不应该信任自己母语的欧盟法律文本。③

自主概念的含义是由欧盟法院构建的,超出或超越了国内法律秩序中类似概念所表现的差异。自主的含义甚至在事先没有对相应的国内概念进行比较时就被加以表达;欧盟立法(24 种语言)和《欧洲人权公约》(英语和法语)的单个语言版本中不同的术语被认为仅仅是对欧洲概念内容并不重要的文本差异。

但是,如果认为概念和语言上的差异与欧洲法律的含义无关的话,那为什么还要费事去进行比较和翻译呢? 我的观点是,无论是以自主概念理论

---

① Opinion of Advocate General Trstenjak, delivered on 11 May 2010 in Case C-467/08 *Sociedad General de Autores y Editores* (*SGAE*) *v. Padawan S. L.* para. 61.

② Case 283/81 C/LF/7,[1982] ECR, 03415.

③ 我在别处详细分析了 CILFIT 案标准对共同体法律语义产生的后果(当从字面上理解它们意味着欧盟法律是非感性的(Kjær 2010))。从翻译和比较的角度来看,CILFIT 案标准同样具有误导性。各种语言版本的比较是强制性的,但是因为这些概念的含义在不同语言版本中是相同的,所以是荒谬的。

第六章
欧盟法律翻译的理论问题:语言、翻译与欧盟法律自主之间的悖论关系

的表面价值来接受,还是将其作为司法的"特定观点"(spin)而拒绝,比较法律和法律翻译都受到这个事实的挑战,事实是,共同欧洲法律的倡导者实际上只笃信自主概念和根据自己的信念说话和行事。对自主概念的普遍信仰的存在应该引起我所呼吁的学科自我反思:鉴于欧盟法律日益自主化,翻译研究和比较法学者需要重新考虑他们(我们)的各个学科和法律、语言及翻译里的各种假设。

多语制法律、自主概念和欧洲共同的法律语言

为了支持上述主张,我将重新回到比较法学者间,在千禧年的第一个十年的一场关于创建一种跨越国家差异的欧洲共同语言的可能性的争论之中,在克嘉(Kjær 2004)的书中,我建议,应该区分创建一种共同的欧洲语言和开发一种共同的欧洲话语,以便揭示语言和法律文化的多样性在欧洲法律一体化中所起的作用。

我的建议是:因为没有明确界定共同话语的概念,也没有令人信服地解释欧洲律师如何跨越不同语言的障碍,跳离自己的语言、生活世界和预判(Glanert 2011),而已经受到了批评。因此,我借此机会重新考虑语言与话语之间的区别,并根据自主概念的理论进行详细阐述。

有些人会说,欧洲法院自主概念的引入是"哥伦布竖立鸡蛋":只要用主张欧洲法律中使用的语义独立和概念自主的办法,就可规避法律语言与文化的比较与翻译的责任。我们能不能说自主概念的发明是创造一个共同的欧洲法律和语言的捷径?自主概念难道不是最终结束语言和文化的多样性,从而结束翻译的严格意义上的措辞?

正如两个欧洲法院或多或少地明确指出的那样,没有必要比较各国法律概念,也不需要关注人权法与欧盟法律文本措辞之间的区别。真正关乎所有的是法院在它们自己的解释历史中所制作的文案。重要的是前瞻性的意义制定,而不是追溯意义的认定。

故事不可能就此结束。陈述自主性可能标志着法院有意绕过成员国的

法律、语言、文化、历史和社会政治多样性。但是,当然,简单宣示自主性并不标志着多样性的终结。要相信口译员可以摆脱个人及其深深嵌入的文化背景知识和信仰,他们的"背景假设"(Hintergrundsannahmen)(Habermas)和"理解"(Vorverständnis)(Gadamer)似乎太天真幼稚了。

然而,声称自主性可能确实标志着一个新的统一的崛起和跨越多元化的开始,因为这是一个影响欧洲和国家层面的律师团体的言论行为。从宏观角度来看,可以对这种统一的发展进行研究,而不涉及欧洲语言和文化的多样性,因为更广泛的社会法律和政治进程是研究的对象。但是,从侧重于物化发展的交际行为的微观角度来看,语言和文化不容忽视。相反,在分析的微观层面上,交际过程即语言的使用和翻译是核心利害关系。

任何交际行为都是用语言进行的。因此,建立欧洲律师的法律话语的交际行为的总和需要使用语言,并且由于欧洲大陆的语言多样性特征,通常需要翻译跨越各种语言。这些都是微不足道的观察资料。在言语社区和话语社群之间要作出重要的额外区分。① 只要交际行为首先最早在一个民族国家的范围内属于同一个单一语言的法律制度的律师之间进行,那么言语社区(讲相同的语言)和话语社区(说同样的事情)就是一致的。当律师的交际行为日益超越语言时,言语社区和话语社区就不再相同了。在这种情况下,就可以建立一个与各国话语不同的共同的欧洲法律话语:不仅话语话题,话语的内容也越来越多地集中在言语社区。

多语制法律、自主概念与欧洲共同的法律话语

欧洲法律的自主性需要各国律师们的合作。如果不能使他们相信欧盟法院的解释,并以不同的方式解释所谓的自主概念,或者如果他们不能够

---

① 我对于言语社区和话语社区的区分的观点源于斯韦尔斯(Swales 1990)。他把语言社区定义为共享语言形式、文化概念和言语产生及解释规则的群体。他们是社会语言群体,他们的交际需求是社会化或群体团结。话语社区是社会修辞群体,其交际行为由功能的决定因素支配。话语社区则是为了追求目的和共同目标而联系起来的人的社区(1990:21-32)。

第六章
欧盟法律翻译的理论问题：语言、翻译与欧盟法律自主之间的悖论关系

摆脱自己的国内法律背景，继续按照其国内的法律命令来解释概念，那么自主根本就不会出现。换句话说，即使自主权独立于国内法律，独立于律师和法官的自主权也不会独立存在，他们必须将自主概念应用于其国内法律体系。

但是我们知道，各国的司法人员实际上确实与欧洲法律的机构和法院进行合作。这在欧洲法律一体化的研究中已经确立了。[①] 因此，从比较和翻译研究的角度来看，重要的是要追问：当越来越多的欧洲律师推定一部共同欧洲法的独立性和自主性时；当他们接受欧盟法院作为一个超国家的和跨国的欧洲法律合法的译释者，并且与其他欧洲国家的律师一起，对越来越自我参照的欧洲法律话语现象参与其中时；当法律交流和说法律不再以不同的国家法律语言进行，而是以欧洲化的法律语言进行，而不涉及成员国的国内法时，相互分歧的民族语言和法律文化会发生什么样的变化？民族语言和文化是否会消失，并被一个共同的欧洲标准所取代？欧洲法律框架条件的变化——超国家和跨国家立法逐渐取代国内法——标志着欧洲法律翻译和比较法的终结？

在过去几十年的欧洲法律制度趋同与分歧的学术辩论中，我保持中间立场。我之所以这样，是因为我认为双方在一定程度上都对；然而，他们没有解释他们论点的局限性。一方面，那些认为趋同是理所当然的人，隐含地将他们的论点建立在假设语言是一种工具的基础之上，而这种工具可以用来满足他认为合适的任何目的和内容。另一方面，那些认为融合是不可能的人，由于不可逾越的语言和文化障碍，忽略了我所发现的语言的一个关键特征，即"语言只有在对话中达到理解时才有其真正的存在意义"（Gadamer 2004：443）。

我很难否认，欧洲法律的语言和文化正在发生变化，我认为首先这正在发生，因为欧盟法院执行的声称欧洲法律自主和独立的言语行为带来了这种变化。那些能够有说服力地主张权利并拥有权力和合法性的人，可以让

[①] 例如参见 Alter（1998）和 Stone Sweet（2004）的早期著作。

我们相信并采取相应的行动,直到其他当权者为了其他事项而雄辩争论。在安徒生的童话故事中,骗子骗皇帝、宫廷大臣和他的臣民们,说皇帝穿着新衣服,他们信了,因为人人都表达了同样的信念。没有人愿意承认他们看不到这种织物,因为这样做会表明他们不称职或愚笨异常。如果不是因为那个小孩看着游行的皇帝说,"可他什么也没有穿啊",他们可能仍然会坚持其话语建立起来的皇帝的新衣服的现实。

即便是安徒生的故事主要是关于虚荣和虚伪的,但它也显示了现实是如何在一个群体的话语中确立的,以及个体成员的信念是如何被其他成员言语所塑造的。

被比较法和翻译理论认为是理所当然的法律语言的定义,在过去的几个世纪一直不断被律师和翻译者重复,并且如此广泛地被传播,以至于我们相信它描述了一个客观事实,即各国法律语言是一单个的独特存在,将其意义仅仅归于所使用的各国法律文化。在一些比较法和翻译理论的著作中(Legrand 2005;Glanert 2011),对法律语言的独特性的考量,需要参考奎因(Quine 1960)的哲学(翻译的不确定性)、德里达(Derrida 1985)的解构理论(翻译的必要性及不可译性)、海德格尔的诠释学("没有任何翻译、一种语言的词汇可以或应该对应涵盖另一种语言的词汇……"(Heidegger 1984:75))以及语言相对论的人类学理论(萨丕尔-伍尔夫假设)(例如参见 Gumperz and Levinson 1996)。但欧洲法律交流与法律翻译的成功表明,法律语言的独特性和不可译性这个概念是个假象而不是真实的。

我们对法律语言和文化的理解不能与我们用话语构建它们的方式分隔开来;在其他地方(Kjær and Palsbro 2008),我(我们)展示了丹麦律师如何运用法律文化的概念,将丹麦的法律与其他法律制度区别开来(与欧洲共同法律体系所产生的外国观念不相容)或如同历史上一样嵌入欧洲法律,因此不仅兼容而且深深地交织在一起。在塞尔(Searle)的哲学中,法律语言是由言语行为所建立的制度事实构成的(status function declaration)(Searle 1995,2010)。言语行为所使用的语言有助于改变和塑造语言使用者认为理所当然的现实,而且重要的是,这也影响着人们的行为方式以及

第六章
欧盟法律翻译的理论问题:语言、翻译与欧盟法律自主之间的悖论关系

与现实的交流方式。重要的不在于所说的是否属实,而在于对话中所说的是否有意义。①

但是,如果语言之间的障碍概念是更多地关注语言之间的差异而不是相似之处的话语的产物,那么这种障碍对于想要在语言差异上彼此了解的律师来说不会构成不可逾越的障碍(同样参见 Glenn 2010:45-6)。取得理解可能不那么容易,属于不同言语社区的欧洲法律行为者将对他们共同语言的缺乏进行补偿。然而,我认为这正是他们能做并正在做的。

多语言法律与跨语言理解

在《逻辑和对话》(*Logic and Conversation*)中,格雷斯(Grice 1975)提出了"合作原则"的概念,这是一种有用的分析工具,无论是在各种言语社区和不同文化之内还是之间,它被用于所有沟通、谈话和文本,也包括在法律领域内。

他将其原则建基于这样的假设之上:沟通的人们一般都希望他们的交谈能成功,他们追求的目的是作为演讲者、作者、听众和读者来实现。无论最终目标如何,任何成功的交际核心条件是各方在交流的背景下为交谈做出的有意义的贡献。用格雷斯(Grice 1975:45)的话来说:

> 我们的谈话交流通常不是由一连串断断续续的言论构成的,如果它们是这样的话,那是不合理的。

根据合作原则,谈话中的参与者们期望每个人"按照其所参与谈话交流时的既定目的和方向,都能在话语发生的阶段进行所需的交际"(Grice,1975:45)。原则是双向的:说话者(一般)遵守合作原则,听众(一般)认为发言者正在遵守它。这个原则表达了四个类别,与康德(Kant)的分类相呼

---

① 总的来说,我赞同维特根斯坦在《哲学研究》(*Philosophische Untersuchungen*)一书中所提出的意义形成的理论:一个单词的意思就是它在语言中的使用(Die Bedcutung eines Wortes ist sein Gebrauch in der Sprache(1984:43))。

应:质量、数量、相关性和方式。格雷斯将它们命名为会话原则,说成是施话者如想要和受话者合作应遵守的规则。数量准则对跨越不同的沟通尤其重要:①

> 量的准则:
> 所说的话应该满足交际所需的信息量(为了当前的交换目的)。
> 所说的话不应超出交际所需的信息量。

造成理解困难的原因是知识背景和观点的差距和差异。差距和差异往往是由语言障碍造成的,但也可能是由文化、社会和认识障碍造成。

要取得理解,口头言语比书面语言更容易。在讲话中,交流者是在一起的。就时间和空间来说,他们之间没有距离。他们可以互相看见,听到对方,对彼此的非语言行为(手势、面部表情、发音特点、语调)作出反应。他们的沟通是相互的,这是一种观点的交流。他们可以坚持自己的主张,提出问题,进行解释和提供反馈。口头语的听话人总是很清晰的,说话人可以不断地对听话人所表达的需求进行调整。当行为者直接接触时,他们之间的任何距离(用抽象意义的话来说,是由不同的经验、背景知识和世界观引起的)都可以轻松处理。正如哈贝马斯(Habermas)所描述的那样,他们可以就他们正在谈论的"客观的、社会的和主观的世界"协商达成一个共同的认识。②

空间距离和知识的相互作用解释了最近对欧洲人权法院法官的一个研究结果(Arold 2007)。从关于法律趋同与分离的争论开始,阿罗德(Arold)就事前提出,个体法官的法律、职业、历史等经历会影响他们的投票行为。而她的假设没有得到证实,法官背景知识的多样性不妨碍法院内部的融合趋同。

---

① 其他准则是:质的准则——尽量保证你的话语的真实性;相关性准则——要相关;方式准则——要清楚明了。
② "交际行为模式本身需要语言作为交际沟通的媒介,说话者和听众双方都从他们预设的所在世界的视野中,提取客观的、社会的和主观世界中的某些东西,进行协商,达成共识。"(Habermas 1987:142)。

第六章
欧盟法律翻译的理论问题:语言、翻译与欧盟法律自主之间的悖论关系

欧洲人权法院的法官组成了一个独立的话语共同体。在这个自成一体的共同体中,因为法官之间没有距离,自主概念可以在充分相互理解的情况下引入、形成和发展。甚至在心理上也是如此,因为他们(用阿罗德的话来说)分享了"这种通过推动特定的理想和培养同质性来促进融合的心理(mentalités)"(2007:305)。

然而,在所有人们希望跨语言差异沟通的案例中,沟通的成功主要取决于他们控制语言障碍的能力。在多语制理论中,语言跨越通常被认为是通过以下方式之一来实现的(参见 Edwards 1995:39-52):

讲话者学习一种以上的语言;
通过使用一种通用语;
通过使用一种混合语;
通过翻译和口译员的介入。

在欧洲的法律交流中,所有的策略都被使用了。翻译和口译的插入成为一种正式形式并被广泛使用,我将在下一节讨论这个问题。欧盟语言政策建议个人掌握多种语言,鼓励成员国采取措施确保所有公民在学校学习两种外语。在欧盟正式和非正式场合、正式和非正式网络、谈判和起草过程之中,用通用语交流非常流行,国际英语绝对是居于支配地位的交流媒介(见本书范丽奇的第八章)。即使在欧盟法院,尽管法语是起草语言,但走廊聊天还是使用英语。欧盟立法的混合文本可以被看作一种混合语,我将在下面讨论欧盟翻译时重新回到欧盟文本的混合化问题上来。

每一种策略都构成了一种媒介,通过这种媒介,交流者可以跨越不同语言的障碍相互交流。

就格雷斯意思里的"量"而言,人们普遍认为,如果语言受体需要了解说话人的跨语言、文化的信息,就需要更多的信息。说话人必须解释说话所暗含的意义,并且对于讲同一种语言的语言受体来说是可以识别的。这不是一件容易的事情,只有当说话者(或传话者)知道使用外语的人不知道说话人的背景知识时才有可能。但是,理解变得可能是因为交流者直接用

通用语(国际英语)或通过翻译和口译,为达到理解进行了合作。即使他们的生活世界是天壤之别(此双关语是有意的!),支配所有真诚交流的合作原则会使交流的人保持接触联系,直到他们达到一种共同的理解为止。他们努力的结果可能不是十全十美的理解,但是对于他们交流的目的而言,已经达到足够的相互理解了。

多语制法律、欧盟翻译与自主概念

当我们转向把翻译作为各种语言之间的媒介,并将爱德华(Edward)的多语言理解和格雷斯的合作原则应用于欧盟翻译时,我们意识到一方面调解的思路和提供必要数量的信息之间存在内在的冲突,另一方面是欧盟的语言平等。翻译在其最基本的形式中的一个核心要素是,它包含一个明确的方向。翻译者把一种语言翻译成另一种语言,他/她将第一语言的源语文本内容翻译成第二语言的目标文本,并且如果有必要,而且如果和目标语言阅读者相关的话,需加上额外的信息和对目标语言背景环境的调整。

但是从爱德华的意义上来说,作为从一个言语社区到另一个言语社区的知识转移和跨语言的调解活动,欧盟的翻译并没有达到这些翻译的基本标准。首先,在使用中占主导优势的英语作为谈判中的通用语,并在立法过程中作为起草语言,这是在翻译总司的几个报告中记录在案的,这使事实上的原始文本成为沙夫纳和艾达博(Schäffner and Adab 2001a, 2001b)所定义的杂交文本。国际英语是一种理解的媒介,不是在特定的、明确定义的言语社群中的支柱。因此,把从杂交语到从某种程度上甚至是混合化[①]的英语翻译成其他欧盟语言是一种误导性的概念。

其次,24种同等效力的语言,没有法律上的原文;这在欧盟法院的判例

[①] 欧洲英语不是严格意义上的混合语(一种发展成当地语言的"洋泾浜语"),但它与混合语相像,因为它是一种功能性语言,其在某种程度上被简化以实现其语言在欧盟法律体系的多语言环境中作为起草语言的功能。

第六章
欧盟法律翻译的理论问题:语言、翻译与欧盟法律自主之间的悖论关系

法中很早就已经建立起来了。① 在法律术语上,这些语言版本都是欧盟法律的来源。这意味着,一方面,欧盟立法的内容不可能从一个单个的文本中获得,其意义后来转移到了其他的语言。另一方面,对欧盟法律的译释必须基于对所有语言版本的比较之上(参见本书德兰的第四章)。②

欧盟多语言制度的两个方面从翻译研究和比较法的观点来看都存有荒谬的后果:欧盟立法的比较和翻译没有方向(参见 Kjær 2007)。但是,如果没有源语文本,翻译怎么翻呢?当没有任何文本承载被比较的意义时,人们怎么比较呢?没有一项比较的标准又如何进行比较呢?

欧盟体系本身已经发明了两个策略来应对这些极端的无理性:在翻译作品的生成中,先前的语言范例几乎是具有约束性质的(McAuliffe 2009;Mulders 2008);在对案文的解释中,法院所运用的语义独立性或概念自主性,清除了所有的臆测(Letsas 2007)。

作为一名翻译人员如何确保语义上的独立性?欧盟译员的公用指南没有什么帮助。欧盟委员会翻译人员的介绍是用传统的术语来描述的,着重于源语言和目标语言知识以及翻译的正确性。翻译者必须具备:

> 理解源语言中的文本,并在目标语言中对文本目的使用恰到好处的文体风格和语域,正确地呈现文本③的能力。

《欧盟理事会内设的法案先例手册》④中更为精确,在"起草指导,使用范例"一节中,起草人员的建议如下:

> 法案全部或部分通常根据先前的或类似的法案为基础来拟定。对于不再生效的条款等将予以延期或更新,或者采用其他部门相似的适

---

① 在 CILFIT 案判决书中这句话引人注目:"欧盟立法是用几种语言起草的,不同的语言版本都是同样有效的。"(第18段)

② CILFIT 案判决书(第18段):"对共同体法律的一项条款的译释由此涉及了不同语言版本的比较。"

③ Quoted from the website of the DGT of the European Commission at: http://ec.europa.eu/dgs/translation/workwithus/staff/profile/index_en.htm (last updated 15 April 2013).

④ Version of 9 July 2010 (English revision, 19 April 2011).

用条款(横向文本)。

无须逐字重复以前或类似的公式化表述。只要改动看起来合适,就要进行,错误应该被纠正。但是,应该避免那些并非绝对必要的改变,不能给有关规定所针对的人或机构留下新旧文本存在重大差异的错误印象。

即使这些规定是针对起草人的,他们也可以比照适用于翻译人员。以前的条款或横向文本中曾经使用过的重复措辞——语言先例——应该遵循避免给予受众错误的印象,即措辞上的变化意味着实质性的改变。翻译(和起草)在很大程度上是基于文本复制(Kjær 2007)的。

结　　论

语言、翻译和欧盟法律自主之间的矛盾关系反映了欧洲法律秩序的自成一格(sui generis)的特性。这对法律翻译从业者来说是一个挑战,也需要翻译学者方面的反思。而且它也受到了宪法研究者的关注,他们在看似互相矛盾的统一性和多样性中竭力应对,在国内法律以及独立于国内法律这两者之间权衡关系。

我认为,欧洲法律面临的真正挑战不是狭义上措辞的翻译,而是更广义的社会学意义上的翻译,即由欧洲机构和欧盟法院的律师和法官,作为在欧盟法律超国家层面上的话语共同体参与者,相互作用而产生和发展起来的法律知识的转移。在中央层面上,参与者可能会就新兴欧洲法律的"语义"达成一致,并宣布"语义独立"于其国内法。但是,当它们离开国际话语共同体的束缚时,欧洲法律概念和构想的自主概念语义会发生什么情况?意义不会驻足于法律的文本中,而总是取决于口译人员对文本的适用。

宣称自主不会自发引起自主,这可能是事实,而且也说明欧洲法律概念的自主标志着欧洲律师的法律话语也在国家层面发生了变化,话语实际上能改变人们所认为的是真实的事物。当欧洲的概念被建构为自主的时候,人们会越来越这样对待欧洲概念的自主。

参 考 文 献

Adab, B. 2001a. The idea of the hybrid text in translation: contact as conflict. *Across Languages and Cultures*, 2(2), 167-80.

Alter, K. 1998. Explaining national court acceptance of European Court jurisprudence: a critical evaluation of theories of legal integration, in *The European Courts and National Courts: Doctrine and Jurisprudence*, edited by A.-M. Slaughter, A. Stone Sweet and J. H. Weiler. Oxford: Hart, ch. 8.

Arold, N.-L. 2007. The European Court of Human Rights as an example of convergence. *Nordic Journal of International Law*, 76, 305-22.

Baaij, C. J. W. (ed.) 2012. *The Role of Legal Translation in Legal Harmonization*. Alphen an den Rijn: Kluwer Law International.

Barents, R. 2004. *The Autonomy of Community Law*. The Hague: Kluwer Law International.

Bobek, M. 2011. The multilingualism of the European Union law in the national courts: beyond the textbooks, in *Linguistic Diversity and European Democracy*, edited by A. L. Kjær and S. Adamo. Farnham: Ashgate, 123-42.

Brems, E. 2001. *Human Rights: Universality and Diversity*. The Hague: Kluwer Law International.

Burr, I. and Gréciano, G. (eds) 2003. *Europa: Sprache und Recht/La construction européenne: aspects linguistiques et juridiques*. Baden-Baden: Nomos (Schriften des Zentrum für Europäische Integrationsibrschung Bd. 52).

Derlén, M. 2011. In defence of (limited) multilingualism: problems and possibilities of the multilingual interpretation of European Union law in national courts, in *Linguistic Diversity and European Democracy*, edited by A. L. Kjær and S. Adamo. Farnham: Ashgate, 143-66.

Derrida, J. (1985). Des Tours de Babel, reprint translated by J. F.

Graham. New York: Cornell University Press, 165-208.

Edwards. J. 1995. *Multilingualism*, London: Penguin.

Gadamer, H. -G. 2004. *Truth and Method*, 2nd revised edition, originally published 1975. New York: Continuum. Translated from German: *Wahrheit und Methode. Grundzüge einer philosophischen Hermeneutik*, originally published 1960. Tübingen: Mohr.

Glanert, S. 2011. *De la traductabilité du droit*. Paris: Dalloz.

Glenn, H. P. 2010. *Legal Traditions of the World*, 4th edition. Oxford: Oxford University Press.

Grice, H. P. 1975. Logic and conversation, in *Syntax and Semantics*: *Speech Acts*, vol. 3, edited by P. Cole and J. L. Morgan. New York: Academic, 41-58.

Groth, M. 1997. *Heidegger's Philosophy of Translation*. PhD Thesis, Fordham University. Paper AAI9730092.

Gumperz, J. and Levinson, S. (eds) 1996. *Rethinking Linguistic Relativity*. Cambridge: Cambridge University Press.

Habermas, J. 1987. *Theorie des kommunikativen Handelns*, Band I. Frankfurt am Main: Suhrkamp.

Heidegger, M. 1984. *Hölderlin's Hymne 'Der Ister'*, edited by W. Biemel, Gesamtausgabe 53. Frankfurt am Main: Klostermann.

Kjær, A. L. 2004. A common legal language in Europe? in *Epistemology and Methodology of Comparative Law*, edited by M. van Hoecke. Oxford: Hart, 377-98.

Kjær, A. L. 2007. Legal translation in the European Union: a research field in need of a new approach, in *Language and the Law: International Outlooks*, edited by K. Kredens and S. Goźdź-Roszkowski. Frankfurt am Main: Peter Lang, 69-95.

Kjær, A. L. 2010. Nonsense: the *CILFIT* criteria revisited-from the perspective of legal linguistics, in *Europe: The New Legal Realism: Essays in Honour of Hjalte Rasmussen*, edited by H. Koch, K. Hagel-Sørensen, U. Hallern and J. H. Weiler. Copenhagen: Djøf.

Kjær, A. L. and Palsbro, L. 2008. National identity and law in the context of European integration: the case of Denmark. *Discourse & Society*, 19, 599-627.

Legrand, P. 1996. European legal systems are not converging. *The International and Comparative Law Quarterly*, 45(1), 52-81.

Legrand, P. 2005. Issues in the translatability of law, in *Nation, Language, and the Ethics of Translation*, edited by S. Bermann and M. Wood. Princeton and Oxford: Princeton University Press.

Letsas, G. 2007. *A Theory of Interpretation of the European Convention on Human Rights*. Oxford: Oxford University Press.

McAuliffe, K. 2009. Translation at the Court of Justice of the European Communities, in *Translation Issues in Language and Law*, edited by F. Olsen, A. Lorz and D. Stein. Houndmills and New York: Palgrave Macmillan, 99-115.

Mulders, L. 2008. Translation at the Court of Justice of the European Communities, in *The Coherence of EU Law: The Search for Unity in Divergent Concepts*, edited by S. Prechal and B. van Roermund. Oxford: Oxford University Press, 45-58.

Müller, F. and Burr, I. (eds) 2004. *Rechtssprache Europas: Reflexion der Praxis von Sprache und Mehrsprachigkeit im supranationalen Recht*. Berlin: Duncker & Humblot.

Paunio, E. 2013. *Legal Certainty in Multilingual EU Law: Language, Discourse and Reasoning at the European Court of Justice*. Farnham: Ashgate.

Pozzo, B. and Jacometti, V. (eds) 2006. *Multilingualism and the Harmonisation of European Law*. Alphen aan den Rijn: Kluwer Law

International.

Prechal, S. and Roermund, B. van (eds) (2008). *The Coherence of EU Law: The Search for Unity in Divergent Concepts*. Oxford: Oxford University Press.

Quine, W. v. O. 1960. *Word and Object*. Cambridge, MA: MIT Press.

Schäffner, C. and Adab, B. 2001b. Conclusion: the idea of the hybrid text in translation revisited. *Across Languages and Cultures*, 2(2), 277-302.

Searle, J. 1995. *The Construction of Social Reality*. New York: The Free Press.

Searle, J. 2010. *Making the Social World: The Structure of Human Civilization*. Oxford: Oxford University Press.

Snell-Hornby, M. 2001. The space 'in-between': what is a hybrid text? *Languages and Cultures* 2(2), 207-216.

Stone Sweet, A. 2004. *The Judicial Construction of Europe*. Oxford: Oxford University Press.

Swales, J. 1990. *Genre Analysis: English in Academic and Research Settings*. Cambridge: Cambridge University Press.

Šarčević, S. 1997. *New Approach to Legal Translation*. The Hague: Kluwer Law International.

Šarčević, S. 2012. Coping with the challenges of legal translation in harmonization, in *The Role of Legal Translation in Legal Harmonization*, edited by C. J. W. Baaij. Alphen an den Rijn: Kluwer Law International, 83-107.

Trosborg, A. 1997. Translating hybrid political texts, in Text *Typology and Translation*, edited by A. Trosborg. Amsterdam and Philadelphia: Benjamins, 145-58.

Wittgenstein, L. 1984 [1953]. Philosophische Untersuchungen, in *Werkausgabe in 8 Bänden*. Frankfurt am Main: Suhrkamp.

第七章
欧盟翻译和法律知识负荷

巴依吉

欧盟翻译:寻求平衡

实现统一的欧盟法律的翻译和适用,需要24种同样正式的欧盟立法语言版本的"绝对一致"。① 欧盟各立法机构内的翻译人员和律师兼语言学家负责确保该法的原草案文本的法律表达能在欧盟其他语言里也能找到等同的表达方式。本章要处理的问题是,欧盟各立法机构内的翻译人员和律师兼语言学家是否,以及在何种程度上需要获得欧盟成员国的监管制度、文化和历史的复杂的知识,以及需要什么样的技能来比较这些法律和元法律的数据。

确定欧盟的翻译人员和律师兼语言学家在欧盟立法程序的翻译和修订——也就是"欧盟的翻译"中——所需的法律知识程度,取决于各语言版本之间实际上需要的对等。一般来讲,人们可以总体把等值描述为原文、"源"文本和译文或"目标"文本之间的同一性、对应关系或相似性的关系。欧盟翻译中的对等原则具体要求原文草案——一般是英语版本②和其他23种语言版本之间的对应关系。然而,这并不能告诉我们什么是翻译等值,

---

① Paraphrasing Lönroth (2008).
② Court of Auditors, Special Report No. 9/2006 concerning translation expenditure incurred by the Commission, the Parliament and the Council. OJ C284, 21 November 2006, 1-39; Guggeis and Robinson (2012:65-6).

或者何时我们能说各语言版本是绝对一致的。欧盟机构起草和翻译实践的总体做法似乎是追求两种可能彼此角逐的对等概念。也就是说,一方面采用直译的方法,确保语言等值,并在另一方面通过大胆偏离原文草案文本的句法和措辞来保护可读性,欧盟翻译人员和随后的律师兼语言学家在这二者之间取得了微妙的平衡。原则上,每一个译文都必须忠实和准确地表达原文,即使这会导致再现语言缺陷或实质性的不一致(Strandvik 2012:33;Wagner et al. 2002:47-58)。事实上,欧盟法院的判例法表明,无论是有歧义的句法或语法结构,还是缺少相应的名词与动词,两者都可能产生法律问题。① 法院的判例进一步表明,为了实现统一的译释和欧盟法律的适用,各种语言版本一般应使用表示同一自主欧盟法律概念②的法律术语,因此要使用欧盟法律系统③的专用法律用语。

另外,为了保护欧盟法律条文的可读性和可理解性,《共同实用手册》的第1.1和1.2条指出:法令草案应明确和易于理解,以避免读者头脑中的不确定性状态。毕竟,如果不能保证每位公民没有语言障碍地平等获得法律,④欧盟机构就不能被认为是透明的和负责任的。正如菲利普森(Phillipson 2003:126)认为的那样,遵循完全相同的句子结构的语言版本可能歪曲句法。反过来,这可能与清晰写作的要求相冲突。此外,从字面上翻译法律术语可能导致看起来表面相同的词却在各国法律制度中法律概

---

① As to syntactic discrepancies, see, for example, Case C-56/06 *Euro Tex Textilvenvertung GmbH v. Hauptzollamt Duisburg* [2007] ECR 1-04859, para. 16; on the diverging literal meaning of legal terms, see, for example, Case C-29/91 *Dr. Sophie Redmond Stichting v. Hendrikus Bartol and others* [1992] ECR 1-3189, para. 10.

② 关于欧盟法律概念的自主权,参见本书克嘉的第六章和恩格伯格的第十章。

③ In the field of consumer contract law, see Communication from the Commission to the European Parliament and the Council, A More Coherent European Contract Law. An Action Plan, COM(2003) 68 final, 12 February 2003, at 35.

④ Communication of the Commission, A New Framework Strategy for Multilingualism. COM(2005) 596 final, 22 November 2005, at 12; European Union, Many Tongues, One Family. Languages in the European Union (2004), at 17, available at: http://www. euic. hr/images/article/File/publikacije/Many%20tongues,%20one%20family. pdf.

第七章
欧盟翻译和法律知识负荷

念的寓意大不同,这可能会导致不同的解释。[①] 正如丹纳曼等(Dannemann et al. 2010:77)和奥努弗里奥(Onufrio 2007:6)认为的那样,欧盟立法的法律术语过于脱离现有的国家层面表达方式,可能使人无法理解法律条款。

制定对相应读者来说完全清楚、语言足够相似的版本,要求多种翻译方法的组合,以满足两个潜在的不同目标。这两个目标,如弗里德里希·施莱尔马赫(Friedrich Schleiermacher 2004)在文学翻译领域中著名的阐述,像翻译理论中的经典两分法。[②] 在他看来,比如一首诗,可以用两种基本方式翻译:这种翻译不是把作者"呈现"给读者,就是把读者"呈现"给作者。根据前一种方法,翻译人员与原文相适应,创作出一段对读者来说会显得自然和熟悉的翻译。另一种方法是尽可能地复制原文的外语文本特征,用以向读者传达他在处理对其本人来说是域外文化的一段翻译。韦努蒂(Venuti 1995:24)把前一种方法贴上"归化"的标签,后者为"异化"。然而,由于本章也使用了类似的区别方法,分别采用相反的术语"熟化"和"外化",并应用于欧盟翻译语境。熟悉欧盟翻译需要适应各语言版本,并使用熟悉成员国或各国法律文化应用的特定版本的法律语言。另外,外化需要原文和译文都使用相应成员国不用的术语,从而说明语言版本所表达的法律是其所在国法律文化的外在表现。

施莱尔马赫告诫说,进行文学翻译的两种方法不应该结合在一起。由于这两种方法指向相反的方向,他分析道,翻译人员应坚持其中一种方法,要不然就坚持另一种,从而得到可靠的结果(Schleiermacher 2004:49)。本章对欧盟翻译有关熟化和外化将采取一种相应的立场。也就是说,如果欧盟机构致力于起草在接受的各成员国能清晰和充分理解的语言版本,那么保留句法对应,并在各国法律范围内使用不熟悉的法律条款就可能会适得其反。反之,如果他们的目标是获得最大的文本对应,并希望避免各国法

---

① See indirectly the reasoning by the European Commission in Communication from the Commission to the Council and the European Parliament on European Contract Law, COM (2001) 398 final, 11 July 2001, 10-11 and Communication from the Commission to the European Parliament and the Council, A More Coherent European Contract Law. An Action Plan, COM(2003) 68 final, 12 February 2003, 8-9.
② 为便于进行比较法学研究,2014 年我在法律翻译中应用了施莱尔马赫的二分法。

律条款的不同含义,将各自的语言版本与适用它们的成员国的国内法律文化联系起来将会是无益的。

本章不打算使用施莱尔马赫的二分法来描述欧盟翻译的现行做法。相反,本章强调熟化和外化之间的质的区别,其目的在于证明,如果欧盟确定了两种方法中的任何一种方式之后,每种方法都假定对欧盟翻译人员和律师兼语言学家要求法律知识和比较技能的工作量负荷。这表明,在欧盟立法程序的当前翻译和修订的实践中,要达到有利于外化法而非熟化法的平衡要求不高。

"熟化"与"外化"

如果欧盟对欧盟的翻译只采取一种熟化方法,那么欧盟立法的语言版本之间的等价性将带来比单纯的语言等值还要多的东西。在基于语用语言观如功能主义的翻译理论中,语言主要是一种工具,用以传达对话者之间关于超语言现实的信息。正如瓦罗与休斯(Varó and Hughes 2002:230)和莎尔切维奇(Šarčević 1997:48,234)所表明的,基于语用语言观的法律翻译,至少要给予交际语境和语义与句法一样多的注意。这里,文本特征,如语法、句法和术语的一致性仅仅是许多相关因素之一。从这个观点来看,法律翻译不是文本的真实再现,而是一种多语言法律话语行为,有利于不受阻碍的法律话语跨越不同的语言和法律文化(Chromá 2004:47;Varó and Hughes 2002:179)。按照这些原则,欧盟立法的语言版本之间的等价性,将只针对不同语言版本在实践中应用的一致性。根据莎尔切维奇(Šarčević 1997:48,73,234-5)、噶佐尼(Garzone 2000:5)和瓦罗与休斯(Varó and Hughes 2002:178-80)的观点,欧盟翻译人员和律师兼语言学家应该努力确保所有语言版本的"法律效力"等同性,即在欧盟成员国的各种法律体系内的实际法律后果的等价。语言的语用观决定了相同的文本可能在不同的受众中具有不同影响,这取决于读者情景语境、文化或其他特殊接受情况(Šarčević 1997:17)。反之,对欧盟翻译应用这种观点表明,欧

第七章
欧盟翻译和法律知识负荷

盟立法的"不同"语言版本可能会产生同样的法律后果,如果为保持目标接收者的语言需求和文化期望的一致,每个版本的起草都各不相同。这意味着欧盟的翻译人员和律师兼语言学家应该放宽与原文的句法对应,必要时,修改术语,使用可以理解的法律术语,并在不同国家的法律体系中衍生出相同的法律效果或结果(Šarčević 1997:71-2,226;De Groot 1996:158;2006:425)。这种方法的目的是选择创造法律上等同的法律概念的术语,而不一定是语言学上等同的法律概念。转引丹纳曼等(Dannemann et al. 2010:80-81)的话,欧盟翻译人员和律师兼语言学家比起仅仅是做到"最接近术语的字面匹配"来说,则是更好地传达了"来自布鲁塞尔的信息"。

相反,如果欧盟机构要在欧盟翻译中用外化法的话,欧盟翻译人员和律师兼语言学家应避免选择目标国家法律文化中熟悉的术语。丹纳曼等(Dannemann et al. 2010:77)和奥努弗里奥(Onufrio 2007:6-7)认同《共同实用手册》的第5.2和5.3.2条,其中建议与各国法律制度密切相关的条款可能会导致本地的特定联想意义,从而阻挠对欧盟法律的自主解释。外化欧盟翻译将有助于解决这一问题。与施莱尔马赫的选择相似,"把读者角色转换成作者",这将有助于提醒读者需要对国内法来说在上下文无关的情形下解释各种语言版本,即欧盟所声称的自主法律语言。毕竟,欧盟立法的统一解释和适用是通过创造一种完全不同的欧洲法律语言来推动的,这种法律语言对所有成员国的所有国内法律语言都是"外国"的。

对这一建议的一个合理回应是批评外化法潜在阻碍了"布鲁塞尔信息"的有效交流。然而,强调一个据称是完整的信息从一个人到另一个人的传输,这是属于对语言的语用解读。因此,这种反应忽略了以下事实:外化的欧盟翻译首先不是来自或是从语言交际理解被证实的。相反,它在解释学传统中的语言构成概念中得到了支持,据此,是语言"塑造"了我们生活的这个世界。施莱尔马赫(Schleiermacher 2004:56-7)认为,承认语言的这一创造性的力量,我们必须承认我们的整个知识已经通过语言传达给我们。根据这种观点,不同的语言创建不同的现实。因此,根本就没有办法超越语言并在语言之间自由传输信息。事实上,试图这样做会产生出一种

"易懂的语言"这一误导性的假象,而这种语言能够捕捉到超语言主题的本质。① 将语言的构成概念运用到欧盟的翻译中,将欧盟法律语言纳入各国法律文化的唯一途径是与现有的各国法律语言进行对比,从而揭示出它们之间的内在差异。欧盟译员可以通过记录一个特定的国内法律文化的语言中欧盟法律的异化或外来的特性,例如,通过创建对成员国来说是陌生的法律术语来达到这种效果(参见 Dannemann et al. 2010:77 and Cao 2007:55,57)。为此,欧盟翻译人员或律师兼语言学家可以使用新词。这些新的术语可能是"法律新词",也就是说是现有的普通词汇,不属于该成员国的法律语言,或者说是"特有新词",甚至对通用语言来说也是新词(参见本书莎尔切维奇的第十一章)。新词的使用使读者明白,隐含的法律概念是在他/她国内法律制度之外的。

法律知识在熟化中的积极作用

正如上面所说,要获得更好的结果,欧盟机构应保证对多语言起草立法要么采取熟化,要么采取外化的办法,而不是两者相结合。本章研究了欧盟机构在欧盟法律翻译中如果选择了两者当中任何一种或其他方法之后的可行性。它通过比较欧盟翻译人员和律师兼语言学家所需要的法律知识的类型和程度来实现这一目标。作为熟化的方法,一些学者认为,欧盟的翻译人员和律师兼语言学家应该更多地考虑到目标受众的特定的文化、语言和法律背景(例如,Dannemann et al. 2010:75;Šarčević 2012:89-93;Garzone 2000:5-6)。为此,无论是欧盟翻译人员,还是律师兼语言学家,都需要成员国用到的每种语言版本的国内法律制度的知识(参见 De Groot 1996:13,14;Chromá 2004:48;Varó and Hughes 2002:23;Cao 2007:55;Lindroos-Hovinheimo 2007:375)。尤其是律师兼语言学家需要精通这

---

① 施莱尔马赫(2004:48)和韦努蒂(2004:326)在文学翻译领域提出这个观点,虽然应该指出他们的论点是规范性的,不切实际的,并且关注文学翻译中的压迫性民族中心主义(例如,Venuti 1995:20;2004:19)。

第七章
欧盟翻译和法律知识负荷

方面,因为他们有责任确保法律范围和现有欧盟法律连贯性的等值性(Guggeis and Robinson 2012:61-3)。他们除了掌握先进的比较技能,以评估在各国相应法律制度的不同语言版本所产生的法律效力等价性以外,还需要熟悉各国法律制度的独特历史和文化。欧盟翻译的熟化的两个方面也支持了这一结论。

首先,欧盟翻译的熟化需要律师兼语言学家在选择最适当的术语时预见到读者的语言需求和特定的文化和法律的期待(Šarčević 1997:2,12,18;Cao 2007:10)。一般谈到法律翻译,柯罗马(Chromá 2004:48)和奥努弗里奥(Onufrio 2007:3-4)认为,要真正了解这两种来源的法律词汇和目标法律制度,我们必须精通这些法律制度的语言并具备深入了解和懂得如何处理各种制度下的法律问题。据莎尔切维奇(Šarčević 1997:72,229)所述,在搜索法律对等表达时,译者应该仿佛他们是在解决一个法律问题似地着手进行,试图预测法院在递交到他们面前时可能如何解释并应用特定的语言版本(Šarčević 1997:72,129,229,246)。这就需要确定问题的性质,就像法官一样,确定这个问题是在目标的法律制度下如何处理的(Šarčević 1997:235-6)。

其次,欧盟立法翻译的熟化法需要在各自相关阅读群内源语文本和目标文本的效果比较。毕竟,从实用主义的观点来看,除非所有语言版本具有法律上的对等性,否则欧盟法的统一解释和适用是不可能实现的。在法律翻译研究上,莎尔切维奇(Šarčević 1997:72)和施罗特(Schroth 1986:55-6)坚持认为,法律翻译必须不仅要了解源语文本的词义及其法律效力的意图,而且也要能有效地使用语言来实现目标文本相同的或足够相似的法律效果。出于同样的原因,丹纳曼等人(Dannemann et al. 2010:81)把这种翻译方法戏称为"比较起草技术"。在讨论欧盟的翻译人员和律师兼语言学家应该如何去获取这些知识时,莎尔切维奇(Šarčević 2012:96)看起来特别像那些最著名的比较法学功能主义传统的倡导者康拉德·茨威格特(Konrad Zweiger)和海因·科茨(Hein Kötz)。他们认为只有法律机构或制度的"功能"才可以进行有用比较(Zweigert and Kötz 1998:34-5,43-4)。

由功能比较法学倡导的这种比较法研究的方法是个比较的方法,它在一个相同的社会,比较不同的法律体系在解决特定问题的差别(Zweigert and Kötz 1998:39)。因此,莎尔切维奇(Šarčević 2012:96-7)所称呼的功能对等表达,是在不同的法律语言中的法律术语,它可能指的是不同的法律概念或机构,但在各自的法律制度中具有相同或相似的功能。

从上述情况我们可以推断,如果欧盟机构选择多语言立法起草的完全熟化模式,所需要的法律知识将发挥我所指的积极的作用。也就是说,这需要大量的知识,以确定哪些法律术语或风格会在一个或多个成员国衍生出如同在草案文本中使用的那些术语的相同法律效果和后果。这并不意味着要找到如此完美的法律等价物,如果有的话。相反,法律翻译中熟化法的支持者通常否认"完美"翻译的可行性(例如,Obenaus 1995:248;Lindroos-Hovinheimo 2007:369;Cao 2007:34;Šarčević 1997:47,234)。有些人认为,从法律的观点来看,不同国家体系的法律术语的含义通常只是部分重叠,因为它们指的是法律概念已被嵌入进了本地的法律文化之中(例如,Šarčević 1997:67-70,230-34;De Groot 2006:424)。从比较法分析的观点来看,茨威格特和科茨(Zweigert and Kötz 1998:36)承认,没有人能够获得完美的功能比较所必要的所有的法律知识,因为用厄恩斯特·拉贝尔(Ernst Rabel)的话来说,这需要"全世界的法律,过去的和现在的,以及影响到法律的一切"的知识。然而,尽管寻找完美的法律等价物极困难或不可能,但熟化法使得欧盟的翻译人员和律师兼语言学家在人力上至少是力所能及的。这揭示了欧盟熟化翻译的总体可能的限制性。它寻求完美,但实际上却是无法实现的法律等价程度,这让支持者们承认,法律翻译必然是一个接近原文的问题(Šarčević 1997:70-71)。下一节将明确指出欧盟翻译外化法需要一种不同的类型,因此需要一种不同程度的法律知识,从而导致我得出这样的结论:外化法比熟化翻译有更大的成功潜力。

外化"名称意识"的负面作用

不像那些经常表达的观点(例如,Garzone 2000:5;Trosborg 1997:

第七章
欧盟翻译和法律知识负荷

153；Šarčević 1997：12-25），翻译中的熟化的反面不一定等于无立场或天真地要重现原文本的用词和句法的承诺。外化不仅仅是一种语言的尝试，法律知识也确实起到了重要的作用。但是，这是不同种类的法律知识。可以说，在一个综合的欧盟翻译外化法中，法律知识只会起到负面作用，那就是，它会涉及不该使用的术语，即使该术语在字面上最接近于等价的。例如，熟化法将需要具有相同的法律效力或后果的特定国家法律术语作为原草案条款的知识，而外化的目的，是要避免使用国内法律术语。它避开国内法律"累赘"的一些概念和行为。然而，尽管使用外化法的欧盟翻译人员或律师兼语言学家并不需要在国内法律术语中搜寻完美的功能等价，但是他们仍然为了避免而必须了解它们。可以用射箭或射击游戏作为一个比喻，熟化的射手瞄准的是目标单一的靶心或内圈。毕竟，欧盟翻译人员或律师兼语言学家努力寻找在相应的成员国或数个成员国的国内法律制度里最合适的一个法律等价物。他们可能会质疑是否有可能击中靶心，但尽管如此，它仍然是他们的目标。相比之下，外化的射手希望避免击中靶心。毕竟，外化法需要欧盟翻译人员或律师兼语言学家避免使用产生易懂幻觉的术语。

因此，外化法还需要使用特定语言版本的成员国(们)的知识。然而，与正面的法律知识相反，负面的法律知识并不一定需要广泛了解各国法律制度或成员国文化知识。相反，在这种情况下所需的知识可以被描述为"名称意识"，即仅仅了解特定法律制度中用来指定特定国家法律概念的术语。沿着这些思路，人们不能说名义上的认识必然要求相应成员国(们)的法律制度具有一些具体的法律、文化和历史的知识；一个人也不需要知道这些术语所要传递的法律概念的内容。不过，在理论上人们只需要一个完整的黑名单，一份禁用的法律术语的列表。在这方面，即使是包含了定义和(或)解释具体用法的法律字典应该已经是多余的。取而代之，所需要的只是一份国内术语列表。这并不意味着外化法将导致简单的、绝不需要调整的字面翻译。回想一下，外化法翻译的目的是为了将原文本的异质性在目标语言中突显出来。因此，无论译者是否认为这个术语是对等的，无论是法律方面还是其他方面的,外化法对源术语恰好有国内法律旧词时拒绝使用字面对等词。

  外化法的欧盟翻译需要的不仅仅是直译还有另外一个原因:并不是所有都如此。避免靶心的比喻并不意味着外化法射手可以把他的箭射向任何方向。根据施莱尔马赫(Schleiermacher 2004:54)所说,外化法或异质化的字面直译在随机使用时是没有价值的。译文在具体的方式下应该听起来有异质性。事实上,接收的语境确实起了作用。其原因是,欧盟法的一项具体立法行为本身不是外国的或外部的,它是与某一特定成员国的国家法律制度外部相关的。因此,欧盟法律的异化是一个国内的概念;在太平洋的热带岛屿上一片白色的沙滩可能对于普通的荷兰人是异国情调,对于当地居民却不是。正如韦努蒂(Venuti 2004:331)所论述的,最终,翻译人员仍然会为了一个特定目标文化而翻译。用我们射箭的比喻可以说是旨在避开瞄准靶心仍然要瞄准的艺术。而将箭射向任意随机方向并不符合"避开靶心"的要求,而瞄准任何一个外圈才是。因此,在文学翻译中推断韦努蒂的观点(Venuti 1995:34),我们可以说,欧盟法律的外在性仍取决于当地法律文化的"居支配地位的目标文化价值观"。欧盟外化翻译的目的可以是传递欧盟对一个成员国的法律文化的法律关系意义的外在性。然而,翻译人员对接收语境的敏感性主要是语言上的,而不是法律上的。也就是说,找到合适的新词需要对目标成员国的普通语言具有高度的熟练程度。总之,欧盟翻译中的排他性外部化主要需要的是语言技巧,就是对各国法律语言的名称意识和普通语言,或特定成员国语言的深入了解。显然,这谈何容易。可能会发生这样的事情,在特定的普通语言中,最恰当的词语已经保留在各国法律语言中(Dannemann et al. 2010:70-71;De Groot 2012:145)。然而,外化的欧盟翻译人员不会去寻找成员国法律文化所熟悉的一个完美的词或短语。相反,可能会有不少词语在目标语言作为国内法律语言的外部语言中是能被看懂的。因此,如果有必要,通过使用合适的新词,他们将有许多潜在的令人满意的解决方案。虽然如此,外化不应被视为近似性。如果它为翻译设定了一个真实的或假设的完美标准,它本该是正如熟化欧盟翻译中的情况那样。然而,由于外化法排除这样的做法,它更可能用它自己的标准达到目的,而不是用它相应的标准来熟化欧盟翻译。

实 践 启 示

如上所述,欧盟翻译最好的方法是要么采取熟化法,要么采取外化法。其原因是,追求两者的结合可能导致矛盾和不可靠的结果。本章剩余部分提供了针对欧盟熟化翻译及支持欧盟外化翻译的实际论据。无论实施这两种方法的哪一种,翻译人员和律师兼语言学家所需要的知识和技能,对欧盟翻译现有的体制框架将会具有若干实用启示。

首先,就当前情况而言,欧盟立法机构中欧盟翻译人员可能素质较高,经验丰富,但那些具有法律背景的人毕竟是少数。英文源语文本的起草人也是这种情况。即使是律师兼语言学家,以律师为业,主要涉足欧盟法律,也不太可能是欧盟法律法规政策等所有领域的专家,而且还具有不同国家的法律体系如何处理这些领域的足够知识(Guggeis and Robinson 2012:52,60,72,81)。因此,熟化就要求成员国不仅对翻译人员,也要对律师兼语言学家在成员国国内法律方面进行广泛的培训。

其次,由于预计法律翻译人员和律师兼语言学家将注意力集中在具体的法律制度,以预测不同语言版本的法律效果,语言单位的当前组合结构就不太适合熟化法。与其把他们分配给24种通用语言,不如把他们(至少是所有立法机构中的律师兼语言学家)在成员国的28个国内法律体系范围内加以划分。由于每一种语言版本都应符合某一特定的国内法律制度,因此必须为每个成员国制作一种专门的语言版本。例如,律师兼语言学家有责任完成德语的两个版本,一个用于德国,另一个用于奥地利。此外,对于一个多语言成员国,比如,除了专门分别为荷兰和法国准备荷兰语和法语版本外,比利时还专门准备荷兰语和法语版本,这样的制度安排,就算不荒唐,也是非常低效的,这使得欧盟翻译的全面熟化法极度缺乏吸引力。话又说回来,如果欧盟要真正承诺一种熟化法,并始终贯彻它,这种制度改变将是确保可读性和易懂度方面最好结果所不可或缺的。这种不受欢迎的结果表明,熟化欧盟翻译是不可取的。

相反,最大程度上的外化将导致更实际和合理的机构结构。首先,由于外化欧盟翻译将是主要的语言翻译,这对于欧盟翻译人员及律师兼语言学家方面不需要成员国的具体法律文化知识。因此,目前的翻译技能水平和法律专业知识就足够了。其次,由于外化法不要求语言版本要切合具体国家的法律术语和风格,也就没有理由有多少国家的法律制度和语言就制作多少的语言版本。事实上,彻底外化法将降低熟化法的一个特别的困难,即找到不同成员国适当的术语应用于相同的语言版本。例如,在外化的做法下,一个单独的法语版本将只需要避免与卢森堡、法国和比利时的任何法律法语联系过于紧密的术语和立法风格。这可能是一项具有挑战性的任务,但它胜过起草多个法语版本或使用三种法律文化所熟悉的法律术语的单独语言版本,而且两者在功能上也旗鼓相当。因此,基于实用性和效率的考虑,欧盟翻译致力于外化法将是更好的选择。

结 束 语

本章比较了欧盟翻译如果坚持使用熟化法或者外化法时所假设的影响。然而,现实情况是,欧盟翻译目前同时使用这两种方法。其结果是,欧盟的翻译人员和律师兼语言学家同时尝试实现两个有分歧的目标。尽管如此,仔细考虑假设也能告诉我们一些关于欧盟翻译的情况,正如欧盟翻译如今正在做的那样。特别是,它突出了当前欧盟翻译所需要的各种法律知识类型和比较法分析。因此,在决定如何取得充分的文本一致性和欧盟立法语言版本充分的可读性之间的平衡时,可以得出结论,前者比后者的法律负担更轻。毕竟,欧盟翻译人员和律师兼语言学家一般掌握的最近知识和技能,以及现有的制度安排,更适合与获得充分的文本对应一致。至少本章提供了一个论点,虽然是一个实用的论点,但这表明欧盟的翻译应该更多倾向于文本一致性和新词的使用,而不是流畅的可读性。而且,由于外化法坚持一种语言的构成概念,它不寻求那种完美却可望而不可即的解决方案。因此,用自己的标准,外化法欧盟翻译比熟化法更可能用 24 种语言成功地统一表达欧盟法律。

参 考 文 献

Baaij, C. J. W. 2014. Legal translation and the 'contamination' of comparative legal research, in *Comparative Law: Engaging Translation*, edited by S. Glanert. Abingdon, Oxon and New York: Routledge, 104-22.

Cao, D. 2007. *Translating Law*. Clevedon: Multilingual Matters.

Chromá, M. 2004. *Legal Translation and the Dictionary*. Tubingen: Max Niemeyer Verlag.

Dannemann, G., Ferreri S. and Graziadei, M. 2010. Language and terminology, in *The Cambridge Campanion to European Union Private Law*, edited by C. Twigg-Flesner. Cambridge: Cambridge University Press, 70-84.

De Groot, G.-R. 1996. Law, legal language and the legal system: reflections on the problems of translating legal texts, in *European Legal Cultures*, edited by V. Gessner, A. Hoeland and C. Varga. Aldershot: Dartmouth, 155-60.

De Groot, G.-R. 2006. Legal translation, in *Elgar Encyclopedia of Comparative Law*, edited by J. M. Smits. Cheltenham, UK and Northampton, MA: Edward Elgar, 423-33.

De Groot, G.-R. 2012. The influence of problems of legal translation on comparative law research, in *The Role of Legal Translation in Legal Harmonization*, edited by C. J. W. Baaij. Alphen aan den Rijn: Kluwer Law International, 139-59.

Garzone, G. 2000. Legal translation and functionalist approaches: a contradiction in terms? in *La traduction juridique, histoire, theorie(s) et pratique*, edited by J.-Cl. Gémar. Bern and Geneva: ASTTI and ETI,

395-414.

Guggeis, M. and Robinson, W. 2012. 'Co-revision': legal-linguistic revision in the European Union 'co-decision' process, in *The Role of Legal Translation in Legal Harmonization*, edited by C. J. W. Baaij. Alphen aan den Rijn: Kluwer Law International, 51-82.

Joint Practical Guide of the European Parliament, the Council and the Commission or persons involved in the drafting of European Union legislation. 2013. Available at: eur-lex-europa. eu/content/rxifytechleg/joint-practical-guide-2013-en. pdf.

Lindroos-Hovinheimo, S. 2007. On the indeterminacy of legal translation, in *Private Law and the Many Cultures of Europe*, edited by T. Wilhelmsoon, E. Paunio and A. Pohjolainen. Alphen aan den Rijn: Kluwer Law International, 367-84.

Lönroth, K. -J. 2008. Efficiency, transparency and openness: translation in the European Union. Speech at the XVIII World Congress of the International Federation of Translators in Shanghai, 12, 20. Available at: http://ec. europa. eu/dgs/translation/publications/presentations/speeches/20080801_shanghai_en. pdf.

Obenaus, G. 1995. The legal translator as information broker, in *Translation and the Law*, edited by M. Morris. Amsterdam and Philadelphia: John Benjamins, 247-61.

Onufrio, M. V. 2007. Harmonisation of European contract law and legal translation: a role for comparative lawyers. *InDret* 2/2004. Available at: http://www. indret. com/pdf/429_en. pdf.

Phillipson, R. 2003. *English-Only Europe? Challenging Language Policy*. New York: Routledge.

Schleiermacher, F. D. E. 2004. On the different methods of translating (Bernofsky, S., trans.), in *The Translation Studies Reader*, edited by L. Venuti. 2nd edition. London and New York: Routledge, 43-63.

Schroth, P. W. 1986. Legal translation. *American Journal of Comparative Law*, 34, 47-65.

Strandvik, 1. 2012. Legal harmonization through legal translation: texts that say the same thing? in *The Role of Legal Translation in Legal Harmonization*, edited by C. J. W. Baaij. Alphen aan den Rijn: Kluwer Law International, 25-50.

Šarčević, S. 1997. *New Approach to Legal Translation*. The Hague: Kluwer Law International.

Šarčević, S. 2012. Coping with the challenges of legal translation in harmonization, in *The Role of Legal Translation in Legal Harmonization*, edited by C. J. W. Baaij. Alphen aan den Rijn: Kluwer Law International, 83-108.

Trosborg, A. 1997. Translating hybrid political texts, in *Text Typology and Translation*, edited by A. Trosborg. Amsterdam: John Benjamins, 145-58.

Varó, E. A. and Hughes, B. 2002. *Legal Translation Explained*. Manchester: St. Jerome Publishing.

Venuti. L. 1995. *The Translator's Invisibility: A History of Translation*. 2nd edition. Oxon: Routledge.

Venuti, L. 2004. Foundational statements, in *The Translation Studies Reader*, edited by L. Venuti. 2nd edition. London and New York: Routledge, 13-20.

Wagner, E., Bech, S. and Martínez, J. M. 2002. *Translating for the European Union Institutions*. Manchester: St. Jerome Publishing.

Zweigert, K. and Kötz, H, 1998. *An Introduction to Comparative Law* (Weir, T., trans.). 3rd edition. Oxford: Oxford University Press.

第八章
欧盟立法通用语翻译:优点及缺点

安娜瑞塔·范丽奇

引 言

在过去的几十年中,英语已经成为全球交际最重要的语言。它的声望从国际业务跨越到了科学发展、社交网络和娱乐行业,它也是世界上学习者人数最多的外语,是许多国家的官方语言,是所有国际组织的工作语言或主要工作语言之一,欧盟也不例外。尽管有强大的多语言政策,但英语已经在欧盟获得了非官方通用语的地位。

英语作为通用语(以下简称"ELF")的广泛使用和日益增长的地位,产生了许多与英美传统英语不同的非本族人所说的变体。"国际英语""世界英语""全球英语""亚英语"和"全球英语"等术语都曾被用来定义这种通用英语,这种英语经过多年演变成为用于全球沟通的媒介语言。

关于"世界英语"的传统研究,卡楚(Kachru 1985)的分类法将英语的说话者和功能分为三个圈子:内圈是本族语国家(英国、美国、爱尔兰、加拿大、澳大利亚、新西兰),外圈是把英语当作官方语言的国家和地区(新加坡、印度、中国香港等)以及一个扩展的圈子(中国、俄罗斯、欧洲等),在这些地方英语被作为第二语言来学习。根据卡楚的说法,内圈提供规范标准,因为它包含了适量的英语变体;外圈正在定义自己的变体,因此是在发展完善规范标准;最后,扩大的圈子是依赖于规范标准的。这个模型因其

第八章
欧盟立法通用语翻译:优点及缺点

模糊的各圈的分类,并且低估了国际英语在世界上的影响(Crystal 1997:56)以及 ELF 在扩张圈中的作用而一直受到广泛的批评(Mollin 2006:42)。另外,没有哪个圈子里有特殊用途语言(LSP)的层面,因此缺少了通用语使用的常见的并且敏感的领域。

关于 ELF 在不断扩大的圈子中的争论可以追溯到 20 世纪 90 年代后期,当时一些学者(Jenkins 2007;Jenkins et al. 2001;Mauranen 2003;Seidlhofer 2001)开始提到具有大陆模式的欧洲英语的可能性。这最初与欧盟内非英语母语人士使用的英语相关(Jenkins et al. 2001:13)①,并与欧共体官方语言(Eurospeak)混淆。另一方面,就它是否应该给予一个变体的地位还没有达成共识。其他学者(Grzega 2005:52;McCluskey 2002:43;Mollin 2006:46-8)认为,欧洲英语的特点除了一些欧盟的行政词汇单位之外,更多的是与外语的熟练程度有关,而不是一种已经建立起来的英语变体。

尽管如此,欧盟为 ELF 的研究提供了一个理想的环境。在英国加入欧洲经济共同体和 2004 年扩大之后,不同背景的人在日常交流中越来越多地使用英语。一方面,英语是起草和政治谈判的非官方工作语言,也是欧盟大部分翻译的伪源(pseudo-source)语言。从政治角度来看,一般塑造普通法的一种语言会是一种中立和外交的工具,因此符合欧洲大陆的法律需要。另一方面,欧盟英语仍然主要是由非英语母语人士起草的媒介语言。这意味着自己语言的语法、文体特征和起草惯例可以很容易地被输入到通用语言中。英语母语人士在场也不能保证质量。欧盟相对封闭的环境以及对通用语言的交际调整模式,常常使本族人士与其母语变得疏远到政府行话都听起来百分百自然了。

毫不奇怪,翻译工作对这个多语言话语社区的影响特别敏感。如果我

---

① 正如詹金斯(Jenkins)等人所说:"由于'欧洲英语'在欧盟当前所起到的作用,认为其合法化、编纂和标准化过程不会发生的话,那真是太天真了。"

们在操作层面增加"中枢语言"(pivot language)①的影响,那么使用通用语言的影响就会翻倍。翻译者不能依赖对任何语言在控制范围内的使用,并且面临着在目的语成为其他语言的源语言时,语言交互之间前所未有的动态变化(Burr 2013:1490-91)。

从这个观点出发,本章考察了欧盟立法文本中的通用语的足迹及其对翻译的影响。下一部分将简要概述欧盟多语制与 ELF 和翻译的交叠——如果我们把前者看作旨在缩减语言数量,而后者是以增加语言为目标的话,那么就会出现两种相反的趋势。深入的部分将调查欧盟法律英语以及它在多大程度上能被认定为 ELF。本研究在其后分析了一些立法案文样本,旨在凸显陷阱,但同时也凸显从该通用语进行翻译的优点。最后指出了欧盟翻译的特点,以及 ELF 如何要求我们重新审视基本的翻译活动,从而带来潜在的新机遇。

ELF 与翻译之间的欧盟多语言政策

多语制与欧盟的政治性质直接相关,它确保所有 24 种官方语言的平等权利和待遇。这是理事会第 1/58 号条例所载的基本原则,其中第 1 条规定"共同体机构的官方语言和工作语言为荷兰语、法语、德语和意大利语"。到目前为止,这一条款在每次扩大时都修订并增加一种或多种新的语言;但是,还没有给出官方和工作语言的定义。这对组合不仅表明在使用上它们是同义词,而且将法律上的工作语言与官方语言相提并论也更像一个政治上的举措(Burr 2013:1473)。关于工作语言的作用仅在第 6 条中有所暗示,该条规定,欧盟机构"可以在其程序规则中规定在特定情况下使用哪种语言",这意味着官方和工作语言可能并不总是处于同一层级。

按照这个原则,欧盟立法的平等效力补偿了成员国主权的丧失,保证了它们之间的民主。从这个意义上说,经过修订的《欧盟条约》(综合版)第

---

① 中枢语言的使用是指将其翻译成最常用的语言之一(通常是英语、法语和德语),然后再将其翻译成较少使用的语言。对意大利语、波兰语和西班牙语的使用也日益频繁。

第八章
欧盟立法通用语翻译：优点及缺点

55 条规定，"条约"是用所有 24 种语言"写成的唯一正本"，所有这些语言的文本具有同等效力。纵观这些文件，很难不注意到"原始""官方"和"工作"语言实质上被认为是处在同一层级之上的，这在法律上可以接受，但是从语言学和翻译的角度来看却相当模棱两可。另外，这些规则大部分是在 20 世纪 50 年代后期起草的，当时在六个成员国中用四种官方语言文字同时起草还算是一个可行的选择。

目前的做法是以共同认可的语言或通用语言（lingua franca）进行谈判和起草基础文本，然后将其翻译成所有其他官方语言。谈判和起草基础文本的过程相当复杂，在普通的立法程序中，可以使用一种以上的语言。最后的翻译被认为是与原本一致的/并产生同等的法律效力，因为一旦通过认证，它们就获得法律效力。正如莎尔切维奇（Šarčević 1997：117）所强调的那样，平等效力原则的目的是赋予每个有效文本无可置疑的权威性，这在事实上消除了翻译版本的从属地位。24 种语言和 522 种可能的语言组合——24 种官方语言中的每一种都可以翻译成 23 种其他语言——使用通用语和随后的翻译是不可避免的务实的解决方案。

在这方面，理事会第 1/58 号条例第 6 条为实际执行欧盟多语制提供了有效的外交妥协。如果各机构在特定情况下可以使用一种特定语言或数量较少的几种语言，则隐含地证明了 ELF 和使用一种或多种工作语言的合理性。

在实践中，多语制要通过翻译来保证和实施，以弥合欧盟的功能需求与机构民主之间的裂隙。通过这种方式，使用旨在缩减语言体制的通用语，通过翻译被非正式地中和化了，从而实现了"多样性的统一"和所有语言的平等权利。尽管如此，欧盟在确定使用语言的规则中并没有提到翻译。从法律角度来看，给一个翻译版本授予官方地位意味着某些版本比其他版本更官方。从实用层面来讲，欧盟翻译显示了前所未有的语言交汇的特点，无论是 ELF 还是使用中枢语言。这也是由于官方语言数量的增加，结果有时很难找到从某种源语言翻译成另一种较少使用的语言（例如从希腊语到克罗地亚语）的翻译者。这种做法不可避免地会被提出文本质量的问题，并凸显翻译所面临的前所未有的新挑战,这需要利用跨文化交流来从虚构的源语文本中产生一个集合的目标语产品。

欧盟法律英语:通用语还是新变体?

最近,随着瑞典和芬兰以及东欧国家的加入,天平从法语向英语倾斜,英语已经成为现行的事实上的行政通用语。翻译总司的一份出版物①证实,在2008年,委员会72.5%的案文最初是用英文起草的,11.8%是法语,2.7%是德语,13%是其他语言。相比之下,10年前英语和法语分别占45.4%和40.4%,这表明以英语作为主要起草语言的数量翻了一番。这种趋势可能还会增加,因为正如德·斯旺(De Swaan 2004)所说,语言阵地越碎片化,对共同沟通手段的需求就越大。但是,我们正在用哪种英文?它出现在上面提到的哪个圈子中?它是否具有作为法律英语新变体的资格?

作为欧洲主要的行政语言,英语是各机构的主要工作语言(除欧洲法院外),也是最重要的内部交流语言。在这方面,其作为通用语和工作语言的作用是齐头并进的,因为对媒介语的需求意味着对其实际使用的增加。而且,从政治的角度来看,它被证明特别有吸引力而且有帮助作用。由于种种原因,欧盟的环境增强了人们对英语作为全球性和中性语言的感知,例如,英国和美国的边缘角色,非本族语人士多于本族语人士,最后但同样重要的是,英语是一个不同的法律传统的语言。

这些因素不可避免地促成了没有文化特征的无标记形式的英语;因此出现了"internal market"(内部市场)、"pigmeat"(猪肉)、"sheepmeat"(绵羊肉)、"planification"(计划)等新词语。由于受到其他语言的影响,其他词汇已经获得了新的含义,比如说"actual"的意思是"current""in case of"被用来替换介词"for","dispose of"有了"to have"的新含义,"transpose"的意思成了"to implement"。这些语义变化可以说是欧盟立法的多语言产物,

---

① *Translating for a Multilingual Community* (2009). Available at: http://bookshop.europa.eu/en/translating-for-a-multilingual-community-pbHC3008600/ [accessed 24 September 2013].

第八章
欧盟立法通用语翻译:优点及缺点

是起草和谈判过程中从一种语言到另一种语言的翻译,以及使英语适应欧盟法律环境的需要所造成的。另外,欧盟的第一批英语文本是根据法语翻译而成;因此术语和起草风格都不可避免地受到大陆法系传统和罗曼语的影响。罗伯逊(Robertson 2012:1233)指出,欧盟法律的含义广泛而模糊,认为"欧盟法律英语看起来更像是民法法系,而不是普通法法系的风格"。然而,他也同样警告,不要认为它与民法传统很相似而由此将欧盟法律英语作为一种独立的新类型。简言之,欧盟制定了自己的起草惯例,旨在操作层面上区别于其他传统。

无论从政治还是语言的角度来看,英语的中立性和形态灵活性似乎都适合建立一种新的欧洲法律文化的目标。作为普通法的语言,从理论上来说,英语比其他语言对创造欧盟新概念产生影响的可能性更小。从这个意义上说,这完全符合《共同实用手册》(5.3.2),其中建议避免那些与成员国国内法律制度密切相关的术语。①《共同实用手册》还强调,不应该把术语看作"负面意义上的翻译——而是作为一种与某种立法风格相对应的文本"(5.4)。从语言学的角度来看,英语的有限转折及其结构的灵活性使得它相对容易形成新的词语,有时可以将不同的概念融入同一个词语中,例如"flexicurity"(流动安全),这是一个能同时确保灵活性和工作场所安全的有福利保障国家的概念。英语不确定性的语义也确保了表达的中立性,这是一个增强欧盟所倡导的零文化特质的特征。下面的例子突出了英语表达一般术语和上位词的固有能力。诸如"mainstreaming"(主流化)、"gender mainstreaming"(性别主流化)、"cross-compliance"(交际达标),它们在英语中比在其他欧洲语言中更印象深刻和简洁。特别是,"gender mainstreaming"这个词在其他语言中需要更详细的解释,从而冒着引入附加概念或文化细微差别的风险。

---

① *Translating for a Multilingual Community* (2009). Available at: http://bookshop.europa.eu/en/translating-for-a-multilingual-community-pbHC3008600/[accessed 24 September 2013].

表 8.1 IATE 数据表摘取①

英语	mainstreaming	gender mainstreaming	cross-compliance
法语	intégration; prise en compte systématique	intégration des questions d'égalité entre les hommes et les femmes; paritarisme; intégration des politiques d'égalité des chances	conditionnalité
德语	generelle/durchgängige Berücksichtung; Einbeziehung einer Fragestellung als Querschnittsthema	durchgängige Berücksichtigung der Gleichstellung von Frauen und Männern	Verpflichtungen, Auflagenbindung, Einhaltung anderweitiger Verpflichtungen
意大利语	integrazione; mainstreaming	integrazione di genere; prospettiva uomo-donna; integrazione della dimensione delle pari opportunity per le donne e gli uomini	condizionalità
西班牙语	transversalidad; integrátion de las politicas	incorporación de la perspectiva de género; integración de la dimensión de género; integración de los objetivos de la igualdad de los sexos	condicionalidad

按照这一思路，制定《欧盟民法典草案》②的欧洲学者的目标之一是为欧洲合同法来建立中性的英语条款。正如莎尔切维奇所说的那样，"为避免英国法律的技术性条款已经做出了共同的努力，这明确表示这些术语不应该根据英国的法律概念来定义。实质上，其目标是创造一种脱离英国法律和文化的新的元语言"（2010：23）。

---

① 资料来源：欧盟的多语言术语库：iate.europa.eu。
② See the text of the *Principles, Definitions and Model Rules of European Private Law. Draft Common Frame of Reference* (*DCFR*) at http://ec.europa.eu/justice/contract/files/european-private-law_en.pdf [accessed 15 September 2013].

第八章
欧盟立法通用语翻译:优点及缺点

使用中性表达形式也是一种外交手段:话语越是不具体,达成妥协的可能性就越大。在欧盟立法程序中,文本通常被认为是弥补政治谈判结果的一种方式(Ioriatti Ferrari 2010:275)。因此,使用具有相对中性语义的媒介语,可以确保各个国家的共同利益,同时保持政治正确。

最后,欧盟的多语言法律是翻译的产物,因此也可以从使用广泛的中性语言中获益。普遍认为,普通词汇可以更容易地被转移和适应其他语言。对技术工具和近期的 MT @ EC 越来越多的使用(翻译人员和管理人员)可以同样从使用"去文化"(deculturalized)语言中获益,因为让机器来处理去掉文化内涵的内容更加容易。

所有这些因素凸显了欧盟英语的强大功能特征;然而,回到我们最初的问题,要将欧盟英语归类为一种变体,或将其放入现有的 ELF 类别之一是很困难的。因为卡楚的系统没有考虑到英语的专门用途,所以在卡楚的分类圈中它没有一席之地。即使他的模式被扩展到包含专门用途的语言,它是否能符合欧盟法律英语的要求也是有问题的。在欧洲语境下,专业语言的概念相当模糊,立法语言往往与专业领域重叠。由于显而易见的原因,欧盟英语不能提供规范标准,毕竟多语制和语言多样性是欧盟的基本原则。它也不依赖于规范标准,因为欧盟机构会努力避免那些与各国法律制度相关的术语和形式。

某些概念的欧洲化、新词数量的日益增多、使用具有新含义的英语术语以及日益增多的起草项目,这些都清楚地表明了要开发反映欧盟需求和多样性的语言的想法。另外,将欧盟法律英语作为规范制定也是过头的,因为除了明显的词汇影响之外,欧盟法律英语还没有演变成统一的起草风格。它也不像奥格登(Ogden)的"基础英语(basic English)"或其他受控的国际英语的一种形式。欧盟法律的起草似乎还受到特定政策领域、起草立法者的国籍、他们对英语的了解程度,最后但同样重要的是成员国的政治利益的影响。

从通用语翻译欧盟法律

欧盟多语言翻译中的通用语言角色已经从语言政策、文化霸权到翻译质量等不同的角度来研究过。对从通用语来翻译欧盟法律以及它对专业翻译所引发的挑战的关注并不多。

由于不同语言的发言者之间的谈判和交流,欧盟立法文本的翻译从一开始就没有考虑源语文本和目的语文本的传统概念。它们是使用一个常见的通用语的集合产物,而且大量的来自不同文化和语言背景的作者可能会阻碍专业翻译人员识别作者的明确意图。文本的意图更多地受到成员国之间跨文化交流过程的影响,且文本将不可避免地反映出由于语言和法律体系交汇而造成的政府间合作的动态变化。尽管欧洲法律正更多地以英文来起草,但伪源语文本是多语言讨论和修正的产物,通常会受成员国的个人政治和法律背景的影响。正如道勒拉普(Dollerup)所指出的那样,源语文本变成了"一个流动而多变的文本,由循环翻译、核心语言或工具语言以及核心语言中的民族语言中的新语言材料组成"(2004:197)。通过这种方式,源语文本可以被看作是由欧盟独特的制度环境所塑造的不稳定的关联文本网。这个"特别原件"将作为其他翻译版本的原文,但是一旦最终版本得到认证,任何源语文本和目标文本之间的根本性区别都将被消除。从法律的角度来看,欧盟的真实文本既不是依存于一位特定作者的"原始的"源语文本,也不针对特定的目标文本阅读者或法律团体。它们代表欧盟的法律,不管源语言是什么,它们的独特性取决于使用其他语言的相似独立文本的存在。

事实上,欧盟法院在涉及欧盟法律多种语言译释时谈到了等同的语言"版本"。因此,对源语言和目的语言的老生常谈可能听起来毫不相干(而且是误导性的)。另外,真实的文本只有在制定之后才能获得这种有效性。正如在其他地方(Felici 2010:104)已经提到的那样,在欧盟官方刊物发表之前,这些文本从语言的角度来看仍然是翻译的产物——事实上是受到非

第八章
欧盟立法通用语翻译:优点及缺点

常特殊因素相互作用的影响,超越了任何翻译标准的翻译过程。① 因此,欧盟多语言立法取决于法律文本的具体起源和功能以及不同的机构需求,这对翻译提出了新的挑战。

优与劣:一些语言学的考量

从语言学的角度来看,欧盟文本的产生和同等效力的混杂性强化了一种中性的基调,并突出了一种既不是源语言也不是目的语文本导向,却又是多语言立法形成的共同标准的通用语(Šarčević 1997:255)。在这方面,对通用语的使用和欧盟法律英语的某些特征可以很容易地适用于其他欧盟语言,并在一定程度上也简化了多语言翻译。事实上,缺乏文化特性和专业性以及某些规定的大量制定,这会有助于更容易地做到转化同等的含义与效果。"认证过程""治理""健康权""居住权"等一般概念不受任何特定法律文化的约束,因此很容易适应欧盟的任何语言。

欧盟机构一直试图通过几个起草方案来弥补共同法律背景的缺乏②,从而试图主要通过解决语言的明晰来根本上解决这个问题。在《共同实用手册》中,对简单明确的语言的需求尤其明显,该手册建议将"立法意图简化为条款",并尽可能使用"日常用语"来表达,"必要时,表达清晰优先于风格的奇巧"(1.4.1)。遍布欧盟所有语言的大量译借仿造和外来语也可以从这个角度来研究。像"afforestation"(植树造林)、"milk quota"(牛奶配额)、"mobility"(流动性)、"public security"(公共安全)、"structural funds"

---

① 相比之下,欧盟多语言判例(判决书、法律总顾问的意见、程序性文件等)的翻译涉及更为复杂的过程,法语作为欧盟法院的唯一工作语言,通常与中枢语言重叠。有关在欧盟法院(以前称为 ECJ)中使用中枢语言,请参见 McAuliffe(2012)。值得注意的是,法律总顾问的意见是不具约束力的,而对于判决来说,唯一真实有效的文本就是案件语言的判决书,它如果不是法语,那就一定是法语版的译本。关于欧洲法院的语言制度和欧洲法院判决书的真实文本,请参见本书德兰撰写的第四章。

② *Joint Practical Guide*, Declaration 39 of the Treaty of Amsterdam on the quality of the drafting of Community legislation, the Interinstitutional Agreement of 22 December 1998 on common guidelines for the quality of drafting of Community legislation, the Interinstitutional Agreement of 16 December 2003 on better lawmaking. 另参见本书斯特兰德维克的第九章。

(结构基金)和"subsidiarity"(辅助性)等词语对外行人来说可能听起来很蹩脚,但在欧盟大多数官方语言中却有对等的表达,由此可以发展共同的政治和术语。然而,区分欧盟语言的新"零文化"(acultural)的明确意图以及通用语和翻译语文字再现的语言模糊也很重要。

句法特征、词序和信息结构、情态和标点符号的使用可能使得通用语语境非常敏感。考虑到欧盟文本的语言一致性,它们可能对法律传播和翻译质量产生同等重要的影响。尽管如此,它们还没有像法律概念和欧盟术语的翻译一样受到重视。

为了简化起草语言和提高翻译质量,根据"语言简明运动"(Plain Language Movement)的精神,在委员会翻译人员的推动下,单独采取了这方面的举措。①《共同实用手册》建议采用朴素且简洁的起草风格;②然而,欧盟的立法文本中蕴含着嵌入式的介词分句、名词性成分、被动结构和冗长的复杂句,所有这些都对多语言转换产生负面影响。第881/2002号理事会条例第2(2)条的禁令③就是一个很好的例子,它说明了副词的位置、词序和英语版中的通用术语会如何让同一条款产生不同的译释:

2. No funds shall be *made available*, *directly or indirectly*, *to*, *or for the benefit of*, a natural or legal person, group or entity designated by the Sanctions Committee and listed in Annex I.

(不得直接或间接向制裁委员会指定并列于附件一的自然人或法人、团体或实体或为其利益提供资金。)

2. Aucun fonds ne doit pas être *mis*, *directement ou indirectement*, *à la*

---

① 翻译总司一直积极采取各种举措来促进起草的明晰性和一致性。特别是参见《英语风格指南:欧盟委员会作者及译者手册》(*English Style Guide: A Handbook for Authors and Translators in the European Commission*),《破除迷雾运动》(*Fight the Fog Campaign*),《如何明晰写作》(*How to Write Clearly*),《欧盟竞争法起草委员会文件之基本指南》(*The Essential Guide to Drafting Commission Documents on EU Competition Law*)。
② 《共同实用手册》第4条建议避免"过长的文章和句子,不必要的措辞和过度使用缩写"。
③ 本条涉及法律总顾问门多奇(Mengozzi)于2010年1月14日就C340/08案件关于冻结与本拉登有关联的个人和实体的资金所发表的意见。Available at: http://eur-lex.europa.eu/LexUriServ/LexUriServ.do? uri = CELEX: 62008 CC0340: EN: HTML [accessed 12 April 2013]。

disposition nı́ utilisé au bénéfice des personnes physiques ou morales, des groupes ou des entités désignés par le comité des sanctions et énumérés à l'annexe I.

（2）Den vom Sanktionsausschuss benannten und in Anhang I aufgefilhrten natürlichen oder juristischen Personen, Gruppen oder Organisationen dürfen Gelder *weder direkt noch indirekt zur Verfügung gestellt werden oder zugute kommen.*

2. È vietato *mettere direttamente o indirettamente fondi a disposizione* di una persona fisica o giuridica, di un gruppo o di un'entità designati dal comitato per le sanzioni ed elencati nell'allegato I, *o stanziarli a loro vantaggio.*

2. Se prohibe *poner a dispositión* de las personas fisicas y jurídicas, grupos o entidades señalados por el Comité de Sanciones y enumerados en el anexo I, *o utilizar en beneficio suyo, directa o indirectamente*, cualquier tipo de fondos.

关于禁止的范围,在与"基地"组织相关的"代理人"是否可以直接或间接从经济基金中受益这一点上,问题就出现了。根据英语版中直接和间接这两个副词的位置,条款似乎不仅禁止"直接"或"间接"向这些人提供资金而且也包括"直接"或"间接"地"为其利益"资助他们。换句话说,与基地组织"代理人"有关的配偶和家庭成员也被禁止使用资金来支付账单、保险和其他家庭开支。在其他语言中,为其利益的用法不同,即法语和西班牙语中的"为其利益",以及德语和意大利语的"为自己的利益分配资金",甚至包括使用这些资金的方式。在法语和西班牙语中,直接和间接这两个副词的位置更为确切,似乎只禁止为代理人"提供资金",而不是"为其利益"使用。这意味着配偶或家庭成员将是不同的受益人,因此可以将这些资金用于生活开支。

其他有争议的用法与情态的表达相关,尤其是本族和非本族语者对"shall"的多种使用和译释。在约束性条款的制定中,《共同实用手册》建议用法语的现在时态,用英语的情态助动词"shall"(2.3.2)。这种用法经常受到质疑,正如下面的第2182/2002号委员会法规第16(1)条一样:

1. The maximum total value of Community assistance that can be granted under this Chapter *shall be equal to*:

—75% of the eligible expenditure, for the measures referred to in Article 13(a) and (c);

1. 根据本章,可以授予的共同体援助的最高总价值应等于:

—符合第13(a)和(c)条所述措施的合格支出的75%;

1. La valeur lotale du soutien communautaire octroyé en application du présent chapitre *peut atteindre*:

—75% des dépenses éligibles, pour les actions visées à l article 13, lettres a) et c);

(1) Der Gesamtwert der in Anwendung dieses Kapitels gewährten Fördermittel der Gemeinschaft *beträgt höchstens*:

—75% der förderfähigen Ausgaben für Maβnahmen gemäβ Artikel 13 Buchstaben a) und c);

1. II valore totale del sostegno concesso in applicazione del presente titolo *può giungere* al:

—75% delle spese ammissibili, per le azioni di cui all'articolo 13, lettere a) e c);

1. El valor total de la ayuda comunitaria concedido en aplicación del presente capítulo *podrá alcanzar*:

—el 75% de los gastos subvencionables, en el caso de las acciones contempladas en las letras a) y c) del artículo 13.

虽然英语和德语版本最大限度地(maximum/höchstens)"解决"了欧盟援助的价值,但法语、意大利语和西班牙语只设想达到这个数量的可能性,因此可能允许认知上的解释。这个规定的实质内容显然在法语和意大利语中都

第八章
欧盟立法通用语翻译：优点及缺点

没有提到，甚至没有提到"最大的"这个单词。这在西班牙语里也没出现，但未来时"podrá"弥补了"poder"传递的言外之意。最明确的表述是德语，它使用现在时，对陈述性言语行为以及欧盟援助的数量不会产生任何的疑问。这个例子清楚地表明，起草指南和不同语言形式的内在复杂性可能会使起草者和翻译者有不同的译释。

另一个限制可能是由于语言的一致性和法规的机械转码造成的。确保语言的一致性是必要的，并有助于所有语言版本的比较。在欧盟的立法文本中，其在正式程度上显而易见，并且在试图根据词序和术语重新创建类似的(如果不是相同的)语言结构上亦是如此。这势必对多语言的法律翻译和解释产生影响。

有关语言一致性的一个模棱两可的例子是2007/64/EC 指令第4(23)条中的不定词。在英语中，任何单数和复数名词一起使用的可能性允许进行双重解读，这一点因显而易见的语法的原因，需要在其他语言中增加一个附加元素：

23. "payment instrument" means *any personalised device (s) and/or set of procedures* agreed between the payment service user and the payment service provider and used by the payment service user in order to initiate a payment order；

"支付工具"是指在支付服务用户和支付服务提供商之间约定并由支付服务用户使用以启动支付指令的任何个性化设备和/或一套程序；

23) « instrument de paiement »: *tout dispositif personnalisé et/ou ensemble de procédures* convenu entre l'utilisateur de services de paiement et le prestataire de services de paiement et auquel l'utilisateur de services de paiement a recours pour initier un ordre de paiement；

23. „Zahlungsinstrument" *jedes personalisierte Instrument und/oder jeden personalisierten Verfahrensablauf*, das bzw. der zwischen dem Zahlungsdienstnutzer und dem Zahlungsdienstleister vereinbart wurde und das bzw. der vom Zahlungsdienstnutzer eingesetzt werden kann, um einen

Zahlungsauftrag zu erteilen;

23)《strumento di pagamento》: *qualsiasi dispositivo personalizzato e/o insieme di procedure* concordate tra l'utente di servizi di pagamento e il prestatore di servizi di pagamento e utilizzate dall'utente di servizi di pagamento per disporre un ordine di pagamento;

23)《instrumento de pago》: *cualquier mecanismo o mecanismos personalizados, y/o conjunto de procedimientos* acordados por el proveedor de servicios de pago y el usuario del servicio de pago y utiiizado por el usuario del servicio de pago para iniciar una orden de pago;

英语的不定词"any"既可以指代个性化"设备",也可以指代"一套程序",但法语和意大利语不是这样,它们的过去分词(personalisé/personalizzato)明确地限定了"设备"并且排除了对其有利的解释。如果"any"同时指"设备"和"一套程序",那它就需要像德语那样在"any personalised"重复两次来限定。与法语和意大利语不同,西班牙语提供了一个完全不同的解决方案,即可选的"设备 device(s)"的复数,但是仍然没有涉及"一套程序"。

英语不定词的复杂性在嵌入到复杂的句法结构中时可能会产生进一步的歧义,例如2005/29/EC指令第6(1)条有关内部市场中企业对消费者的不公平商业行为。在内容和形式上生成几乎相同的文本的总体趋势和生成的通用语的语境必然会造成伪源语言的不同编码和解码。这里最明显的区别是在两种情况下的译释,这种译释在德语和意大利语中是作为副词的"无论如何/在任何情况下"(in any way/in any event),在法语和西班牙语中是作为形容词的"两个都"(both):

I. A commercial practice shall be regarded as misleading if it contains false information and is therefore untruthful or in any way, including overall presentation, deceives or is likely to deceive the average consumer, even if the information is factually correct, in relation to one or more of the following elements, *and in either case* causes or is likely to cause him to take a

第八章
欧盟立法通用语翻译：优点及缺点

transactional decision that he would not have taken otherwise;

一个商业行为如果包含虚假信息，并由此不真实或以任何方式包括整体陈述、欺骗或可能欺骗普通消费者，即使信息是事实正确的，但满足一个或多个的下列要素，而且在任何情况下会导致或可能导致他作出交易决定，否则他不会采取其他措施，都将被认定为具有误导性；

1. Une pratique commerciale est réputée trompeuse si elle contient des informations fausses, et qu'elle est done mensongère ou que, d'une manière quelconque, y compris par sa présentation générate, elle induit ou est usceptible d'induire en erreur le consommateur moyen, même si les informations présentées sont factuellement correctes, en ce qui conceme un ou plusieurs des aspects ciaprès et que, *dans un cas comme dans l'autre*, elle l'amène ou est susceptible de l'mener à prendre une décision commerciale qu > il n > aurait pas prise autrement;

（1）Eine Geschäftspraxis gilt als irreführend, wenn sie falsche Angaben enthält und somit unwahr ist oder wenn sie in irgendeiner Weise, einschlicβlich sämtlicher Umstände ihrer Präsentation, selbst mit sachlich richtigen Angaben den Durchschnittsverbraucher in Bezug auf einen oder mehrere der nachstehend aufgeführten Punkte täuscht oder ihn zu täuschen gceignet ist *und ihn in jedem Fall* tatsächlich oder voraussichtlich zu einer geschäftlichen Entseheidung veranlasst, die cr ansonstcn nicht gctroffen hätte;

1. È considerata inganncvole una pratica commerciale che contenga informazioni false c sia pertanto non veritiera o in qualsiasi modo, anche nella sua prcsentazione complessiva, inganni o possa ingannare il consumatore medio, anche se l > hinformazionc è di fatto corretta, riguardo a uno o più dei scgucnti elcmeiui *e in ogni caso* lo induca o sia idonea a indurlo ad assumere una decisione di natura commerciale che non avrebbe altrimenti preso;

1. Se considerara engañosa toda práctica comercial que contenga información falsa y por tal motivo carezca de veracidad o información que, en la forma que sea, incluida su presentacíon general, induzca o pueda inducir a error al consumidor medio, aun cuando la información sea correcta en cuanto a los hechos, sobre uno o más de los siguientes elementos, *y que en cualquiera de estos dos casos* le haga o pueda hacerle tomar una decisión sobre una transacción que de otro modo no hubicra tomado;

误译可能是由于这样一个事实,即有时候分配词的根本意思是指"两者"或"全部",而在其他时候则是排他性的,因此只适用于一个集合中的一个元素。商业行为的"虚假信息"及其"欺骗"因素的大段言辞在西班牙语中可能更为清晰,在这些附加指示词之后,数字"dos"用作形容词(在这两种情况中的任何一种),使前照应清楚明了。

下面的最后一个例子显示了不同的信息结构和标点符号的使用也可能引起意义产生轻微的不同。第2777/2000号条例第2(2)条有关欧盟为患有疯牛病的动物进行测试而提供的财政支持。审视逗号的使用和德语的信息结构时,问题出现了:委员会最高15欧元/试剂盒的偿还款是否适用于"在强制性检测生效之前对被屠宰的动物进行的检测程序",或者在某些版本中这个最后的条件是否指这些测试的最大数值为"15欧元":

2. The Community shall co-finance the tests referred to in paragraph 1. The financial participation by the Community shall be at the rate of 100% *of the costs (VAT excluded) of the purchase of test-kits and reagents up to a maximum of EUR 15 per test in respect of tests carried out on animals slaughtered before the entry into force of the obligatory testing program as provided for in Article 1(3) of Decision 2000/764/EC*, and in any case before J July 2001.

共同体应共同资助第1款所述的检测。共同体的参与金额应为购买试剂盒和试剂的成本(不含增值税)的100%,最高为每次检测15

欧元,检测指的是对于 2000/764/EC 号决定第 1(3)条规定的强制性检测计划生效前屠宰的动物进行的试验,以及 2001 年 7 月 7 日以前的任何情况。

2. La Communauté participe au financement des tests visés au paragraphe 1. La participation financière de la Communauté s'élève à 100% des coûts (hors TVA) d > achat des kits de diagnostic et réacifis, *jusqu 'à concurrence de 15 euros par test en ce qui concerne les tests effectués sur les animaux abattus avant l'entrée en vigueur du programme* de dépistage obligatoire prévu par l'article 1er, paragraphe 3, de la décision 2000/764/CE, et dans tous les cas avant le 1er juillet 2001.

(2) Die Gemeinschaft kofinanziert die in Absatz 1 genannten Tests. Die Gemeinschaft erstattet *bis zu einem Höchstbetrag von 15 EUR je Test 100% der Kosten (ohne MwSt.) für die Anschaffung von Testkits und Reagenzien für Tests an Tieren*, die vor dem Inkrafttreten des obligatorischen Testprogramm gemäβ Artikel 1 Absatz 3 der Entscheidung 2000/764/CE und in jedem Fall vor dem 1. Juli 2001 geschlachtet werden.

2. La Comunità cofinanzia i test di cui al paragrafo 1. La partecipazione finanziaria della Comunità è pari al 100% del costo (al netto dell > IVA) di acquisto del materiale occorrente, *compresi i reagenti, fino ad un massimo di 15 EUR per test*, relativamente ai test praticati su bovini abbattuti prima dell'entrata in vigore del programma di analisi obbligatorio previsto all'articolo 1, paragrafo 3, della decisione 2000/764/CE e comunque anteriormente al 1o luglio 2001.

2. La Comunidad cofinanciará las pruebas mencionadas en el apartado 1. La participación financiera de la Comunidad será del 100% de los costes (excluido el IVA) que origine la compra de los lotes de pruebas y los reactivos, hasta un máximo de 15 euros por prueba *en relación con las pruebas realizadas en animales sacrificados antes de la entrada en vigor del*

programa obligatorio de realización de pruebas previsto en el apartado 3 del artículo 1 de la Decisión 2000/764/CE, y en cualquier caso antes del 1 de julio de 2001.

15欧元的最高金额似乎在法语和西班牙语中专门用来指"在强制性检测计划生效之前对被屠宰的动物进行的检测"。这是因为提到15欧元前面有一个逗号,但后面没有像比如意大利语那样有另一个逗号。这两个界定的逗号意味着在意大利语中是个同位结构,因此对强制性测试计划的限制不可避免地指的就是实质的欧盟共同融资。同样,在德语中,最大的金额被放置在句子的开始处,"强制性测试计划"(obligatory testing program)与在该程序生效之前被屠杀的"动物"(Tiere)相关联。另外,如果我们看英语版本,少个逗号就会阻碍我们选择其中一种解读,这意味着欧盟共同融资似乎适用于两者。

因此可以得出结论,ELF 的使用并不总是"简单"和"清楚"沟通的同义词。它实际上是功能性的,而且不可避免。然而,在整体交际和从 ELF 翻译时,它在语篇层面上可能会产生严重的影响。上面的例子表明,语法和语篇结构可能隐藏了翻译中的重重陷阱。在这方面,语言一致性没有什么帮助,因为世界上的语言的结构各有不同,话语往往服从于目的语言的规则习惯。

结　　论

近年来,在实践中赋予所有欧盟语言同等地位的困难已经使得英语作为当前事实上的通用语日渐普及。从操作的视角出发,作为源语言以及翻译的枢纽语言之一,英语在各个机构中几乎被用于所有的交流目的:谈判和起草立法、与包括非成员国家在内的世界其他国家进行交流,最后但同样重要的是,它也是欧盟三个成员国(英国、爱尔兰和马耳他)的官方语言或官方语言之一。

本章表明,在提供文化中性表达、确保效率、促进所有语言版本的统一、

第八章
欧盟立法通用语翻译：优点及缺点

翻译记忆和促进政治谈判方面，ELF在一定程度上似乎是一种最能满足欧盟需求的英语。翻译总司编辑部负责人海伦·斯沃露（Helen Swallow）汇报说，对英语的编辑不能延伸到在英国被使用的相同惯用语言，因为这不能完全满足欧盟的起草要求（2013）。需要在制定欧盟法律文本的背景下考察ELF的使用和ELF的翻译，欧盟法律文本的制定倾向于不受成员国法律语言影响的通用形式。中性（neutrality）的保证也是依靠英语属于不同的法律传统，而欧盟法律本质上是大陆法。从翻译的角度来看，中性的语言在理论上更容易被转换，而且原则上可以促进所有语言版本达成更好的一致性。然而，中性的表达并不意味着起草时简单而明了的普通语言。欧盟的立法风格是绵长又嵌套的句子，在形式上看起来相同，但在结构和语篇方面可能缺乏统一的一致性。最后一部分表明了ELF的广义概念以及在广义上使用某些形式可能会造成含义不明，从而导致不同的翻译，最终产生对该条款的不同译释。而用ELF起草则符合欧盟的要求，因其语言灵活且无文化内涵意义，在这一层面上来讲，它在文体和句法特征方面的优势较少。然而，对多语言话语结构的文体编辑和研究可以为开展立法质量评估和翻译培训提供广泛的研究领域。由于信息结构在机器翻译的输出中起着关键作用，因此翻译技术也将从这些研究中受益。

因此，ELF对欧盟法律翻译来说既是一个问题，也是一个机遇。强大的"去文化"（deculturalization）元素和所有语言版本的统一译释对源语文本和目的语文本之间的传统关系发起了挑战，也避免了对特定源语言团体的任何参照。其结果通常是类似的"去语境化"（decontextualized）的翻译，与ELF的"原本"在形式上完全相同，但肯定不会出现偶尔的语言偏差。从这个意义上说，欧盟文本制定的具体背景突出了提高起草和编辑意识的必要性。由于源语文本和目的语文本的质量高度依赖于编辑，因此不应将其视为翻译的辅助活动，而应该是一个由专业培训人员提供的完备的服务。近年来，在翻译处设立了一个编辑组来处理英语文本，而其他需要校对的语言文本仍由各翻译组去处理。

最后但同等重要的是，如果ELF会产生一种能够同时表达欧盟法律和各个国家法律体系现实的法律英语的新变体的话,那多语制也将对所有其他欧盟语言提出相同的要求。在这方面,翻译当然占有一席之地。

参 考 文 献

Burr, 1. 2013. Article 55 in The Treaty on European Union (TEU). *A Commentary*, edited by H. J. Blanke and S. Mangiameli. Berlin/Heidelberg: Springer Verlag, 1461-525.

Crystal, D. 1997. *English as a Global Language*. Cambridge: Cambridge University Press.

De Swaan, A. 2004. *Endangered Languages, Sociolinguistics and Linguistic Sentimentalism*. Available at: http://deswaan.com/endangered-languages-socio linguistics-and-linguistic-sentimentalism/[accessed 24 September 2013].

Dollerup, C. 2004. The vanishing original. *Hermes, Journal of Linguistics*, 32, 185-99.

Felici, A. 2010. Translating EU law: legal issues and multiple dynamics. *Perspectives: Studies in Translatology*, 18(2), 95-108.

Grzega, J. 2005. Reflections on concepts of English for Europe, British English, American English, Euro-English, Global English. *Journal for EuroLinguistiX* (JELiX), 2, 44-64.

Ioriatti Ferrari, E. 2010. Linguismo eurunionico e redazione della norma comunitaria scritta, in *Lingua e Diritto*, edited by J. Visconti. Milano: LED, 261-312.

Jenkins, J. 2007. *English as a Lingua Franca: Attitude and Identity*. Oxford: Oxford University Press.

Jenkins, J., Modiano, M. and Seidlhofer, B. 2001. Euro-English. *English Today*, 17(4), 11-19.

Joint Practical Guide of the European Parliament, the Council and the Commission for persons involved in the drafting of European Union legislation. 2013. Available at: http://eur-lex.europa.eu/content/pdf/techleg/joint-practical-guide-2013-en.pdf.

Kachru, B. B. 1985. Standards, codification and sociolinguistic realism: the English language in the outer circle, in *English in the World: Teaching and Learning the Language and Literatures*, edited by R. Quirk and H. Widdowson. Cambridge: Cambridge University Press, 11-30.

Mauranen, A. 2003. The corpus of English as *lingua franca* in academic settings. *TESOL Quarterly*, 37(3), 513-27.

McAuliffe, K. 2012. Language and law in the European Union: the multilingual jurisprudence of the ECJ, in *The Oxford Handbook of Language and Law*, edited by P. Tiersma and L. Solan. Oxford: Oxford University Press, 200-216.

McCluskey, B. 2002. English as a *lingua franca* for Europe. *The European English Messenger*, 11(2), 40-45.

Mollin, S. 2006. English as a *lingua franca*: a new variety in the new expanding circle? *Nordic Journal of English Studies*, 5(2), 41-57.

Robertson, C. 2012. EU legal English: common law, civil law or a new genre? *European Review of Private Law*, 20(5-6), 1215-39.

Seidlhofer, B. 2001. Towards making 'Euro-English' a linguistic reality. *English Today*, 17(4), 14-16.

Swallow, H. 2013. *Quality in a multilingual setting: translation and editing at the European Parliament*. Paper presented at the First Legal Linguistics Workshop: Übersetzung und Textproduktion im Europarecht: Gibt es ein gemeinsames Ziel? Drafting and Translation in EU Law: Do They Work for a Common Goal? Cologne, 4-5 April 2013.

Šarčević, S. 1997. *New Approach to Legal Translation*. The Hague: Kluwer Law International.

Šarčević, S. 2010. Creating a pan-European legal language, in *Legal Discourse Across Languages and Cultures*, edited by M. Gotti and C. Williams. Bern: Peter Lang, 23-50.

第九章
欧盟多语言法律制定的质量研究

英格玛·斯特兰德维克[①]

引　　言

　　本章讨论质量的概念以及如何将质量的概念应用在欧盟的多语言立法程序之中。按照 ISO 9000 标准以及质量是满足需求和期望的理念,有人认为不同的代理人和利益相关者有不同的质量预期是理所应当的。对多语言立法中固有的质量问题和与规范、理念和价值观有关的质量问题被区分开来。有人建议,关于立法质量和法律翻译的理念和价值观念决定了如何来组织工作,如何实施起草指南,以及由此产生的文本是什么样的。

　　笔者认为,为了能够有意义地讨论欧盟多语言立法的质量问题,那就需要澄清一些概念问题,例如,"质量"是什么以及多语言立法如何实践法律翻译。《欧洲共同销售法》翻译案例研究的结果会被引用,以作为确保高质量的最佳实践的例证。

　　本章的结论表明,通过关注多语言立法与其他类型的专业翻译或特殊用途语言翻译的共同特点,正如被经常如此称呼的那样,EN 15038：2006 的原则和 ISO 17100 翻译标准可以被用来通过将翻译人员纳入起草过程并更好地利用其能力从而改进多语言立法的程序和工作流程。在立法起草、

[①]　欧盟委员会翻译总司质量经理。本章所表达的意见仅为作者的个人意见,不应被视为欧盟委员会的官方立场。

术语和翻译方面增强意识和进行正式培训可以使不同的代理人能够更有效地区分多种语言立法所固有的问题以及规范、理念、信仰和价值观之间的问题。虽然很难解决多语言立法中固有的问题,但对可能阻碍预期交流成果的相互冲突的规范和工作程序进行仔细研究是有裨益的。

何为质量?

根据 ISO 9000 质量管理体系标准,质量可以被定义为"在指明或通常隐含的情况下,能满足需求和预期程度的一套固有特质"。在欧盟多语言立法背景下应用这一定义时,我们可以至少得出四个直接的结论。首先,质量不是绝对的。它取决于需求和期望,因此它是情境特定和语境相关的。其次,这套"固有特质"表明,质量是一些不同的质量特质的总和,可能需要按照优先次序排列,甚至可能相互矛盾。再次,由于立法过程中的不同参与人有着不同的需求和期望,他们对质量的感知体察会有不同,或者对相关质量特征的优先排列顺序的看法有所不同。最后,需求和期望可以是"指明的"或"通常隐含的"。如果他们是"指明"的话,它们是明确的,从而增加了达成共识的可能性,而"通常隐含"的需求和期望被认为是"组织、其客户和其他利益相关方的习惯和惯例"(ISO 9000: 3.1.2)。

质量对所有人而言是否一样?

如果所有参与欧盟多语言立法的人和利益相关者都以高质量为目标,那么这一点对所有这些人来说都是一样的吗?为了回答这个问题,我们有必要审查不同的参与者和利益相关者,并审查他们各自的需求和期望。以下表单反映了欧盟委员会翻译总司的观点。

该表单从请求者(requesters)开始,主笔的委员会各总司发送文本进行翻译。参与草拟源语文本的各个委员会官员的母语很少是起草语言,而且他们几乎都不是立法起草方面的正式受训的诉讼专家(Guggeis and Robinson 2012: 62)。他们的重点是内容而不是形式。他们的工作基本上

第九章
欧盟多语言法律制定的质量研究

是单语言的,很少或根本没有能力评估译文版本的质量。① 他们至多可以比较表面的相关特征,如结构布局、数字、编号、脚注顺序、缺失的段落等。他们对质量的关注主要是 23 个译文版本自身的存在。翻译是一个程序性要求,是工作流程的强制部分,如果所有语言版本一个都没有的话,那就会在某些阶段阻断决策的过程。② 因此,主笔总司就要避免这样的程序问题。由此,在最后期限内合格是一个关键的质量标准。

如果编辑们看到这些文本,③要关注源语文本的语言质量,同时要让语言清晰、正确和简洁,让读者更好地理解委员会文件。要实现这一目标,可能在一定程度上要考虑翻译者,但要实现这一点主要是因为源语文本也会成为官方语言版本。

欧盟委员会法律事务处的法律修正者和诉讼律师在委员会内担负着立法草案整体起草质量的主要责任。④ 诉讼律师关注实质内容、材料中的法规(法律依据、与其他规定的冲突、罪刑相适应性等),法律修正者在草案被提交翻译之前对其进行核查,确保形式符合立法起草规则,文本使用清晰、准确和简明的语言编写,运用可翻译成其他语言的适当的、一致的术语。翻译后,他们有时会检查每种语言版本,但只有少数情况下如此(Guggeis and Robinson 2012:61-3)。

对于内部翻译者来说,最重要的是确保准确无误地传输信息。虽然他

---

① 在 2004 年之前,只有 11 种官方语言,主笔部门经常设法动员具有语言能力的同事去检查至少某些语言版本;但是,在官方语言数量是其两倍以上的时代,这已不再适用。如今,翻译总司翻译和审校主要负责修改译文版本。

② 语言使用规则由理事会一致通过(Art. 342 TFEU)。最重要的是在第 1 号规则中确定了 EEC 使用的语言(随后进行了修正和部分废除;OJ, 6.10.1958, at 385)。对于委员会内部的决策程序,委员会《程序规则》(OJ L 55, 5.3.2010, at 60)作了详细的规定,特别是第 6-4、12-13 和 13/14-4 条的规定,它们使《程序规则》生效。《委员会中的翻译:对 2007 年及以后的挑战作出回应》(Translation in the Commission: Responding to the Challenges in 2007 and Beyond)通讯中列出了委员会操作实践的纲要(SEC(2006)1489)。2005 年,理事会决定在欧盟范围内非官方语言的语言也可以在某些条件下被各机构使用:参见《理事会关于在理事会以及可能的其他欧盟机构和组织内正式使用其他语言的规定》(Council Conclusion on the Official Use of Additional Languages Within the Council and Possibly Other Institutions and Bodies of the European Union)(OJ C 148, 18 June 2005, at 1)。

③ 编辑并非是系统性的。翻译总司的编辑组优先考虑委员会工作计划下的文件,以及翻译总司随后要译出的文件,与委员会的核心业务相关的,或拟出版发布的文件。

④ 请参见欧盟法律事务处网站:http://ec.europa.eu/dgs/legal_service/legal_reviser_en.htm#1。

167

们也关心及时交稿(截止日期达标率约为99%),但这通常不是主要问题。作为机构翻译人员,他们忠于他们工作的机构,同时致力于为最终用户发声(Koskinen 2008:151,154;Abdallah 2012:30-37)。① 根据职业标准和职业道德(Drugan 2013:43-4;EN 15038:2006:5.4.1,ISO 17100:3.1.3),他们努力使自己的文本尽可能地具有可读性(Koskinen 2008:147)。尽管内部翻译人员主要关注他们各自的语言版本,但是他们也非常注意源语文本的质量,因为这会影响翻译文本的质量。他们会把发现的不一致和错误报告通知起草者,以便可以得到新的更正版本来进行翻译。翻译人员也经常检查其他语言版本,特别是在有疑问的时候。

立法机构——欧洲议会(EP)和理事会——需要正确、一致和可靠的文件,在此基础上才可以进行实际的立法决策过程。对内容准确性的信任是关键。对这些机构的翻译人员也是如此,即翻译修订案以及因此产生的重新起草案文的翻译们。② 由于互文性的原因,同样的逻辑也适用于其他欧洲机构,如欧洲经济和社会委员会、地区委员会和欧洲中央银行,以及这些机构的翻译们。

欧洲议会和理事会的律师兼语言学家们也在文本制作过程结束时检查其是否符合欧盟的立法起草规则。此外,重要的是,他们着重于确保所有语言版本的准确对应(Guggeis and Robinson 2012:62-3)。

成员国的国家权力机构和法院则希望立法是事实正确的,并且可以很容易适用。换句话说,立法应尽可能无缝地融入各个国家的法律背景之中,并且足够清晰,能让直接和间接的接受方都能理解和应用。③ 与此同时,立法过程中的成员国代表有时更希望取得一定的实质性成果以保护国家利益,而不是草拟一份清晰准确的文本(Guggeis and Robinson 2012:

---

① 在内部研究中也有类似的发现,例如,下文提到的《欧洲共同销售法》案例研究和一个正在进行的关于卓越翻译的内部项目。

② 在理事会中,修正往往是在英语版的基础上进行协商,然后翻译成其他语言。在欧洲议会中,欧洲议会议员(MEP)用所有官方语言制定了修正。出于实际的原因,在让这样的修正和改写适合每种语言的文本时,语言之间的一致性是一个问题。

③ 成员国就欧盟委员会法律事务处组织的一系列会议的立法质量发表了意见。会议报告可在以下网址找到:http://ec.europa.eu/dgs/legal_service/seminars_en.htm。

62)。

公民和经营者们也许不认为欧盟立法会读起来轻松容易；然而，他们确实认为它在语言上和事实上是正确的，理解起来不会比自己国家的立法更加难。① 经营者们的一个主要问题是避免过度的行政负担。②

作为委员会翻译服务机构的翻译总司必须在实践上广泛地实现质量的理念，这种理念包括所有这些对质量不同的期望，其中大部分"通常是隐含的"（从 ISO 9000 的意义上来讲）。作为一个公共行政部门，翻译总司从其定义上来说，最终是为公民服务的。它应该满足这些人的需要，同时也要确保对纳税人资金的有效利用。作为欧盟立法机构的一部分，它必须符合参与立法程序的其他机构的需要。作为欧盟委员会的翻译服务提供商，其重点还必须放在翻译服务质量上，包括客户满意度方面，例如如期交付。作为欧盟委员会的一个行政部门，它必须保持在预算内，同时要求供求匹配。作为委员会的一部分，委员会必须利用其特定的权限来帮助整个委员会实现透明度和合法性等整体政治目标。最后但同等重要的是，它必须履行机构使用多种语言和多种语言立法的法律义务。

欧盟多语言立法中的固有质量问题

成员国从一开始就接受了超国家的立法，其条件是多语言的。欧洲合作逐渐扩展到新的政策领域，逐步实现政治联盟的一体化进程也是如此。正如本书其他章节所强调的那样，多语制的原则被载入了一级和二级的立法和判例法之中（见本书罗伯逊的第三章和德兰的第四章；See Baaij 2012：2-8；Guggeis and Robinson 2012：52-4）。

理事会第 1/1958/EEC 号条例要求普遍适用的文件以所有的官方语言来"起草"。没有提到翻译，是因为不同的语言版本不被视为"翻译"，而是

---

① See, for example, the Better Lawmaking initiative at：http://ec.europa.eu/dgs/legal_service/law_making_en.htm and Smart Regulation at：http://eur-Lex.curopa.eu/LexUriServ/LexUriServ.do? uri = COM：2010：0543：FIN：EN：PDF.

② See http://ec.curopa.eu/dgs/secretariat_general/admin_burden/index_en.htm.

作为有效的源语文本。从法律的角度来看,立法文书的所有语言版本都具有相同的正式地位,并且对于解释目的而言也是同样有效的。因此,学者们在提及有效的法律文书时,对原文本(original)、译文本(translation)、源语文本(source text)、目的语文本(target text),有时甚至是对语言版本等术语的使用提出了质疑(Šarčević 1997: 64)。有人认为,在欧盟范围内没有任何源语文本和目的语文本,因为一旦通过,所有官方语言版本都具有相同的法律地位(参见本书克嘉和范丽奇的第六章和第八章)。此外,任何欧盟条款的含义都是由所有官方语言版本共同创建的,因此,欧盟法院进行集体解释,而没有优先考虑某个唯一语言版本,包括"原文本"[1](见本书德兰和克嘉的第四和第六章)。

这样做的一个重要后果就是所有的语言版本都成为法律。它们不仅仅是关于适用于其他地方的立法的信息,而且具有同等的效力,在所有成员国中具有法律约束力。由此,相同的基本质量标准适用于所有 24 种文本,尽管其中 23 个是由译员"起草"的。为了法律确定性的目的,这些标准包括可获得性(accessibility)和可预测性(predictability)(See Schilling 2010: 49; Šarčević 1997: 71; *Joint Practical Guide* 1.2)。可获得性的前提是文本可以有自己的语言版本,而可预测性则更进一步,意味着文本可以用自己的语言来理解,并且从法律适用过程中可以得出合法的预期,这在法律上是可靠的。可预测性的标准坚持在语言上不歧视的基本权利,应该适用于所有同样可信的欧盟立法文本,而不论其为何种语言。

此外,在多语言立法中,可预测性假定所有同样有效的语言版本都是相同的。或者更确切地说,它们应该表达了同样的法律意图,具有相同的意思,并产生相同的法律效力。同等有效的语言版本的同等意图、含义和效力的推定是多语言立法中固有的,并构成了最重要的质量标准的基本要素,即推定一个唯一文本的所有同样有效的文本将会被所有适用的国家司

---

[1] 例如,参见 1977 年 10 月 27 日在 *Regina v. Boucherau* 中的判决(30/77 [1977] ECR 1999),欧盟法院指出:"共同体文本的不同语言版本必须有统一的译释,因此,如果语言版本之间有分歧,则必须参照其构成部分的规则的总体方案和目的来解释相关条款。"

第九章
欧盟多语言法律制定的质量研究

法管辖区统一解释和应用(Šarčević 1997:67-72)。

透明度和合法性:缩小差距

为了理解欧盟多语制和多语言立法质量的政治目标,那我们就需要回到 20 多年前通过《马斯特里赫特条约》的时候。这种欧洲合作质上的飞跃意味着引入了一种单一货币、共同决策、欧盟公民资格等的政治联盟。增加超国家性和扩大新政策领域并非没有争议,这导致了对"民主赤字""缩小欧盟与公民之间的差距"的需求、"起草质量"和"立法质量"重要性的抱怨。

当时,立法的质量或多或少被认为是理所当然的。但是从那时起,遵守基本的立法质量要求成了一个问题。各个机构对成员国所提出的批评作出了反应(Strandvik,2012a:30-31),它们进行了一系列的反思,这些反思使大量的政策文件和起草准则以及高级别的声明应运而生。[①] 从那以后,这些担忧就没有被轻视过。公开性和透明度增强了人们对政府的信任,这有助于欧洲项目的合法性以及鼓励参与政治进程,从而强化了民主。欧盟所有机构的起草人应始终把这些关切和考虑作为核心的质量标准。

起草指南:理论与实践

对透明度和立法质量反思的结果之一是 2000 年由欧洲议会、理事会和欧盟委员会的法律部门联合发布的《共同实用手册》。[②] 以 1998 年的《起草质量机构间协定》的规范建议为基础,它主要涉及起草工作,但也具体提到了翻译和术语。第 1、4 和 5 条包含以下指令:

- 文本应该清晰、简单和准确(1);
- 尽可能地使用日常语言(1.4);
- 应避免长篇大论和过长的句子,以及不必要的复杂辞藻和过度使用缩写(4);

[①] See the chronological review of this reflection process on the website of the Legal Service of the European Commission at: http://ec.europa.cu/dgs/legal_service/legal_reviser_en.htm#2.

[②] Published in July 2013, the 2nd edition of the *Joint Practical Guide* is available at: eur-lex.europa.eu/content/pdf/techleg/joint-practical-guide-2013-en.pdf.

- 避免过度使用含有多个短语、从句或者插入成分的复杂句(5.2.2);
- 文本不应被视为消极意义上的"翻译"。充斥着借来的词汇、直译或行业术语的文本难以让人理解,将会被认为是"外国"的文本,这是招致批评的主要缘由(5.4)①。

乍一看,这似乎是有关简洁起草工作的直接指示。然而,仔细观察后发现,所有这些起草建议的实施都取决于对含糊不清的词语(overly, excessive, unnecessarily)的解释和宽泛的表达(as far as possible, to the extent possible),所有这些都可以为自由裁量权敞开大门。

语言在结构上是不尽相同的,普通起草和法律起草惯例在不同的语言中也有不同。而且,如上所述,不同的参与人和利益相关者可能有不同的需求和期望。因此,尽管所有人都认为句子不应该太长,句法不能太复杂,抽象程度也不可以太高,但这并不意味着来自不同语言的不同利益相关者会同意在某处划定一个界限(参见 Prats Nielsen 2010)。

关于句子长度,我们来看看《委员会关于防治植物害虫措施的规定的建议》(COM(2013)267)中的第71陈述部分的具体例子,内容如下:

> In order to ensure uniform conditions for the implementation of this Regulation with respect to establishing a list of Union quarantine pests, establishing a list of the priority pests, setting out measures against specific Union quarantine pests, adopting measures for a limited time as regards the phytosanitary risks posed by pests provisionally qualifying as Union quarantine pests, recognising the protected zones recognised in accordance with the first subparagraph of Article 2(1)(h) of Directive 2000/29/EC and establishing a list of the respective protected zone quarantine pests, amending or revoking protected zones, amending the list of those protected zones, listing of Union quality pests and the plants for planting concerned,

---

① 上面讨论了关于透明度反思的批评。还有 Strandvik(2012a:30-31)以及法律事务处关于立法质量的一系列研讨会的报告,网址为:http://ec.europa.eu/dgs/legal_service/seminars_en.htm。

第九章
欧盟多语言法律制定的质量研究

listing the plants, plant products and other objects whose introduction into and movement within the Union territory is to be prohibited, and the third countries concerned, listing the plants, plant products and other objects, and the requirements for their introduction into and movement within the Union territory, setting out equivalent requirements of third countries to the requirements for movement within the Union territory of plants, plant products or other objects, setting out specific conditions or measures concerning the introduction of particular plants, plant products and other objects into frontier zones of Member States, adoption of temporary measures as regards the introduction into and movement within the Union territory of plants for planting from third countries, listing of plants, plant products and other objects, whose introduction into, and movement within, particular protected zones is to be prohibited, listing requirements for the introduction into, and movement within, particular protected zones of plants, plant products and other objects, listing of the plants, plant products and other objects, and the respective third countries of origin or dispatch, for which a phytosanitary certificate is to be required for their introduction into the Union territory, listing of the plants, plant products and other objects, and the respective third countries of origin or dispatch, for which a phytosanitary certificate is to be required for their introduction into certain protected zones from those third countries, listing of the plants, plant products and other objects, for which a plant passport is to be required for their movement within the Union territory, listing of the plants, plant products and other objects, for which a plant passport is to be required for their introduction into certain protected zones, and setting out the format of the plant passport, *implementing powers should be conferred on the Commission.* [emphasis added]

像这样超过400个单词的句子显然是一个例外。尽管如此,这是最近的一段陈述文,文本通过了多道质量控制。几十人阅读并批准了这个文本,而且都充分意识到《共同实用手册》第 10 条中有关欧盟立法中陈述文的功能和作用。因此,可以推定该文本被阅读的方式就是它理应被阅读的方式。换句话说,句法没有被认为过于复杂,例如,因为它符合国家或欧盟层面所熟悉的起草惯例,或者因为在产生这一结果时优先考虑了其他重要的质量考量因素。

在这种情况下,起草人认为有必要明确阐述执行权应赋予委员会的所有情况。此外,他们觉得有必要在一份陈述书里做到这一点。像这样的立法起草技术的问题应该由立法起草专家酌情决定。尽管如此,为什么这份陈述书是用一个做到极致的左向分支(left-branching)句子结构来写,在主句之前有大量的从句,这一点不得而知,因为这个技法对可读性产生的强烈负面影响是众所周知的。这是一个纯粹的起草时的语言问题。

有意思的是,如果我们查阅不同的语言版本,会发现大多数翻译发现了这个问题,并且只是将主句"implementing powers should be conferred on the Commission"(执行权应该授予委员会)移到了陈述书的开头的位置。句子剩下的部分无论从哪个语言标准出发,都仍然是一个过长的句子,但因为主句打头,因此更具可读性。为了更清楚起见,一些带有例子的语言(例如德语和芬兰语)甚至在主句之后加了一个冒号。

这个例子引发了种种问题。所有接受人都可以得到该文本,但他们可以用所有语言来阅读和理解该文本吗?各种语言版本是否都符合质量要求呢?

曹(Cao 2007:119)认为,在英美法系国家,226 个单词的句子并不罕见,根据瑞典立法起草标准,200 个单词的句子就侵犯了公民了解立法的基本权利,因此是不能接受的。为什么不应该考虑这个因素?毕竟,瑞典法律制度与其他各成员国的国内法律制度处于平等地位。当忽略这些考虑因素,(缺乏理想的)读者的反应会有什么样的实际后果呢?法律传统与读者不友好的起草惯例是否应该被作为一个模式?或者是否应该以"缩小差距"的上述政治目标和《共同实用手册》的基本建议,即源语文本应该适合

第九章
欧盟多语言法律制定的质量研究

"不仅复杂而且多文化和多语言的系统"为依据,更多地以接受者为导向来起草公约?

经过 40 年一贯的简明通俗的语言政策的磨炼,瑞典的法律界已经学会了通过清晰的文字来表达法律的复杂性,同时又不损害法律的精确性,这由此证实了金布尔(Kimble 1994-1995:53)的断言:"大部分情况下,明晰和精确是互补的目标"。正如金布尔所言:

> 起草人通常无须在两者之间作出选择,实际冲突的情况比律师经常假想的要少得多,而且起草人通常都能通过双管齐下而两者兼顾。

这种一贯的简明通俗语言政策的最新表达是最近在司法系统中通俗易懂的语言策略和行动计划(Sveriges Domstolar 2010;Strandvik 2012b:145),在《政府关于公民信任司法机构报告》(*Förtroendeutredningen* SOU 2008:106)之后,由所有瑞典法院一致通过(Remissammanställning:Dnr 2009:66)。①

关于欧盟立法,《共同实用手册》第 5 条呼吁起草人"草拟法案……符合欧共体立法多语言性质的术语和句子"。起草人要永远有这样的意识,"案文必须符合理事会第 1 号条例的要求,该条例要求在法案中使用所有官方语言"。此外,"除了适用于起草国家立法文本的要求之外,它还有其他要求"(5.1)。② 尽管草拟复杂的句子有时比较容易,而不是努力用简洁明了的措辞来表达意思,但《共同实用手册》明确指出,这种努力从根本上是要达成一个易于理解和翻译的文本(4.6)。

在使翻译符合不同目标语言和文化的立法基本质量要求方面,如果翻译人员不具权威性的话,则应对源语文本进行修改以便翻译。这符合语言平等的基本原则。但是,谁有权力作出这样的决定以及在工作流程的哪个阶段作出这样的决定呢?而且,鉴于上述国家起草惯例的不同之处,哪一种语言有使用自己的起草惯例的特权?这又如何与语言平等的原则相协

---

① 参见对起草报告的委员会主席和秘书的采访,法官休曼(Heuman 2013)和博林(Bohlin 2011)。

② 要更深入地分析这些"附加要求",请参见 Strandvik 2014。

调呢？

起草和翻译都是不断进行选择的过程。如上所述，在欧盟多语言立法的背景下，这涉及了解在"尽善尽美"的哪一步来划定界限。为了回答这些问题，研究一些对选择产生影响的规范、理念和价值观是有帮助的。

规范、理念和价值观

图里（Toury）认为，"翻译受历史、社会和文化的限制，也就是说，翻译受规范统辖，就像任何人的行为一样"（1998：13-14）。从他的观点来看，规范涉及"将团体共同的一般价值观或理念——有关对或错、适当的或者不适当的——转化为适合或适用于特定情况的行为指令"（Toury 1995：55）。图里指出，在任何一个社会群体中，人们都会就某些行为的可接受性或不可接受性达成一致。协议总是要经过协商，并导致确定集团成员行为公约的建立，其中有许多成为了行为惯例。这个过程会引起可预测事件的发生，在创造秩序和稳定性时排除了特定的选择（Davis 1994：97 quoted in Toury 1998：14-15）。

在科斯基宁（Koskinen）的研究中，她就理念和价值观如何影响适用于欧盟翻译的规范提出了两个重要结论。一方面，她认为不同类型的冲突规范似乎明显地阻碍了提高可读性的预期结果。另一方面，她承认"推定惯例和务实的解决方案可能意外地促成了一个没有人期望见到的结果"，导致了"翻译交流不理想"（2008：148-9）。

如果我们看一下《机构间瑞典语风格指南》（Interinstitutional Swedish Style Guide）中翻译欧盟法案时出现的这种冲突规范的例子，我们会发现，总体目标是"生成风格上尽量不偏离现代瑞典立法文本的文本"［加有着重号］。在这个意义上，鼓励翻译者"着眼于地道的瑞典语，而不要那些在源语文本中可能出现的重复或复杂的结构"（*Att översätta EUrättsakter—anvisningar* 2007：6）。关于性别中立的起草部分（2007：101）接着指出，"翻译的基本原则是遵循原文的表述"。因此，"如果作者选择不以性别中

第九章
欧盟多语言法律制定的质量研究

立的方式起草,这通常应该会反映在瑞典语翻译中"[加有着重号]。深知目标文化的规范标准,作者最后指出,"英语和法语的源语文本越来越频繁地以性别中立的风格起草"。在这些建议中,词语在常态下并且几乎很少与上面《共同实用手册》中所引用的"尽可能多地"那样起作用。此外,第一项建议中的一般规则在关于性别中立的风格方面事实上与具体指导相抵触。同样,尽管避免了"源语文本中可能出现的冗长和复杂的结构"的一般性建议,译者仍受所谓的句子规则的约束,这些规则与源语文本中的句子一样,为了实现统一参考。

《共同实用手册》中可以找到类似(潜在)冲突的规范。例如,就术语而言,第 6 条建议起草人尽可能以相同的术语来表达相同的概念,只要不偏离它们在普通语言、法律语言或者技术用语里的意思。与此同时,第 5 条提醒起草者,不要"使用对作者自己的语言或法律体系来说太过具体的表达方式和短语,尤其但不仅是法律术语,因为这会增加翻译问题的风险"。关于著名的 *CILFIT* 案裁决,①后者的警告通常不仅适用于源语文本中的术语与表达式,也适用于目的语文本中的术语和表达式。而且,法律术语与标准 LSP 术语的区别还很模糊,因为从形式上来讲,法令中的所有术语都是法律术语(Strandvik 2012a:38)。请注意,上述条款还使用了允许自由裁量权的术语:"as far as possible"(尽可能地)、"in particular but not exclusively"(尤其但不仅仅是)、"too specific"(过于具体)。

翻译和译者的角色和地位

把我们的注意力转向翻译的理念,问题就来了:翻译是不是一个具有高度挑战性的、知识负荷高的任务?除了翻译技巧之外,是否还需要语言和对所涉事务的知识?抑或仅仅是一种语言转码的机械过程,即用一种语言

---

① 在 *Srl CILFIT and Lanificio di Gaxarda SpA v. Ministry of Health*(案例 283 ECR 1982,3415,第 19 段)中,欧盟法院确认了欧盟概念的自主性:"必须牢记,即使在不同的语言版本完全一致的情况下,共同体法律也要使用它所特有的术语。此外,必须强调的是,法律概念在共同体法律和各成员国的法律中并不一定具有相同的含义。"请参阅本书克嘉和恩格伯格的第六章和第十章中关于欧盟概念的自主性的讨论。

中的单词和句子代替另一种语言中的相应单词和句子呢？（参见本书第七章讨论的内容）。在这个问题上所采取的立场，不仅会影响翻译的地位，而且会影响到文本生成的机构组织，特别是最后文本所呈现出的样子。

在对欧盟立法过程的描述中，通常很少或根本没有关注到翻译（Koskinen 2008：151；Strandvik 2012a：31）。这有时给人的印象是，文本生成过程中唯一的智力投入是由草案提案的作者以及负责确保所有语言版本一致性的理事会和欧洲议会的律师兼语言学家所提供的。翻译大多被认为是理所当然的。当立法草案提交理事会和欧洲议会时，各种语言版本恰好就出现了（see Cao 2007：151；Guggeis and Robinson 2012：62）。这种默默无闻并不是欧盟特有的，其他领域的学者也确认了这一现象（Abdallah 2012：41-2）。

在翻译研究领域，至少从20世纪70年代或80年代开始，它就不仅仅是从一种语言到另一种语言的语言转换（See Chesterman 1989；Baker 1992；Munday 2008；Pym 2010）。LSP译者在文本制作过程中作为一个非常有能力和现场参与者的角色，在学术界和专业界都不再受到争议。事实上，这一技术水平反映在职业标准 EN 15038：2006 和 ISO 17100 中，它们强调功能主义学派，侧重于交际目的、文本风格传统、诉讼知识和详情陈述或案情摘要翻译。因此，翻译的基本单位是文本；意义被翻译了，而不是文字被翻译了，交流目的才是修改或评估翻译的标准。

多语言立法中的法律翻译是一种 LSP 翻译吗？

那些坚持法律翻译不是一种 LSP 翻译的人，常常认为法律翻译是独一无二的，因为在不同的法律体系中缺乏一对一的对等表达，而且法律语言虽然使用普通语言的单词，但却赋予了它们专门的意思。然而，术语非一对一的对等，这在任何社会科学或人文科学中都是普遍的，这点和自然科学不同。而且，大部分语言中的特殊用途用语都使用普通语言中的单词作为具有专门含义的术语。另一个普遍的看法是，只有律师才能翻译法律文本。然而，学科领域知识的重要性适用于 LSP 翻译的所有领域。一位译者

第九章
欧盟多语言法律制定的质量研究

掌握的专业知识越多,他或她就越容易理解原文和措辞背后的意图,读取字里行间的言外之意,在词语和意义之间穿梭,以达到目的语文本语言的合适程度,而不被源语文本的措辞所困。①

法律翻译可以被看作一种 LSP 翻译。但不能忘记,法律文本的种类很多,即使是立法文本也是为了不同的目的而翻译的。例如,像其他类型的 LSP 文本一样,比较法中的立法翻译通常是严格为告知的目的而进行的。相反,在多语言立法中,文本的法律地位使翻译具有了独特性。如上所强调的,欧盟法律的所有语言版本都是具有法律约束力的文本。因此,它们不仅仅告知法律,它们即法律(参见 Šarčević 1997:6-7)。

忠实度

正如在上文中《共同实用手册》里看到的那样,欧洲议会、欧盟委员会和理事会的法律事务处一致认为,作为欧盟立法的法律和政治属性的要求,一部法规的所有语言版本应该尽可能少地偏离目的语文化的起草惯例(5.4)。关于忠实度问题,上述建议与传统观点形成了鲜明的对比,即在法律翻译中,"对原文本的忠实必须是首要考虑的问题"(Šarčević 2012:85 引自联合国翻译指令 1984:3)。

对于欧盟多语言立法的翻译人员来说,他们当然应该要保持忠实度。问题是对什么和对谁保持。是对那些经常不用母语来起草,而且在极端的时间压力下工作,那些可能不了解机构的起草指导方针,或者不会试图正确地实践它们的作者们吗?是对在这样的条件下起草的文本吗?还是为了确保其指导原则得到实现,其交际目的得以遵守,由此达到其交际意图的机构吗?或者也许是对文本的最终用户来说,通过关注对目的语起草惯例的实践,以此生成可理解和可预测的文本的终端用户吗?

如果质量意味着满足所有利益相关者的需求和期望,那么答案就应该

---

① 这种看法已经在最近的翻译总司的新闻采访(11-2013)、《欧洲共同销售法》调查(见下文)以及正在进行的关于卓越翻译的内部项目的采访中得到证实。同时参见 EN 15038 和 ISO 17100 有关翻译和译者能力的方面。

是这些考量的集合;一个根据具体情况、语言、起草惯例和文本类型的不同而会有所不同的集合。对源语言文本的忠实可能仍然是首要考虑因素,但不应该是唯一的考虑因素。在多语言立法过程中,如果坚持严格的直译法能使翻译人员无法遵守目的语中适用于立法的基本质量要求的话,那就需要进一步考虑并采取具体行动(《共同实用手册》第 5.5.2 条)。

译释

另一种对法律翻译领域的理念是翻译者应该理解源语文本,但在法律意义上不能通过解释来超越他们的权限(Šarčević 1997:87)。但是,有可能在翻译者的理解和译释与法律专业人士的理解和解释行为中间清楚地划出一条界限吗?

在比较法领域,德·格鲁特(De Groot)和梵·拉埃尔(Van Laer)认为,"法律术语译者有义务执行比较法"(De Groot and Van Laer 2008:2)。胡萨(Husa 2012:162)认为,只有译者"理解"源语言以及目的语的法律语言和法律文化才有可能进行法律翻译。他进一步指出,所涉及的理解有不同的层次,深层次的法律文化知识对于解决与术语或更深层的法律意义相关的问题来说至关重要(2012:163)。对伽达默尔(Gadamer)而言,胡萨认为理解和译释是不可分割的:"文本所说的和文本的意思不是总能分开的,这表明译者和律师的角色并不总能分开"(2012:173)。为了生成一个在实践中产生同样效果的文本,翻译者必须要"不仅能够理解这些词的意思和一个句子的意思,还能够理解它应具有的法律效果,以及如何在另一种语言中达到这个法律的效果"(Schroth 1986:55-6,cited in Šarčević 1997:72)。胡萨(2012:179)的说法如下:

> 一个法学家不会这样从语言功能的角度来分析一个文本的最终产品,不是关注文本是怎么说的,而是关心"它在法律上作何言说"。

古盖斯(Guggeis)和罗宾逊(Robinson)也认为,由于缺乏专业知识和没有研究资源能提供给翻译人员,律师兼语言学家很少质疑技术术语的选择

第九章
欧盟多语言法律制定的质量研究

(2012:71)。他们进一步指出,律师兼语言学家对法律术语的"检查"不需要进行广泛的法律研究或比较法研究,而是要确保术语在整个相关案文和欧盟法律其他部分中的适用性和一致性(2012:72)。撇开翻译者的地位和知名度问题,以及在理解和译释之间还有在法律术语和"常规"LSP 术语之间划界的问题,显而易见,是翻译人员做了大量的术语工作,并以 24 种官方语言中的 23 种语言进行多语言法律起草。

在对理论框架进行了这些反思之后,我们转而进行一个简单的研究,展示委员会是如何立场鲜明地,要保证高质量地完成一项翻译任务。

案例研究:《欧洲共同销售法》的翻译

欧盟一级缺乏统一的合同法被人们广泛认为会对单一市场造成一个具体或潜在的障碍(参见 Baaij 2012:2-7)。这对法律学者来说并不是什么新鲜事,他们为了协调国内私法领域的法律,特别是合同法,数十年来开展了由欧盟资助的众多研究项目。最新的情况是,委员会自己决定在最终完成《欧盟民法典草案》(是政策性的《欧洲共同销售法》的前身)①之后提起诉讼。2010 年,欧盟委员会在一份有关消费者和企业的《欧洲合同法》进程政策选择的绿皮书(COM(2010)348)中列举了关于未来文书的法律性质和适用的不同选择,即从努力协调各国法律到为立法者使用的"工具箱",这个工具箱可以在未来协商提案或者作为一个能与现有国家合同法共存的"可选文件"而被使用。绿皮书引发了数以百计的反应之后,委员会最终决定创建一个可选文件,以一套统一的合同法规则的形式出现,所有欧盟语言的企业和消费者都可以使用并将争取在欧盟内部获得自主解释。委员会于 2011 年 10 月 11 日通过了《欧洲共同销售法法规》(Regulation on a

---

① *Principles, Definitions and Model Rules of European Private Law, Draft Common Frame of Reference* (DCFR) (2009). For details, see Chapter 5 by Pozzo in this volume.

Common European Sales Law)的提案。①

由于意识到了这个任务的一些有趣的方面,以及翻译的质量将在可选文书成功与否中发挥关键作用这一事实,我决定进行一个案例研究,以观察欧盟委员会是怎样处理一个立场鲜明的翻译项目,在这场多语言立法的过程中所有参与者的需求和预期都是为了尽可能地达到最高的质量。

《欧洲共同销售法》项目如何实施

在意识到项目的复杂性和高度的政策优先性后,大家在起草和翻译阶段都作了充分的准备。委员会成立了一个欧洲合同法专家组,由来自15个成员国的17名成员组成,负责起草该可选文书,并从《欧盟民法典草案》中提取了基本合同规则。这个案文由一个起草委员会(由三位专家组成,其中两位是以英语为母语的,另一位是司法总局的委员会官员、翻译总司的执笔)进行了进一步的编辑。此后,它被送到法律事务处,由两名法律修订者在翻译前检查和修改案文的语言。起草过程中对英文草案产生的意见和讨论会得到修改。最终提案草案要在很大程度上与《欧盟民法典草案》相应章节中的案文相一致,而《欧盟民法典草案》当时有英语版。

与此同时,委员会通过招标启动了一个平行翻译项目,由一家德国大学中标,负责将《欧盟民法典草案》的一些章节翻译成五种"大"语种(法语、德语、意大利语、波兰语和西班牙语)。这个平行项目的协调员也是欧洲合同法专家组的成员。这个项目的任务之一是制作一个多语言词汇表,供《欧洲共同销售法》的翻译总司的翻译人员使用。此外,《欧盟民法典草案》的译员将按照与翻译总司的译员相同的顺序进行,以提供尽可能多的协同效应。

为了确保《欧洲共同销售法》的翻译质量,同样进行了相当的准备。在主笔总司和翻译总司之间建立了联系,由总司任命一位项目经理(主管翻译)与司法总司讨论如何确保文件的成功处理。司法总司为翻译员和审校

---

① COM(2011) 635 final, Proposal for a Regulation of the European Parliament and of the Council on a Common European Sales Law.

第九章
欧盟多语言法律制定的质量研究

们召开了说明会,以澄清项目的背景、目的、挑战性和程序。在前三章的工作中,译者们收到了大量的参考资料,内容包括:

1. 法律专家给出的注释说明、实例和上下文信息;
2. 将新《欧洲共同销售法》提案的措辞与《欧盟民法典草案》以及其他现有参考文书的相应措辞并列在一起的对比表;①并且
3. 新《欧洲共同销售法》法规以不同的颜色标出,显示文本不同部分的来源,即措辞是否是新的或是否是从《欧盟民法典草案》《消费者权利指令》或其他参考文件中提取出的。

除了作者们提供的翻译简介外,参与该项目的所有翻译人员还通过名为"Note/Elise"的电子路由协议参与了所有重要项目的知识共享网络。这个与工作流相关的数据库能使所有在特定文档上工作的笔译和审校人员能够交换问题和相关信息,例如作者的更正信息或错误和不一致的地方。当信息发布时,通知将被发送给正在处理该文件的所有其他翻译人员。除其他价值外,这种分享知识有助于确保对案文的共同理解,从而促进多语言的一致性。随后,有关资料便透过这个工具传送给欧洲议会和委员会的同事们,以供其参考。

调查

在这个背景下,我进行了一个小规模的调查,以确定参与这个复杂法律项目的译员是否意识到它的重要性,即项目的鲜明立场是否得到了特别对待,是否有任何经验教训可以吸取。该调查旨在激励翻译人员反思他们的工作方法,并发现多语言立法的一些挑战,以期提高翻译在欧盟多语言立法中的重要作用。

参与该项目的译员和审校人员会被问及翻译或修改这个文件是否"如

---

① Principles of European Contract Law (PECL), the UNIDROIT Principles of International Commercial Contracts (PCC), the UN Convention on Contracts for the International Sale of Goods (CISG) and the Consumer Rights Directive 2011/83/EU.

往常一样",以及在处理文件时是否有任何具体问题。来自11种语言的翻译人员以书面形式作出了回应。后来我采访了其中的8位,讨论他们的答复和这种翻译所需的能力需求。受访者还提供了遇到的术语问题的例子。研究结果在后续研讨会上进行了讨论。

译者简介

在11名被调查者中,除两名外,均为律师;两位非律师在翻译欧盟立法方面分别有17年和27年的经验。如果我们将此类推到被调查者以外人员的话,可以假设,在大多数语种部门,律师或非常有经验的翻译都被分配到这个复杂的法律翻译当中来了。另外,这也可能表明,那些作出回应的律师和最有经验的翻译人员更了解这项任务的具体情况。

其中一名律师有幸与上述欧洲合同法专家组代表处的来自其祖国的代表进行密切的合作。另一位是委员会法律事务处的前法律顾问。其他人则与后来修改案文的法律事务处各自的同事密切合作。在几个语种部门中,两名律师分担了这项任务,比如一名比利时和一名荷兰的律师编制了荷兰语的版本,从而确保翻译对两国的终端用户都是可以满足的。

至于"你是否需要成为一名律师才能翻译如此复杂的法律文本"这一问题,有人回答"是",有人则回答"不"。一位律师评论说,他虽然是一名律师,但这并不意味着他就是合同法方面的专家。由于主笔总司的预先计划和早期的简报,其中一位非律师答复者为此任务提前几个月做了准备工作,利用自己的时间在开放大学报名参加了一个合同法的课程。所有受访者都认为翻译人员一定要对所涉事务具有相关知识,越多越好。这适用于所有LSP翻译,而不仅仅是法律翻译。

一如既往?

关于《欧洲共同销售法》的翻译任务是否像往常一样的问题,答复为"是"也"不是",而非"不是"也"是"。如果我们区分程序和内容,那么可以用以下方式来总结答案。

关于程序,大家一致认为项目的准备工作明显不像往常一样。对原版彻底的编辑、培训课程和丰富的参考资料都是最佳实践的例子。然而,在一个方面,程序后来又像往常一样地进行了,即需要在不断增加的时间压力下进行翻译,新版本在截止日期逼近时纷至沓来。要让源语文本的章节与《欧盟民法典草案》相应章节的译文保持同步的原定计划被推迟,因此一些最初规划的协同效应没有实现。这个并行项目的整体协同效果也在事后受到了一些语言部门的质疑。

至于内容部分,大部分受访者最初都回答说这显然不是一如既往。与"正常"立法提案相比,这个项目有一个更大的"法律"部分,合同法是任何法律制度的核心组成部分。因此,需要付出相当大的努力才能使翻译自然地融入国家语境之中。然而,与此同时,有人认为,对合同法的原则是熟悉的,这种匹配的做法是他们每天实际在做的,即试图在欧盟法律和国内法律之间取得平衡,认识到欧盟法律本身就是一个独立的法律秩序,有一套独立的规则,可以由国内法院解释和适用,但却要按照它自己的条款而不是根据各个国家的立法。

术语

调查证实,受访者遵照完备的术语国际标准来进行工作,在翻译之前进行了概念分析,而不是用直译的方法去机械地翻译法律术语(参见 Strandvik 2012a: 36-7)。译员们似乎已经尽了最大的努力来依靠现有的国内法的术语,使用参考资料和咨询法律专家来确定何时以及在何种程度上这些术语是适当的。然而,这不一定适用于相同的术语,并且甚至当它确实适用的情况下,不同的译者也提出了不同的解决方案,例如关于诚实信用和公平交易(good faith and fair dealing)这个术语。

调查结论

尽管调查范围较小,但可以得出一些结论。首先,它提出了法律翻译员理想能力水平这一反复被提出的问题。他/她应该是律师还是语言学家?应该是什么样的律师和/或什么样的语言学家?专门从事刑法的律师是否比一个在法律翻译方面经验丰富的非律师更有能力去翻译合同法呢?语言学家是一个研究过语言学、研究过自己母语的人,还是学过外语或者经过翻译培训的人呢？对此所需的种种能力绝对不一样。另一个问题是，理想的法律翻译员是否存在，或者是否关注团队合作会更有效些呢？后者将需要确保每个翻译人员都有足够的主题知识和经验来发现问题，而且是否需要团队中的某个人或在过程中的某一个环节完全具有解决这些问题的所有必需的能力呢？这与胡萨的论点是一致的："今天我们应该思考我们应该建立什么样的互动团队，而不是坚持过时的'一个萝卜一个坑'，后者会导致徒劳无益的二分法"（2012：180）。

关于律师兼语言学家的工作，古盖斯和罗宾逊（2012：70）指出，只有以建设性的精神密切合作，他们才能够在紧迫的期限内完成工作，并履行确保最终文本达到最高的标准的职责。这项调查表明，这同样适用于笔译员。

其次，有没有一个理想的工作方法？所有语言的工作方法都应该是一样的吗？即使有关术语的策略相同，是否可以在所有语言中以相同的方式在整个文本中来应用它？受访者的回答指向不同的方向。回答表明，即使策略是相同的，多语言立法的译者所做的选择还是依赖于所涉及的文本及其与各种语言、文化和国家法律制度的关系。根据欧盟法律与各国法律制度的关系，不同语言的译者会遇到不同的问题。而且，同一种语言的翻译人员是否能以相同的方式来工作，这甚至都是个疑问。根据每个译员的能力，他们出于不同的原因需要咨询不同的专家，以确保各种问题得到妥善解决。

出于同样的原因，无论参考资料是否有用，由于个人偏好和能力水平以及法律制度之间的差异，对所有语言和所有翻译人员的用处并不都是一样的。无论拥有哪些工具、参考资料或能力水平，为达到令人满意的最终结果所需的智力匹配练习仍必须得到执行。欧盟多语言立法中翻译问题的解决方案取决于文本中遇到的具体问题，因此意味着要使用从"逐字翻译"到"复杂的比较法分析"的一系列方法，但始终要坚定地致力于使文本适用于国家语境。这需要对法律的语用和超语言方面有一个清晰的认识，才能让译者超越源语文本的表层结构，掌握文本在法律意义上的运作方式（参见

第九章
欧盟多语言法律制定的质量研究

本书巴依吉的第七章的假设翻译策略)。

这使我们回到了可预测性的质量标准。《共同实用手册》赞同法律是沟通的概念,它建议:"由于法规具有直接适用性,并且具有约束力,所以其规定的撰写方式应使得受众不必怀疑由此产生的权利和义务"(2.2.1),并且"每一类[受众]都有权期望立法将使用他们能理解的语言"(3.1)。

所有这些是如何与创建一种新的中性法律语言的想法不谋而合的?(关于这个主题,请参阅丹内曼(Dannemann 2014)和莎尔切维奇(Šarčević 2014);以及本书波佐的第五章)。在主笔服务机构的简报中清楚地解释了要达到的平衡的复杂性。一方面要避免各个国家法律秩序和术语的干涉;但与此同时,有人强调指出,案文必须能够被受众理解。由于《欧洲共同销售法》是一个可选文书,很显然,潜在的用户(企业和消费者)必须能够理解文本;否则,他们不会相信它,也不会选择它,从而导致它最终的失败。这促使译员考虑到各自语言版本受众的语言、文化和法律预期。

再次,调查显示,DGT方面符合EN 15038:2006专业标准和ISO 17100。这项任务被分配给专业的法律翻译专家,而且项目管理人员采用了完全一体化的团队合作方式,包括与主笔和内部与外部的法律专家,还有翻译人员之间的通过翻译简介、参考资料、培训课程和咨询的知识共享。这种一体化的工作方法显然是最佳实践,符合莎尔切维奇提出的成功翻译立法的条件(1997:109;2012:102-3)。

最后,根据工作安排和时间分配,考虑到《欧洲共同销售法》的宗旨和所涉内容的复杂性,问题就出现了:与起草人生成一个高质量的源语文本所花费的精力相比,翻译人员在翻译出一个高质量的译本上是否花费的精力要少一些?专家小组多年来一直从事源语文本的工作,而在资源分配方面,尽管公认有更多的参考资料,翻译阶段或多或少还是像往常一样。因此,尽管有所涉译员的承诺、能力和专业性,但如果所产生的语言版本本应该需要进一步的改进的话,这也不足为奇。

如果是这样的话,那么《欧洲共同销售法》的翻译为进一步的研究提供了有意思的材料。如果对不同语言版本的质量有不同的看法,这可能是因为客观上的瑕疵、翻译人员的不同(或可能不合适的)水平、翻译简介不足或不同参与者之间的知识共享的缺乏、对翻译策略的不同概念研究,或仅仅是时间压力,甚至可能是因为反对此类的立法倡议。

总 体 结 论

毫无疑问,目前欧盟多语言立法机制行之有效。问题是它是否应当如此,以及能够如此。不同的参与者对此可能会有不同的看法,一部分原因是他们有不同的需求和期望,另一部分原因是他们的法律和起草传统不一样,有不同的规范和惯例。鉴于翻译在欧盟多语言立法中起着关键的作用,有理由提出一个问题:翻译和多语制在工作流程中是否受到了足够的重视,或者是否被视为理所当然?

作为 LSP 翻译的法律翻译:适用标准

我们已经看到,多语言立法的法律翻译需要不断地决策。如何解释所有"尽可能多"? 如何在源语文本、作者、机构与文本的终端用户之间保持正确的平衡? 应用专业标准 EN 15038:2006 和 ISO 17100 的原则有可能提供一剂良药。强调欧盟多语言立法与其他类型的 LSP 翻译的相同点大于不同点,那么显而易见,这些专业标准可以也应该适用于所有的欧盟翻译,包括多语言立法翻译。这点尤其适用于学科领域专业化、系统修订、翻译简介的系统化使用以及不同参与者之间的知识分享。这种做法(modus operandi)可以使参与者更有效地协同工作。在这方面,《欧洲共同销售法》项目在一定程度上可以成为最佳的实践典范。

目的导向的方法不仅是专业翻译的问题,而且从法律的角度来看也是至关重要的,特别是对于多语言立法的正确运作来说。当然,源语文本的措辞很重要。但是,正如我们所看到的,多语言立法更重要的是,所有的语言版本都表达了原有意图的含义并达到了预期的法律效果。仅仅依靠语言表达的形式对应来确保所有语言版本将产生相同的法律效果,从而促进统一的译释以及在实践中适用唯一文本是远远不够的。

增强意识：理顺规范、理念和惯例

机构多语制和多语言立法一直是件复杂的活动,其复杂程度与语言的数量成正比。没有简单的解决方案。所需要的是,意识到这种复杂性,再加上一个适用于这个问题的不同解决方案的工具箱。正如《欧洲共同销售法》案例研究所显示的,这并不一定意味着所有语言的解决方案都是千篇一律的。我们对翻译的看法在这方面起着作用,因为它可能会影响不同参与者的地位和工作安排,也就是说,我们是否会以及在多大程度上去选择灵活的、以网络为核心的专业环境,将翻译人员与同一层次的参与者集成到工作流当中去,还是我们更喜欢工业化的一刀切解决方案,让译者们待在单独的隔间中?

如果科斯基宁的分析是正确的,即工作惯例和冲突规范阻碍了欧盟机构政治目标的实现,那么要试图区分以下两个方面就是明智可取的了:一是多语言立法所固有的挑战;二是规范、理念和独立完成的工作程序。在立法起草、术语和翻译方面提高认识和提供正式培训可以促进人们更好地理解这些问题。我们可能无法消除法律翻译中固有的挑战;但是,通过提高对它们的认识,我们可以尝试以不同的方式处理它们,理顺和审视我们的规范、理念和价值观,并更新我们的工作程序。

参 考 文 献

Abdallah, K. 2012. *Translators in Production Networks*. Joensuu: Publications of the University of Eastern Finland.

Alt översätta EUrättsakter—anvisningar (Interinstitutional Swedish Style Guide for the Translation of EU Legal Acts). 2007. Available at: http://ec.europa.eu/translation/swedish/guidelines/documents/swedish_style_guide_dgt_sv.pdf.

Baaij, C. J. W. 2012. The significance of legal translation for legal harmonization, in *The Role of Legal Translation in Legal Harmonization*, edited by C. J. W. Baaij. Alphen aan den Rijn: Kluwer Law International, 1-24.

Baker, M. 1992. *In Other Words*. London: Routledge.

Bohlin, F. 2011. Interview in *Språklagen i praktiken* (The Language Act in Practice). Stockholm: Språkrådet (Swedish Language Council), 45-8.

Cao, D. 2007. *Translating Law*. Clevedon: Multilingual Matters.

Chesterman, A. (ed.) 1989. *Readings in Translation Theory*. Helsinki: Oy Finn Lectura Ab.

Dannemann, G. 2014. System neutrality in legal translation, in *Translating the DCFR and Drafting the CESL: A Pragmatic Perspective*, edited by B. Pasa and L. Morra. Munich: Sellier European Law Publishers, 117-22.

Davis, J. 1994. Social creativity, in *When History Accelerates: Essays on Rapid Social Change, Complexity and Creativity*. London and Atlantic Highland, NJ: The Athlone Press, 95-110.

De Groot, G.-R. and Van Laer, C. J. P. 2008. The quality of legal dictionaries: an assessment. Maastricht University. Available at: http://ssm.com/abstract = 1287603.

Draft Common Frame of Reference (DCFR) *Principles, Definitions and Model Rules of European Private Law*, full edition. 2009. Munich: Sellier European Law Publishers.

Drugan, J. 2013. *Quality in Professional Translation—Assessment and Improvement*. London: Bloomsbury.

EN 15038: 2006. European Standard on Translation Services—Service Requirements. Available at: http://www.cen.eu/cen/Members/Pages/default.aspx.

Förtroendeutredningen. Ökat förtroende för domstolarna. 2008. Stockholm. SOU 2008: 106.

Guggeis, M. and Robinson, W. 2012. 'Co-revision': legal-linguistic revision in the European Union 'co-decision' process, in *The Role of Legal Translation in Legal Harmonization*, edited by C. J. W. Baaij. Alphen aan den Rijn: Kluwer Law International, 51-81.

Heuman, S. 2013. *Sättet att skriva domar måste hänga med sin tid*, interview in Advokaten 1/2013. Available at: http://www.advokatsamfundet.se/Advokaten/Tidningsnummer/2013/Nr-1-2013-Argang-79/Sattet-att-skriva-domar-maste-hangmed – sin – tid/.

Husa, J. 2012. Understanding legal languages: linguistic concerns of the comparative lawyer, in *The Role of Legal Translation in Legal Harmonization*, edited by C. J. W. Baaij. Alphen aan den Rijn: Kluwer Law International, 161-81.

Interinstitutional Agreement of 22 December 1998 on common guidelines for the quality of drafting of Community legislation. OJ C 73, 17 March 1999, 1.

ISO 9000: 2000 Quality management systems—Fundamentals and vocabulary. Available at: www.iso.org.

ISO 17100 Translation services—Requirements for translation services (Draft).

Joint Practical Guide of the European Parliament, the Council and the Commission for persons involved in the drafting of European Union legislation. 2013. Available at: eur-lex.europa.eu/content/pdf//techleg/joint-practical-guide-2013-en.pdf.

Kimble, J. 1994-1995. Answering the critics of plain language, in *The Scribes Journal of Legal Writing*, Lansing, 51-85. Available at: http://plainlanguagenetwork.org/kimble/Answering2.pdf.

Koskinen, K. 2008. *Translating Institutions: An Ethnographic Study of EU Translation*. Manchester: St. Jerome Publishing.

Munday, J. 2008. *Introducing Translation Studies*. London: Routledge.

Prats Nielsen, A. 2010. EU-kommissionen översätter grönböcker: En studie i begriplighet—möjligheter och begränsningar, Examensarbete Språkkonsultprogrammet, Stockholms universitet.

Pym, A. 2010. *Exploring Translation Theories*. London: Routledge.

Remissammanstallning: Förtroendeutredningens betånkande (SOU 2008: 106) Ökat förtroende för domstolarna—strategier och förslag, Ds 2009: 66.

Schilling, T. 2010. Beyond multilingualism: on different approaches to the handling of diverging language versions of a Community law. *European Law Journal*, 16(1), 47-66.

Strandvik, I. 2012a. Legal harmonization through legal translation: texts that say the same thing? in *The Role of Legal Translation in Legal Harmonization*, edited by C. J. W. Baaij. Alphen aan den Rijn: Kluwer Law International, 25-49.

Strandvik, 1. 2012b. La modernizatión del lenguaje jurídico en Suecia: ¿enseñanzas aplicables a otras tradiciones? in *Hacia la modernizatión del discurso jurídico*, edited by E. Montolio. Barcelona: Publications de la Universitat de Barcelona, 131-49.

Strandvik, I. 2014. Is there scope for a more professional approach to EU multilingual lawmaking? *Theory and Practice of Legislation, Legislative Drafting and Linguistics*, 2(2), 211-27.

Sveriges Domstolar (Swedish Courts). 2010. *Strategi för utformning av domar och beslut* (Strategy for the Drafting of Court Rulings and Decisions) and *Handlingsplan för genomförande av strategin* (Action Plan for the Implementation of the Strategy). Dnr 783-2010.

Šarčević, S. 1997. *New Approach to Legal Translation*. The Hague: Kluwer Law International.

Šarčević, S. 2012. Coping with the challenges of legal translation in harmonization, in *The Role of Legal Translation in Legal Harmonization*, edited by C. J. W. Baaij. Alphen aan den Rijn: Kluwer Law International, 83-107.

Šarčević, S. 2014. Legal translation and legal certainty/uncertainty: from the DCFR to the CESL proposal, in *Translating the DCFR and Drafting the CESL: A Pragmatic Perspective*, edited by B. Pasa and L. Morra. Munich: Sellier European Law Publishers, 45-68.

Toury, G. 1995. *Descriptive Translation Studies and Beyond*. Amsterdam and Philadelphia: John Benjamins.

Toury, G. 1998. A handful of paragraphs on 'translation' and 'norms', in *Translation and Norms*, edited by C. Schäffher. Clevedon: Multilingual Matters, 10-32.

第三部分
术语、概念和法庭口译

第十章
自主的欧盟概念：事实还是虚构？

杨·恩格伯格

作为知识的法律概念

本章从知识传播的角度研究了欧盟多语制法律的法律概念的一个方面。采用知识传播的观点意味着主要有两个方面：

1. 此研究建立在以下假设之上，即法律概念是通过自然语言交流的专业知识的实例。

2. 对法律概念特征的描述必须与我们所知道的、用这种方式交流的概念的一般特征相一致。

不管它们是否存在于单语种或多语言的法律秩序之中，法律概念本质上是基于语言的，因为法律不能以语言以外的方式存在并发展。只有通过语言，律师和其他法律使用者，如一个社会的公民，才能交换包含有关法律制度规则下的法律概念的知识。因此，没有语言就没有法律(见第二章格拉齐亚迪的评论)。于是，通常需要调查律师对法律和法律的各个方面进行概念化的方式与基于语言概念的特征在何等程度上一致或冲突。作为具体的例子，基于语言的概念其本身是动态的。这一特征挑战了司法解释的法律界里更注重假设概念的稳定性的传统观念。在以前的工作中，一方面(例如，Engberg 2009, 2010, 2011)，我研究了这种冲突对我们看待司法解释和法律翻译的影响，另一方面(Engberg 2012)，我也研究了一个像欧盟法律那样的超国家的法律秩序的功能运作。在本章中,我将法律传播的这个一般性观点应用于欧盟多语言法律交际概念的具体情况以及所谓的欧盟法律秩序的一个核心特征:概念自主。这项研究的目的首先是,从知识传播的角度来看,以法律跨语言及跨文化交流为目的,在不同的语言中形成的欧盟概念在概念上的自主性,是事实还是虚构的?其次,为这个盛行的观点确定它的有关先决条件。

下面,我首先介绍自主的欧盟概念更多细节的想法。在此介绍之后,本研究讨论了两个可以用来研究法律概念作为实例(基于语言)的知识的视角。这些视角——文化和人际交流——对应于影响相关知识的不同因素。每个人对知识及其发展有不同的看法,对随后的自主法律概念的不同看法,我将详细阐述。基于这些因素,我冒昧地提出一个结论,指出相关条件以及基于语言的知识概念的假设,这是一个概念具有自主性的前提。

欧盟概念的自主性

本节首先讨论欧盟概念自主性的特征。第二节对欧盟法律传播的多语言特征的重要性一探究竟。

欧盟的概念自主是什么意思?

认为欧盟法律的概念是自主的要求这一观点被视为其发展为一个超国家的法律秩序必不可少的一项基本原则,也是其统一适用的前提条件:

> 欧盟法律秩序的自主对于欧盟的性质具有根本意义,因为这是唯一的保证,欧盟法律不会因与各国国内法的互动而被削弱,而且它将在整个欧盟中统一适用。这就是为什么欧盟的法律概念是依照欧盟法律秩序及联盟整体目标来进行解释的。[①]

因此,为了作为一个超国家的法律秩序去运作,其概念也必须以超国家层

---

① Cited at: http://eur-lex.europa.eu/en/editorial/abc_c05_rl.htm.

第十章
自主的欧盟概念:事实还是虚构?

面来解释。这种具体的解释对于确保欧盟概念对欧盟公民日常法律生活不受国家差异的影响来说至关重要。如果欧盟想要为其公民保证特定的自由,那么其概念必须由成员国国内法院去解释,成为"不可撼动"的才行(见本书德兰的第四章)。

欧盟法律自主的这种想法导致了其概念自主的理念,前者是基于如今被称为欧盟法院的判例法(van Rossem 2013:15;参见本书克嘉的第六章)。在科斯塔诉恩格尔案(*Costa v. Engel* 1964)具有里程碑意义的判决中,法院通过坚持以下规定,确立了欧盟(当时的欧共体)的法律自主性:

> 从所有这些意见中可以看出,作为一种独立法律来源①的条约所产生的法律,无论其框架如何,在没有被剥夺其作为共同体法的性质、没有在共同体本身的法律基础受到质疑的条件下,由于其特殊性和原始性而不能被国内法律条款判定无效。(附加强调)②

在1964年以来的判例法的发展中,自主的理念已经获得了这样的角色,"以欧盟法律的基本原则为基础的[首要]前提,建立[基本权利的保护或司法审查]"(van Rossem 2013:18)。可以提及另一个消费者保护的领域,在此领域,欧洲联盟意欲保障其公民的特殊权利(Health and Consumer Protection 2005)。自主性或独立性已在欧盟法院的判例法中不断地加以强调,在CILFIT案中非常突出:"同时必须牢记,即使不同的语言版本完全彼此一致,欧共体法律使用的术语仍然是其特有的。"③这一陈述表达了欧盟术语在欧盟层面上的专属性。法院继续说:"此外,必须强调的是法律概念在共同体法律和各成员国法律中意义不一定相同。"④这不仅强调了术语本身的独立性,而且强调了它们的含义的独立性:只有专门在欧盟语境下的解释才直接关系到欧盟概念的含义。

---

① 判决的法语(原)版使用表达式"*une source autonome*"(一个独立的来源)——由此来谈论"独立自主的"(autonomous)的概念。这个理念也被表达为"概念的独立性"(conceptual independence)。
② Case 6/64 [1964] ECR 585, at 594.
③ Case 283/81 [1982] ECR 3415, para. 19.
④ Case 283/81 [1982] ECR 3415, para. 19.

自主性的想法最初被视为与欧盟法律和成员国的国内法律制度之间的内在关系有关,也就是说,为了建立独立于国内法律体系并直接影响欧盟法律体系的欧盟法律秩序。在进一步的发展中,概念自主权作为欧盟法律和部分国际法之间的外部关系相关被建立了起来(van Rossem 2013:16)。然而,本章只涉及内部关系,因为这是欧盟翻译和多语制方面发挥了重要作用的领域。

因此,我们可以得出这样的结论:欧盟法律的理念,作为具有自主概念的一个超国家的法律秩序,在欧盟法院和欧盟本身的论证中,有个非常核心的甚至是根本性的特点。问题是,我们如何将知识传播的特点作为法律概念的存在和发展的必要基础来与此进行协调?

不同语言版本表述之间的差异对欧盟概念自主意味着什么?

本小节所涉及的问题连接到一个事实,即欧盟的立法文本是用所有欧盟官方语言起草的,而且这些语言的版本具有同等效力(欧共体第1/1958号规章,第1、4条)。这意味着,在解释的过程中,必须考虑到所有语言版本,而不是仅仅依靠一种语言版本(见本书德兰的第四章)。

举个例子,让我们来看看97/7/EC指令中第2(2)条,在远距离合同关于保护消费者中消费者的定义,这对公民的日常法律生活可能具有普遍的重要性(下文着重强调):

英语:"consumer" means any natural person who, in contracts covered by this Directive, is acting for purposes which are *outside his trade*, *business or profession*;

("consumer"(消费者)是指在本指令所涵盖的合同中,执事目的在其贸易、商务或专业以外的任何自然人;)

德语:Im Sinne dieser Richtlinie bezeichnet der Ausdruck... "Verbraucher" jede natürliche Person, die beim Abschluβ von Verträgen im Sinne dieser Richtlinie zu Zwecken handelt, *die nicht ihrer gewerblichen oder beruflichen Tätigkeit zugerechnet warden können*;

第十章
自主的欧盟概念：事实还是虚构？

（就本指令而言，"Verbraucher"一词是指在本指令意义范围内签订合同时为其贸易、业务或专业之外的目的行事的任何自然人；）

丹麦语：I dette direktiv forstås ved... forbruger: enhver fysisk person, der i forbindelse med de af dette direktiv omfattede aftaler *ikke handler som led i sit erhverv*;

（就本指令而言，"forbruger"是指任何在本指令涵盖的协议范围内不作为其业务一部分的自然人；）

法语：Aux fins de la présente directive, on entend par... "consommateur": toute personne physique qui, dans les contrats relevant de la présente directive, agit à des fins *qui n'entrentpas dans le cadre de son activité professionnelle*.

（就本指令而言，……"consommateur"是指任何在本指令涵盖的合同中为不属于其专业活动范围的目的而行事的自然人。）

在该指令中，定义背后所使用的手段是消极地来定义"消费者"，也就是说，在两种情境下加以区分：一方面，是自然人作为"消费者"的情境，另一方面，是法语版本称为"*activité professionnelle*"（专业活动）的情境。在这一指令下，消费者是一个进入与远距离合同有关的契约关系，但不符合一定的标准，因此可以区别于在专业活动（*activité professionnelle*）范围内行事的人，并可被授予特殊权力。在下文中，我会涉及这两个类型的"消费者"和"非消费者"。[1] 之所以选择一个消极的手段来定义"消费者"，是因为出现在欧盟和国家层面的消费者特别法大大晚于对他们的"专业活动"（*activité*

---

[1] 我知道使用非消费者（nonconsumers）这种表达方式不符合法律传统。之所以选择了这种说法，是因为它反映了这一章的标题，聚焦于"consumer/Verbraucher/forbruger"的概念。使用97/7/EC指令中英语定义的三个词之一将会隐藏描述的问题：与英语术语消费者（consumer）相对立的类别，在该指令中用三个单词加以描述，这三个词代表构成"非消费者"定义的三个不同要素。当缺乏一个英语术语单词可以恰当传达广义的概念时，欧盟的起草者和翻译人员选择使用更具体的，可涵盖各种情况的术语。莎尔切维奇（Šarčević 2014：54）详细讨论了这个问题，她也描述了这些术语的历史发展，用于指定法语"professionnel"（专业人员）涵盖的概念，指令中的消费者的定义一直延续到今天。

professionnelle)人员从事活动而制定的国家法规。因此,当它被区别对待时,"消费者"的概念就已经存在了,消极定义手段明显是定义"消费者"的解决方案。例如,1900 年通过的《德国商法典》(HGB),其中包括"Kaufmann"关于商人和商务人员的积极定义,被同一年通过的《德国民法典》采用。当时,《德国民法典》中不包含任何消费者(Verbraucher)的定义。[1] 这样的一个定义在 2002 年的德国义务法改革期间被纳入了《德国民法典》,当时在有关消费者合同的规则中作出重大修改,除其他原因外,作为对上述 97/7/EC 指令作出的反应。按照这份德国版和其他消费者指令的规定,《德国民法典》中消费者的定义在上述意义上也是消极的。

上述 97/7/EC 指令(斜体)中定义的有趣之处在于,不同的语言版本使用一种(丹麦语、法语)、两种(德语)或三种(英语)元素来确定人不是以消费者的能力身份行事的特征。在我们的案例中,相关的问题是如何使用概念自主的理念来适应定义中不同元素的使用:如果不同语言版本中的定义包含不同的基本元素,那么怎么可能将一个概念视为自主的呢?这种解释是否不依赖于每种语言的定义和不同分类的不同表述,从而导致各语言版本的不同解释?我在本章的结尾部分回答了这个问题。

这些定义形式的差异反映了各国法律制度已经存在的不同,正如下面先前立法中有关丹麦和德国相关法定定义的例子所示:[2]

丹麦语:§ 3 (2). Som en forbrugeraftale betegnes en aftale, som en erhvervsdrivende indgår i sit erhverv, når den erhvervsdrivendes ydelse hovedsagelig er bestemt til *ikke-erhvervsmæssig anvendelse* for den anden part (forbrugeren) og den erhvervsdrivende vidste eller burde vide dette. (emphasis added)[3]

---

[1] 在《德国民法典》改革前,此前的消费者指令被专门的法律所替换。因此在《德国民法典》内消费者(Verbraucher)的定义不是德国法律中第一个引入的概念。由于德国概念的历史发展不是我们讨论的核心兴趣,这里不提供进一步的细节。

[2] 因为该条款的内容与本研究的讨论无关,不提供翻译。

[3] *Lov om visse forbrugerqftaler* No. 139 from 1978.

第十章
自主的欧盟概念：事实还是虚构？

（作为消费者协议，当交易者的服务主要用于对方（消费者）的非商业用途时，作为交易者是其职业的一部分，交易者知道或应该知道这一点。）（加以强调）

丹麦语的定义精确地解释了消费者家庭（*Dørsalgsloven*）订立的消费者合同，并且与任何欧盟指令无关。事实上，涉及该主题的这一指令直到1985年才颁布。[1] 上述定义使用了与97/7/EC指令中相同的消极手段，并且它也只使用了一个元素（*ikke-erhvervsmæssig anvendelse*）来描述"非消费者"的特征。

德语：§2 Untemehmer ist, wer einc *gewerbliche oder berufliche Tätigkeit* selbstkädig ausübt.（emphasis added）[2]

（企业家是自主就业的从事商业和职业活动的人士。）（加以强调）

德语对"非消费者"的定义来自德国增值税法的早期版本。就我们的目的而言，值得注意的是，我们在后面指令的定义中看到的两个替代元素已经在这里出现了。

我们可以看到，在97/7/EC指令中用于界定消费者的"非消费者"元素源于传统的国内概念体系：在丹麦传统中，"非消费者"是在相关的情况下通过共享的单一特征、用不同的词组合来表达的，其中"erhverv"（行业）这个词是中心。另外，在德国的传统中，"非消费者"使用两个替换元素的定义是由两个单词"gewerblich"和"beruflich"来表达的。这与97/7/EC指令德国版中定义的制定使用了同样的话。这表明，指令中各种定义的语言版本之间的差异是由于各国法律制度中"非消费者"概念体系中的差异导致。

因此，这项研究的任务是要解释，从知识传播的角度来看，欧盟可以被说成是如何（或是否）拥有一个自主的消费者概念，尽管"消费者"似乎在不同的语言版本中有着不同的定义，这些差异根植于，一个人在一个成员国的国家法律体系中，没有以消费者身份行事情况的传统概念体系中。为

---

[1] Council Directive 85/577/EEC of 20 December 1985 to protect the consumer in respect of contracts negotiated away from business premises.

[2] *Umsatzsteuergesetz 1951*, Bundesgesetzblatt 1951-45, 791-6.

此,我将提出其中两个中心因素,影响作为知识被理解的一个概念意义。然而,首先,我将介绍基于知识交流方法中知识的意义概念。

知识交流及其意义

从知识交流的方法到法律交流是基于作为概念结构的意义概念,一个源于认知语言学的概念。"认知语言学的概念法关注的是在语言中的概念内容组织模式及其处理过程"(Talmy 2011:223)。对于本研究的目的而言,特别感兴趣的一个方面的事实是,认知语言学"解决了概念结构之间的相互关系,比如隐喻映射中、语义框架内、文本和上下文之间以及概念类别分组到大型结构体系的那些相互关系"(Talmy 2011:623)。这意味着对认知语言学领域内的语义学的研究,涉及知识(被看作相互关联的概念)是认知式的结构方式,也就是说,知识如何在相关语言活动中所涉及的语言行为者的脑海中表现出来。换句话说,"像房子这样的单词的含义就是我们对房屋的概念"(Riemer 2010:239)。

采用这种方法对研究法律概念具有重要意义,而这种概念必然是基于语言的。首先,为了发现一个概念是什么样子的,我们需要调查什么样的知识元素(即概念体系)构成了在理解或使用传统上与概念相关的词语时,由相关个体语言用户激活的概念表示。具体而言,在上面提到的情况下,人们会研究在使用或面临"消费者"(consumer/forbruger/Verbraucher)这个单词时,不同的个人激活了什么样的知识元素(即该概念的元素)。有趣的是,这将意义问题变换成了经验问题,而不是个人译释的问题。

其次,它也使我们有可能实施一个关于法律概念是自主的理念。从概念结构的意义上来看,一个概念是否是自主的,这意味着什么?我认为,如果一个概念在相关文本中被使用或感知时,实际上激活了自己的知识元素,那么这个概念就可以被认为是自主的。知识元素可能与相似的国家概念有关,但它必须包含它独立的特征,因此可能与国家概念有所不同。因而,这种方法将其转化为一个经验上可检测的问题,即一个具体的概念是

第十章
自主的欧盟概念：事实还是虚构？

否真的被认为是自主的。

当对法律和语言（知识传播术语）的固有相互关系的总表现，因其意义被观察并可能被验证的途径而被认真对待时，我们现在已经看到了所发生的两种结果。作为选择认知语言学方法的随之而来的后果，不提出个人知识如何发展的问题也很难。这是因为，如上所述，意义被视为基于知识和概念结构，因此表现出来，可以在个人经验中获得。这反过来又提出了是什么因素影响个人概念表征的问题。特别是在欧盟法律等新兴法律秩序中，新的概念就开始存在了。

在新概念形成的过程中，许多因素可能是具有影响力的。本章的重点是两个因素：与某种特定的民族语言相联系的文化因素，以及人际交流的因素。正如你将要看到的那样，这些因素也可以被认为是描述性的视角。有趣的是，通过这两个视角的无论哪一个，观察这里研究的这个复杂问题，都提供了欧盟概念自主权可能性的不同画面。

影响因素：描述性视角

自康德以来，一直存在的建构主义观点适用于两种描述性的视角，即世界可能不依赖人类对其看法而（非常好地）独立存在；然而，我们只能通过我们的感知力进入这个世界（直观而不是接触事物本身——康德）。因此，我们只能根据我们对世界的看法来谈论和塑造世界。作为表达我们对世界的感知（以及我们的知识）的主要手段，我们的语言在感知过程中起着重要的作用。这种语言并不具有一种代表性的特征，代表了世界的实际情况（事物本身），不然，这就意味着进入这个真实的世界，其实我们并没有。相反，它是我们对世界的看法的积极塑造者（Legrand 2008：188）。

语言的特点是作为交流的集体工具，也就是靠通过同一个语言社区内人们共享的事实而保持生气的交流工具。由于（民族）语言具有非常重要的集体特征，往往被视为（民族）文化的载体：一种语言被视为国家特殊文化特征的表现和载体。然而，与此同时，语言只能在交际环境中，即在涉及个人的环境中才能凭经验找到。此外,语言只有在个人获得和使用的情况下才存在。

因此可以说,语言同时具有集体和个人两个维度,也适用于语言作为感知工具的这一特征。这里介绍的两个描述性视角的特点是在研究意义的出现或发展时,强调这种二元性的一面或另一面:无论是集体层面,其集中在语言的力量通过个人的感知力来塑造文化,还是个人层面,其侧重于个人语言使用者的人际交往活动对集体观念的创造力。

第一视角:文化

作为塑造因素的语言集体一方的宣传者是皮埃尔·罗格朗(Pierre Legrand)教授,特别是在比较法学领域,他也启发了许多其他研究者。为了保持本章相对简短,在这个分节中,我将重点放在罗格朗和相关研究人员的观点上,我们知道这种立场在其方法上,对语言的集体维度的重要性很激进。但是,由于这个原因,它非常清楚地表明了选择这种类型的描述性视角来观察欧盟法律概念的概念自主性的后果。

在这种方法中,语言作为一个集体目标,在基于语言的概念的理解中起着决定性的作用:"我们的经验世界实际上是由语言构成的"(Legrand 2008:189;原文强调)。① 一个人所说的语言(作为其母语)被看作一种已经存在的东西,因此是决定个体解释的主导因素。因此,个体的解释是在个人无法逃避的塑造力基础上进行的:

> 解释者给解释行为带来的意义,被他内化为仿佛他被抛入一种传统(语言的、法律的和其他的),使他成为他所属的个体(以及作为传统的一员)。该基本观点是,个人的理解范围在很大程度上是继承的,而它的出现是不考虑任何主观偏好的。(Legrand 2008:220)

在法律领域,这意味着一个特定国家法律体系的特定概念,并用这个国家的文化承载语言来表达,可能永远无法通过翻译被其他文化的接受者充分

---

① 参见本书格拉齐亚迪的第二章、克嘉的第六章和巴依吉的第七章。

第十章
自主的欧盟概念:事实还是虚构?

利用(Beck 2011:71,80)。不同的法律制度不可比较有诸多原因,语言的不可通约性当是其中之一(Legrand 2008:210)。

通过这个视角可以看出,不同语言表达的法律概念在与成员国国家法律体系中潜在的相似概念相关联的时候可以保持自主的这个想法,在本研究看来是非常站不住脚的(Glanert 2006:262-7)。这种观点的主要原因是,语言会抵制超国家的概念,因为这些概念与国家语言所蕴含的文化内涵意义是不相关的。因此,用民族语言表达的欧盟概念必然会根据本国的法律文化来解释,因此不可能是自主的。除此之外,这个因素是由于这样的事实:律师们是在各国法律体系内受到的教育。因此,他们被引入到世界的具体概念(Anschauungen,德语:"观点")中,这些概念传统上在各国法律体系中或多或少地不尽相同。

在我看来,欧盟法律概念自主的后果是负面的。应用到上述具体的例子,可以说,由于在三个不同民族语言里这些术语的不同文化背景,"消费者"(consumer、forbruger 以及 Verbraucher)很难被解释为一个并且是相同的概念。同样,假设概念的自主性实际上是不可能的,因为不能排除在各自民族语言背后的独特文化观念。因此,自主性不能成立。

然而,从这个角度来审视我们的问题时,负面结果的前提是我们接受了语言的集体维度占主导地位的观点。我们将在下一小节看到,情况并不一定如此。

第二个视角:人际交流

透过前面的视角来看,文化被视为影响解释和强加具体观点的集体现象,从而限制了译者的解释性力量。此外,民族文化被视为一个单一实体,能够抵抗组成民族社团的众多个体的任何影响,因为民族社团与民族文化密不可分。因此,重点在于文化对个体的影响。

研究文化层面的其他研究人员选择了集体和个人之间的替代平衡。例如,人类学家弗雷德里克·巴特(Fredrik Barth)对不同族群的文化世界以及他们如何感知这个世界感兴趣。就像上一小节的研究人员一样,他支持建构主义的观点,即我们所知道的知识塑造了我们的观念(Barth 2002:1)。然而,他并没有把"文化"这一概念作为基本的和首要的因素,而是考察了"文化"是以什么为基础的,即文化的起源及其如何发展的。他对文化和知识进行了区分:"知识是分布在人群中的,而文化则使我们以扩散分享的方式思考"(Barth 2002:1)。这项研究的论证意义在于他的区分,一方面把知识看作分布在个体之间的东西明显地由个人持有,另一方面文化是共享的,因此主要是集体的:"我们存在的知识成分在概念上与我们的关系和团体成员,以及我们生活的社会层面是分离的"(Barth 2002:2)。在第二步中,他着眼于我们如何概念化个人拥有的知识,使我们以一种特定的方式来看待世界,这种方式在特定文化的成员间是相似的。其中一个重要的方面是,这种个人的知识只能通过被认知者的亲身经历而出现。然而,这个过程并不局限于个人与世界互动的真实体验。知识的一个重要来源,除了在他人对世界所得出的推论的基础上提出,还有就是在个人根据直接经验得出的推论的基础上提出(Barth 2002:2)。换句话说,个人的知识来自个人的经验和见解,也来自于从别人的经验和见解中所学到的。而最后一个因素绝不是一个微不足道的来源:

> 因而结果是,我们从他人身上学习而积累了大量的知识,实际上,其中包括我们已经学以致用的判断效用的标准。虽然它是以经验为基础的,但大多数知识并没有在任何个人意义上变成个人化的东西。这造成了一个大体量的每个人的知识传统化,建立在人人参与的知识传统之中(Barth 2002:2;我加的着重号)。

这些想法对这里所研究的问题最有意思的结果是,它强调了文化共同体中的个人在支撑和发展文化方面所起的重要作用,并向我们展示了文化背后的机制。作为一种集体现象,文化通过直接的经验进入个人的知识库存,在此基础上,个人得出推断,而且非常重要的是,在交际过程的基础上,通过这种交流过程我们可以获得他人的(文化)见解。知识是在深深嵌入社会中的交际情境中产生的。

第十章
自主的欧盟概念：事实还是虚构？

这向我们表明，人际交往可能会对个人知识的发展产生重要影响。我们不该忘记，这些知识构成了这里所依赖的知识交流观点中的法律概念意义的基础（见上文）。这种观点的一个有趣的结果是，个人和集体之间的平衡，不一定像由文化视角小节中提出立场的传播者所认为的那样，有利于集体。与文化共享知识不一致的个人知识，可能通过进一步的交流过程实际上影响前者。如果与文化相关的群体成员获得新的见解，并开始用不同的方式交流，该文化可能最终会改变。

回到我们的具体实例，在这些思想的基础上，与有关文化的前述小节进行比较，我们对概念自主有了一个不同的结论：个体实际上可以通过人际交往活动影响文化和集体。因此，如果一个法律从业人员通过与大学教师或立法者的交流互动来学习并知晓，在欧盟背景下这些术语（consumer、forbruger 和 Verbraucher）（1）与相同的法律概念相关；（2）这个法律概念是自主的，因此与国内法律体系中的相似概念不同，并接受他人的见解，然后，法律执业者就能够以这种获得的知识为基础进行交流。因此，法律执业者将有可能影响在该领域沟通的每一个其他人的知识。那么，那也将至少潜在地改变关于"消费者"（consumer、forbruger 和 Verbraucher）这些术语含义的共同文化观点，这些术语也将根据它们所应用的背景（国内 v. 欧盟），逐渐与不同的知识块相连接。因此，我们已经表明，所需要的事态，在上述知识交流的条件下，为了使欧盟概念上的自主存在，如何在基于语言的法律概念体系中产生。

结论：组合视角

在我看来，为了对欧盟法律概念的自主性是事实还是虚构的问题给予认真的回答，就需要把这两个视角结合起来。这两个视角强调两个不同的方面。这种以文化为基础的视角关注源于欧盟本身没有自己的民族认同、历史传统，因此还有文化等问题这样一个事实。欧盟决定不只使用一种语言，而是根据许多同等官方地位的语言间的互动作为一个单位来进行运作。因此,它将不得不影响和体现不同民族语言的意义。因此,与现有文化理解的冲突已经预先设定,并且在理论上也必须加以考虑。这是一种文化斗争,是影响和协调各国法律文化的斗争,也是他们对世界分类的方式。在像欧盟那样的背景下,各国法律文化很可能表现出格拉内特(Glanert 2006)所认为的语言阻力。

另外,面向人际交流的视角侧重于由于个人的知识实际上受到除民族文化和语言之外的其他来源的影响而产生的发展机会。个人也可能会收到其他来源的相关信息输入,包括来自欧盟立法者。如果有足够多的人分享一个特定的方面,作为他们知识的一部分,这也可能影响他们使用本国语言的方式,由此,共享文化知识就和这种语言相联系了。

这两个视角组合起来,这里所研究的问题就显示出相关的困难和可能性:人际交流可能被认为是在知识分子层面上可能产生知识的发动机。这可能有助于克服典型的民族文化阻力。因此,通过结合两个视角,我们可以证明建立自主的、基于语言的法律概念的可行性以及必须克服的强大障碍。由于这里研究的"消费者"(consumer, forbruger, Verbraucher)这个概念与"非消费者"有关的定义是负面的,所以建立一个共同的和自主的概念问题可能不会太困难。在我看来,对于"非消费者"这个概念来说,要达到同样目标会更加困难。这里的任务是要在规划基础上建立一个自主的欧盟概念,预设三个不同类型的概念:丹麦语概念由一个要素(erhvervsmæssig)组成,德语概念由两个可选要素(gewerblich oder beruflich)组成,英语概念由三个替代要素(trade, business or profession)组成。在未来的实证研究中,审视相关的概念结构,以了解它们是如何被欧盟的法律执业者概念化的,将会很有意思。

最后,当这些概念被引入特定的超国家立法之时,很难把欧盟法律中概念自主性视为其概念的特征。这是因为人际交往随着时间的推移像一台发动机在起着作用,而不仅仅是在一孤例之中。因此,它作为一个新兴的特征创造了概念自主性:我们知道,国内法律的已知概念也能在一段时间里获得超国家的、自主的含义。在我看来,法律理论将不得不应对像欧盟那

第十章
自主的欧盟概念:事实还是虚构?

样的一部超国家法律里的、概念自主的概念化的这种状况。

参 考 文 献

Barth, F. 2002. An anthropology of knowledge. *Current Anthropology*, 43 (1), 1-18.

Beck, S. 2011. Strafrecht im interkulturellen Dialog. Zur Methode der kulturbezogenen Strafrechtsvergleichung, in *Strafrechtsvergleichung als Problem und Lösung*, edited by S. Beck, C. Burchard and B. Fateh-Moghadam. Baden-Baden: Nomos, 65-86.

Engberg, J. 2009. Methodological aspects of the dynamic character of legal terms. *Fachsprache*, 31(3-4), 126-38.

Engberg, J. 2010. Knowledge construction and legal discourse: the interdependence of perspective and visibility of characteristics. *Journal of Pragmatics*, 42(1), 48-63.

Engberg, J. 2011. Rechtsübersetzung als Wissensvermittlung-Konsequenzen aus der Art rechtlichen Wissens, in *En las vertientes de la traditcción/interpretación del/al alemán*, edited by S. Roiss, C. Fortea Gil, M. A. Recio Ariza, B. Santana López, P. Zimmermann Gonzalez and I. Holl. Berlin: Frank and Thimme, 393-406.

Engberg, J. 2012. Word meaning and the problem of a globalized legal order, in *Oxford Handbook of Language and Law*, edited by L. M. Solan and P. M. Tiersma. Oxford: Oxford University Press, 175-86.

Glanert, S. 2006. Zur Sprache gebracht: Rechtsvereinheitlichung in Europa. *European Review of Private Law*, 14(2), 157-74.

Health and Consumer Protection, Directorate-General. 2005. *Consumer Protection in the European Union: Ten Basic Principles*. Brussels: European Communities.

Legrand, P. 2008. Word/world (of primordial issues for comparative legal studies), in *Paradoxes of European Legal Integration*, edited by H. Petersen, A. L. Kjær, H. Krunke and M. R. Madsen. Aldershot: Ashgate, 185-233.

Riemer, N. 2010. *Introducing Semantics*. Cambridge and New York: Cambridge University Press.

Rossem, J. W. van 2013. The autonomy of EU law: more is less? In *Between Autonomy and Dependence*, edited by R. A. Wessel and S. Blockmans. den Haag: T. M. C. Asser Press, 13-46.

Šarčević, S. 2014. Legal translation and legal certainty/uncertainty: from the DCFR to the CESL proposal, in *Translating the DCFR and Drafting the CESL: A Pragmatic Perspective*, edited by B. Pasa and L. Morra. München: Sellier European Law, 45-68.

Talmy, L. 2011. Cognitive semantics: an overview, in *Semantics*, edited by C. Maienbom, K. von Heusinger and P. Portner. Berlin: de Gruyter, 622-42.

第十一章
欧盟法律多语言及多文化语境中术语创建的基本原则

苏珊·莎尔切维奇

引 言

本章涉及旨在总体上针对欧盟多语言法律的制定,特别是候选国家在加入前的阶段用以指称欧盟法律概念和机构的术语创建。在大多数情况下,欧盟术语的创建属于文本驱动的翻译导向的术语管理范畴,而不是以学科领域驱动的系统术语管理(Wright and Wright 1997:148)。要翻译的文本包括大部分欧盟法规中的一级和二级法律的文书。创建术语来翻译欧盟立法的敏感任务对候选国家来说尤其紧迫,在这些国家,加入欧盟的不宣自明的条件之一是翻译整个欧盟的法律,而这是一项艰巨的任务,要求在相对较短的时间内以国家语言来创建欧盟法律的全部词汇(see Wagner et al. 2002:107-11; Šarčević 2001:34-49; 2004:129-37)。这常常导致在没有总体策略的情况下,逐项制定用以创建术语的一对一的方法。

在没有规定欧盟条款制定策略的书面规则的情况下,译者和术语专家一直处在创造性(creativity)和一致性(conformity)两者之间的牵扯之中。一方面,他们被鼓励去通过创造性地使用语言来发挥"文化先驱"的作用,利用其最佳的可能性来表达新的概念,从而给"法律法规翻译赋予一个文化层面"(Gozzi 2001:32)。另一方面,通过统一不同语言的术语(至少看上去要这样)来符合其他语种所带来的压力会削弱语言的创造力和目标用户的满意度(参见 Koskinen 2000：53)。为了更系统地探讨欧盟术语的创建问题，本章考虑到欧盟法律与国内法律之间的独特关系，试图找出一些基本原则，并提出有效的术语创制准则。

由于在翻译驱动的术语创建中对等表达的有效性在很大程度上取决于源术语，因此需要制定一些基本准则，用以在欧盟立法原文起草语言中选择源术语。所引的带有"缺陷"的例子是用来说明对源术语的选择会影响对等表达的有效性以及整个交际过程。欧盟二级术语(对等表达)的创建的主要部分旨在揭示成功术语创建的潜在思维过程。关注点主要集中在基本的两难之地上，即有效沟通最佳的实现是在其他语言版本进行术语平行调校，还是要创建一个旨在满足目标用户期望的术语，从而有利于创造力而不是一致性。焦点随后转移至术语与概念的关系之上，强调所有术语创建是一项"称名学"(onomasiological)的活动。为了获得最佳效果，建议使用多语言方法来创建欧盟术语。为支持这种方法，本研究引用了大量的语言的实践例证，包括"旧"和"新"两种语言。最后一节的重点是"新"语言和作为欧盟法律正常运作的先决条件，即实现术语一致性的重要性。在结语中本研究重新审视了创造性／一致性的二分法，强调了在加入前和加入后阶段术语形成的不同文化方面。

回　　顾

在选择了基于语言平等的多语言制度后，欧洲共同体的创始人委托法律专家、翻译和术语专家创立了一条新词汇来命名新的机构并表达新的超国家法律体系的法律概念，这些新词汇带有六个创始国语言中的四种国家语言的标识。欧共体(今天的欧盟)法律的语言经常被形容为一种特殊并且人造的"专门术语"(jargon)(Pym 2000：7；Koskinen 2000：53)；但这是有意为之，因为这样的话，这些术语就可以很容易地与国内法的术语区分开来。每个成员国的法律语言由两个子语言组成，一个带有国内法律的概

第十一章
欧盟法律多语言及多文化语境中术语创建的基本原则

念和机构的标识,另一个带有代表欧盟法律概念和体系的标识。与此相应,欧盟术语组成了一套平行的标识,但这些标识需要用各国语言的标识和概念加以补充和协调,以保证欧盟法律的正常运作和成功融入各国法律体系。正是欧盟法律与国内法之间的这种相互作用,使得对欧盟术语的选择非常困难(Šarčević 2012:89;2006:135;Kjær 2007:79)。

根据术语学者们的观点,"术语处于有效的沟通和代表一个语域概念的两种需求之间的紧张关系之中"(Kageura 2002:15)。在我看来,选择术语或标识来代表欧盟法律概念的标准取决于在欧盟法律的多语言和多文化背景下有效沟通的需要。法律术语尤为敏感,因为它会赋予法律效力。同样有效的欧盟立法中的术语会被赋予官方地位,因此成为欧盟法律的基石,对欧盟公民有直接的影响。根据由欧盟机构制定,但在成员国适用的欧盟法律的具体沟通过程,最终目标是在每种国家语言中创建一套易懂的和连续性的欧盟术语词汇,让它与各自的国内法的术语并存,并通过促进28个成员国的国家行政人员、律师,特别是法官对欧盟法律的统一解释和适用的基础上来确保有效的沟通。欧盟多语言法律只有在所有欧盟公民在法律面前保证平等的情况下才能发挥作用,而不论有关立法的语言版本为何种。

被极大简化的任务是在一个国家语言中选择一个标识,它能向目标接收者发出一个清晰的信号,表明默认的参考系统,并根据这个系统来解释术语,即术语含义所来源的参考系统,对我们来说这就是欧盟法律。当所选择的标识不是简单易懂或不易识别为欧盟标识或具有多个参考标记,[①]并且当基本概念没有明确定义,有几个定义或完全没有定义时,就会出现误解,而这在欧盟法律中经常出现。与在悠久的历史和文化传统中形成的国内法律秩序的概念体系相比,年轻的欧盟法律概念体系一直不断在变化和发展。欧共体/欧盟的法律只有短短60年的历史,正在迅速发展,目前已经大幅拓展了其政策领域,国内法律协调程度正不断加强,逐步建立起了

[①] On multiple references as an obstacle to the interpretation of EU terminology, see Šarčević and Čikara (2009:201-8); also Kjær (2007:80).

自己的概念体系,尽管还没统一成整体。由于存在着许多概念上的差距,欧盟法律依然非常依赖成员国国内法律制度的术语和概念,正如克嘉(Kjær 2007:76)所指出的那样,可能会一直如此。因此,为一个给定的欧盟概念选择适当的标志不仅需要在术语层面的语言敏感性,而且需要深入了解欧盟和国内法律的概念体系。尤其重要的是,不光要考察一个潜在的术语是如何适用于欧盟特定文本、相关文本和整体欧盟法律的概念结构的,而且还要考察这个术语是如何适应国内法的。这适用于对等表达的选择,也适用于基础文本中对源术语的选择,后者通常对于一项立法的整体成功来说至关重要。

选择源术语的准则

在欧盟的多语言立法中,基础文本由法律专家和专门起草人用一种语言起草,然后主要由翻译总司的翻译人员翻译成其他的官方语言(参见本书第九章)。20世纪80年代之后,法语是欧共体立法的主要起草语言,在20世纪90年代后期仍与英语地位相当。① 此后,它迅速败给了英语,特别是在2004年5月10个新成员国历史性地加入之后,这些国家包括塞浦路斯、捷克共和国、爱沙尼亚、匈牙利、拉脱维亚、立陶宛、马耳他、波兰、斯洛伐克和斯洛文尼亚。接着是2007年保加利亚和罗马尼亚的加入,最近克罗地亚又在2013年加入了。重要的是要记住,英语是在英国和爱尔兰在1973年1月加入之后才成为官方语言的。

有人说,真正具有创新性的欧共体/欧盟概念的实际数量相对较少(Schübel-Pfister 2004:116),例如,"Union acquis"(欧盟法律,以前是"acquis communau-taire")、"democratic deficit"(民主赤字)、"comitology"(欧盟委员会体系)、"public undertaking"(公营企业)、"flexicurity"(弹性安全)。大部分概念是对一个或多个国内法律体系或国际法的借鉴。在借鉴

---

① 在1987年,70%的立法提案仍以法语起草;在20世纪90年代末,这一比例下降到了40%,而英语则是47%。2010年,英语的主导比例攀升至77%,并从此继续上升;请参见《翻译和多语制》(Translation and Multilingualism)(2012:7)。

第十一章
欧盟法律多语言及多文化语境中术语创建的基本原则

概念的时候,原有的意义不是保留就是修改,或者像移植一样,通过二级立法或者特别是欧盟法院的裁决而逐渐获得特定的欧洲含义。就术语而言,外国词语有时被保留并被借用到其他语言或重新命名,这些最好是中性词语,这种词语很容易被翻译成其他语言,不会在国内法律制度的目标读者中引起误导性或负面的含义(Šarčević 2012:105;see Dannemann 2012:109-13)。

由于法语是最初的起草语言,因此法国法律作为欧共体/欧盟概念的来源发挥了重要作用就不足为奇了。在发展的初始阶段,共同体立法者往往因为保留了一个国内术语的外来借用的概念,而且还没有为特定文书和共同体法律的总目标来定义这个概念,从而犯了双重错误。例如,1952年《建立欧洲煤钢共同体条约》中首次出现了"滥用权力"(détournement de pouvoir)这个术语。① 虽然这个术语没有被定义,但是显然是从法国行政法借用的(Schübel-Pfister, 2004:165)。其他语言版本也采用了相应的国内术语或功能对等表达:② "Ermessensmissbrauch"(德语)、"sviamento di potere"(意大利语)和"misbruik van bevoegdhedi"(荷兰语),但内容和范围有所不同。在关于该词语含义的第一个相关争议案件中,对于3/54号意大利钢铁协会诉高级权力机构案,③法院采用了法国行政法院所使用的标准来将事件描述为"滥用权力"(détournement de pouvoir),虽然法律总顾问莱格朗日(Legrange)对所有六个成员国适用的有关标准都进行了全面比较研究。此后不久,法院开始修改立场,将准则移向更宽泛的德语概念"Ermessensmissbrauch"。④ 然而,直到很久以后,法院最终成功地确定了欧洲标准,以确定一种情况是否构成欧共体/欧盟行政法中的权力滥用(参见

---

① 与1958年的《罗马条约》(the Rome Treaties)不同的是,1952年7月23日生效的《建立欧洲煤钢共同体条约》(Treaty establishing the European Coal and Steel Community),只有法语版是有效的。

② 在其他地方,我把"功能对等"(functional equivalent)定义为"指具有与源法系的特定概念相同或相似功能的目标法律制度的概念或制度"(Šarčević, 1997:236)。

③ Case 3/54, *ASSIDER v. High Authority* (1954) ECR 123.

④ Judgment of 16 July 1956 in Case 8/44 *Fédération Charbonnière de Belgique v. High Authority* [1954-56] ECR 245.

Strinz 1999：193）。

即使在已经达成一个欧洲定义之后，使用国内术语来指代欧盟的概念还是会制造一个会向接收者发送冲突的信号，并因此成为一个潜在的误解来源。一种情况下可能会出现接收方不把此标识认定为欧盟术语，在这种情况下，他们会根据自己的国家法律自动解释标识，从而导致不同的结果。这是一个重大问题，特别是在新成员国加入后，法官和管理人员必须接受再教育，学会识别欧盟术语，并根据其欧洲含义来解释和适用这些条款。在其他情况下，国内法官和行政管理人员确实认可这个标识为欧盟的术语，但它也同时是一个国内术语，就像在其他一词多义的例子中那样，他们必须根据语境来决定是欧盟法还是国内法。这就产生了以前隶属于翻译总司术语部门的戈芬（Goffin）所说的竞争态势（1999：2136），这种情况危及欧盟法律在成员国中的统一适用。为了达到统一适用的目的，所有涉及欧盟法律的内容都必须考虑到整体欧盟法律的规定。这一点是在 CILFIT 案（1982）中提出的，法院强调，"共同体法使用了自己特有的术语"。与此相应的是，即使使用相同的术语，"其法律概念不一定与各成员国的法律具有相同的含义；而且欧共体法的每一条规定都必须放在其背景下，并根据整个共同体法律的规定来解释"①。

因此可以这样说，一般来说，应该尽可能地避免使用国内术语来指代欧盟的概念，因为这会产生多重参照，从而会有接受者根据其国内法来解释术语的风险。从这个意义上说，《共同实用手册》第 5 条提醒起草者（译者和术语学家）使用"任何一个国内法律体系特有的概念或术语……要谨慎小心"。它又进一步明确指出，"应该避免与国内法律系统关系过于紧密的（法律）术语"（5.3.2）。特别是国内法的专业术语不应当由此而被用于基础文本或任何语言版本。例如，由于"faute"的概念在其他法律体系中没有直接的对等表达，因此根据上下文（5.3.2），建议使用"illégalité"或"manquemen"等中性术语。

---

① Case 283/81 Srl CILFIT and Lanificio di Gavardo SpA v. Ministry of Health.［1982］ECR 3415, para. 19.

第十一章
欧盟法律多语言及多文化语境中术语创建的基本原则

科尔努(Cornu)在其对"法律词汇"(vocabulaire juridiqae)的经典分析中认为,技术术语仅占法律语言词汇的一小部分,而大多数术语是来自意义被扩大或者限制的普通语言词语。因此,后者对外行人来说至少是能部分理解的(1990:68)。为了提高易读性和可理解性,欧盟立法者经常使用普通语言的词汇,它们当中很多已经在国内法律中具有法律意义,但属于大多数国内法律体系共同的核心术语。尽管这些术语被赋予了一个新的欧盟含义,例如二级法律文书的工具如:法规、指令、决定、建议和意见等,但它们具有相对易懂也易于翻译的优点。而且,它们不需要很高的学习曲线,并且可以很容易地被记住,从而确保了它们从上下文中能被识别出是欧盟术语,并根据它们的欧洲含义进行解释。但是,正如《共同实用手册》所强调的那样,这些术语不能被赋予"违背其通常含义"的意思(14.1)。

只要有可能,新词(新创造的词)就会被创造出,用来指称欧盟法律的新的实体。欧盟的新词经常是人造的,而且听上去很奇怪,它们之所以能起作用是因为很容易就可以识别出它们是欧盟的术语,由此可以很容易地把它与国内的术语区分开来。正如戈齐(Gozzi)所指出的那样,"如果一个术语看上去对解决谈判中的矛盾观点或者起草一个法案是有用的话,那就用它了,不要管它听起来多么不正常或离经叛道"(2001:32)。新词应该简明扼要,尽可能易懂。正如瑞丹斯和瓦希耶夫(Rirdance and Vasiljevs 2006:19)所讲的那样:"重要的是要尽可能接近被命名概念的主要特征。所有新创的术语必须是正确、一致的,并遵守国内语言的规则"。

尽管希望实现易懂性,但这并不总是可行的。事实上,戈齐承认欧盟的新词"对于母语人士来说通常是完全不可理解的"(2001:32)。一个恰当的例子就是新词"avocat général"(法律总顾问),该联盟机构是以法国国务委员会的政府专员为范本的。目前有九名法律总顾问,根据对当前案件的法律问题进行完全独立的调查,以非约束力的提案的形式向法院提交意见。如建议的那样,原有的外语术语已经被一个中性的术语所取代;但是,它没有传达出潜在原则的基本特征。因此,就像法语新词本身一样,尽管成功地复制了源词,但它们的对等表达也是不好懂的(非语义目的明确的)":"Advocate General (en), generaladvokat (da), Generalanwalt (de), abogado general (es), julkisasiamies (fi), avvocato generale (it), advocaat-generaal (nl), Advogado-Geral (pt), generaladvokat (sv), ҙенерален адвокат (bg), generální advokát (cs), kohtujurist (et), főtanácsnok (hu), generalni pravobranilec (sl), nezavisni odvjetnik (hr)"①。

从我给克罗地亚法官教授欧盟术语的经验出发,我可以证实,虽然克罗地亚混合术语"nezavisni odvjetnik"(回译为 independent advocate)被认为是一个很好的对等词,但又不会引发任何心理联想,它甚至能让法官领悟该词在克罗地亚法律中不存在的功用。相反,他们感到不可思议的是,在法官作出具有约束力的判决之前,一名"advocate"(法律顾问)将被委托撰写一份独立而无约束力的意见!这显示了创建相对易懂的源术语的重要性。另外,根据戈齐的观点,即使指称欧盟法律概念或机构的新词缺乏易读性,但这并不意味着它就不会具有效力(2001:32),即只要掌握了学习过程的话。这不仅适用于源术语,而且也适用于对等表达,这些方面将我们带到了欧盟二级术语形成的主要部分,正如布拉塔尼琪和朗萨在第十二章中提到的那样。

欧盟二级术语的创建

在欧盟法的多语言和多文化背景下,翻译员和术语学家在寻找或创造足够的本国语言的对等表达以传达"源"术语,并尽可能地传达欧盟的基本概念方面肩负具有挑战性的任务。虽然欧盟二级术语的创建是翻译的一种,但是词汇—概念关系仍然是最重要的。从本质上讲,目标是用所有语言创造在欧盟概念相应体系下能被解释的平行的术语,从而促进欧盟法律在所有成员国的统一解释和适用。为了实现这个目标,除了要确定译者和术语学家要考虑的一些基本原则和标准之外,本节还试图阐明作为完善欧盟

---

① 这些术语来自 IATE,这是欧盟的多语言术语库,网址为:iate.europa.eu。克罗地亚语(hr)已被添加。

第十一章
欧盟法律多语言及多文化语境中术语创建的基本原则

术语创建的一个组成部分的潜在思维过程。

在创造性与一致性之间达成平衡

根据术语创建的最佳实践，创建欧盟二级术语的基本语言标准在ISO 704∶2009的语言正确性标准中被设定："一个术语应符合语言的形态、形态—句法和语音规范。"但在实践中，欧盟的翻译人员和术语专家在遵照其他语言的时候，来自各方的压力是互相冲突的。因此，在创建欧盟二级术语时的根本问题就是，通过对其他语言版本的术语进行调整，或者通过创建一个旨在满足目标用户期望的术语来最有效地进行交流，从而有利于创造力而不是一致性。每个策略都有其优点和缺点。回到上面提到的法律总顾问（avocat général）的例子上，我们注意到，15种语言中有10种使用"caiques"（直译）来翻译源术语，从而达到了在其他语言中形式上的一致性，并将它们与普通概念联系了起来。另外，斯洛文尼亚语和克罗地亚语的术语是混合词，而芬兰-乌戈尔语——芬兰语、爱沙尼亚语和匈牙利语——使用一个带有本族语词根的单一描述性词语。根据皮姆（Pym）的说法，这十个"统一"的术语属于欧盟国际化的范畴，它们主要以拉丁文为基础，但也有希腊的词干、前缀和后缀（2000∶4；on EU internationalisms, see Šarčević 2004∶129-37；2006∶137）。正如在上面的例子中，大家总是有意识地努力想办法，最大程度地去匹配法语和英语的术语，并考虑到它们特定的形态—句法特征。

创建容易被识别和统一的欧盟术语的需求使得欧盟国际化被大范围地展开。尽管欧盟条款的统一具有其优点，但戈芬已经证实，应该由每个语言单位根据具体情况来决定是使用欧盟国际化理念还是创建一个具有国内词源的术语（1999∶2135）。为了符合ISO标准，每个语言单位都要选择最适合其形态—句法特征的术语，以免破坏各国语言的稳定。众所周知，有时在同一个语族内的各种语言吸收"外国"元素的能力也各不相同。对于日耳曼语言，英语能够自由地接纳和吸收其他语言的词汇元素，而德语、荷兰语、丹麦语和瑞典语就不那么灵活了，因此对"外来"元素更具排斥性

(Šarčević 2004：131）。在下面来自 IATE 中术语"cohésion sociale"（社会凝聚力）的对等表达中可以看到排斥性的不同层级。在这种情况下，国际化是通过借用拉丁语的词汇单位并在接受语言中使其中性化而创造的借词。像往常一样，"最纯粹"的国际化可以在罗曼语族中找到："cohesión social（es），coesione sociale（it），coesão social（pt）and coeziune socială（ro）"。在日耳曼语言中，局面是混合的。尽管英语充分采用了国际化——"social cohesion"（社会凝聚力）——但荷兰语和德语提供了两种变体："sociale cohesive""sociale samenhang（nl）"以及"sozialer Zusammenhalt soziale Kohäsion（de）"。根据德语的政策办法，带有德语词根的术语受到偏爱，但精确性和易读性优先。丹麦语也提供了两个变体，但只使用本族语的词根来表达"cohesion"（凝聚力）："social samhørighed""social sammenhœngskraft（da）"。这同样适用于瑞典语的对应词："social sammanhållning（sv）"。虽然斯拉夫语言通常能够吸收外来元素，但斯洛文尼亚语、捷克语和波兰语的对应词之间差别很大："socialna kohezija（si），sociální soudržnost（cs），spójność spoleczna（pl）"。正如预期的那样，非印欧语言对外国元素的排斥性最强："sosiaalinen yhteenkuuluvuus（fi），notesotsiaalne ühtekuuluvus（et），társadalmi kohézió（hu）"[1]。

虽然不同语言的一致性不是强制性的，但在许多情况下，例如在为主要机构和法律文书选择名称时，会通过采用国际化来表现协调一致，这有强而有力的论据支持。对于"Commission européenne/European Commission"（欧盟委员会）这个名称的选择而言，这个建议显然受到了重视。IATE 的条目显示，24 个语言单位中的 23 个选择了国际化，唯一的例外是匈牙利语，它选择了"Európai Bizottság"这个合成词。[2] 这符合尽可能地避免使用外国语源词素的通行策略，只有在匈牙利语没有合适的对应词时才采用国

---

[1] 请注意，匈牙利语的对等词同化了"cohesion（kohézió）"，但不是"social（társadalmí）"。根据甘比尔（Gambier）的研究，芬兰语也使用新词"kohesio"，但对不太专业的读者，更喜欢用"yhteenkuuluvuus"（1998：301）。马耳他语也是非印欧语言，在这里没有被展示。

[2] 虽然克罗地亚的语言政策强烈赞成使用克罗地亚语源的单词，但在此处是个例外。因此，欧盟委员会是"Europska komisija"；然而，专员是"povjerenik"。

第十一章
欧盟法律多语言及多文化语境中术语创建的基本原则

际化。然而,与芬兰人为了满足用户期望而将外来语新词降至最低限度的做法不同,①匈牙利人的主要担心是保护他们的小语种免受外来借词特别是英语的冲击。从这个意义上说,索米奇和瓦嘎(Somssich and Varga 2001:75)承认,即使外语术语已被接受,他们也还是更倾向于使用匈牙利语词汇。然而在这种情况下,他们承认,匈牙利语翻译即使相对不错,但也很难获得用户的接受。

在克罗地亚,情况要复杂得多,它不仅涉及语言和文化,而且带有政治色彩。简言之,克罗地亚在1991年的独立引发了一种语言上的进化,目的是通过清除多年来已被同化的大量借用和仿造,使语言回归其历史根源和文化传承(see Šarčević and Čikara, 2009:198)。毋庸多言,这种纯粹化的潮流对克罗地亚的欧盟术语的创建产生了重大影响。关于使用国际化的政策,当时欧洲一体化部的翻译协调组(TCU)编译的翻译手册指出,带有克罗地亚语源的术语优先于国际化;然而,例外是允许的(Priručnik za prevođenje 2002:156)。尽管这个普通规则看起来相当无害,但它在实践中的严格执行则全面"禁止"了即使是对拉丁语和希腊语术语的使用,从而使得欧盟术语的创造过程变得相当困难。因此,为其他容易翻译的术语找到合适的克罗地亚语对应词成了一个真正的挑战。例如,当为"总司"(DG)一词寻找一个最佳对应词的时候,语言学家就拒绝了国际化的"generalna direkcija"以及混合术语"opća direkcija"。相反,翻译协调组选择了"opća uprava"这个词。然而,这个词被律师拒绝了,因为它存在于克罗地亚的行政法中,但意义不同。似乎德国的律师也出于同样的原因拒绝了"Allgemeine Verwaltung"一词。最后,与布鲁塞尔的克罗地亚律师兼语言学家一起选择了折中的"glavna uprava"。虽然形容词"glavna"(意思等于main)不是最精确的解决方案,但在这种情况下不会造成任何损害,因为它是一个名称而不是法律概念。否则,精确度的损失会对内容或范围(或两者)产生不利影响,从而导致实践中出现不同的结果。

---

① 根据甘比尔的研究(Gambier, 1998:298),欧盟的国际主义词汇用芬兰语念的话往往是不自然的,很难发音。

欧盟法律中的语言与文化：以多学科为视角

和德国一样（参见 Šarčević 2006：137 一书中的例子），一个国际化的和一个带有克罗地亚语词根的术语有时被用作同义词，后者在用户接受或者被用在统一后的克罗地亚语立法中会被优先考虑。例如，即使在 1995 年通过第一个《克罗地亚竞争法》（Zakon o zaštiti tržišnog natjecanja）之后，"konkurencija"和"tržišno natjecanje"这两个词都被用来表示"竞争"。后来"konkurencija"一词就失宠了。结果，"tržišno natjecanje"一词出现在《欧盟职能运作条约》①的有效的克罗地亚语版本中，并被使用在所有的复合词中。然而，当试图生成其他派生词时出现了问题，这是使用纯粹术语的明显缺点。根据 ISO 704：2009 中的国际标准，为了连贯性的缘故，使用的术语应该能够生成派生词——动词形式、各种不同的复合词和组合单位、形容词和副词。然而，从一个名词（如"tržišno natjecanje"）来创造出一个动词、形容词和副词是不可能的，因此需要回溯到具有拉丁语词根的单词上去：例如，"to compete = konkuriati, competitive = konkurentan, competitiveness = konkurentnost"。在这个例子中，向具有拉丁词根的派生词的转变不会造成理解的问题；然而，这并非总是如此。

在这种情况下，有必要强调，在创立法律词汇时如果只依靠语言规则就会危及交际过程，从而在实践中出现不同的甚至不必要或有害的结果。正如戈芬提醒我们的那样，欧盟术语的创建受制于专业语域的要求（1999：2135）。因此，和所有的专业语域一样，专业知识必须在欧盟术语创建中起主导作用。与此相应，在特定法律语境中来确定一个术语的合适性时，法律标准具有优先权。作为当语言因素占上风时的一个例子，我会列举出克罗地亚政府语言修订办公室所犯的一个严重错误，该办公室在克罗地亚议会颁布立法文本之前负责对语言进行了最后的修订。在坚持使用纯粹的术语时，它犯了一个错误，即用一个有克罗地亚语源的术语取代了一个既定的法律术语，但两者含义有所不同。这发生在 2005 年《克罗地亚债法》的最后一次语言修订中，当时它在没有咨询法律专家的情况下将"bankarska

---

① Ugovor o funkcioniranju Europske unije；available at：http://eur-lex.europa.eu/legal-content/HR/TXT/? uri = CELEX：12012E/TXT.

第十一章
欧盟法律多语言及多文化语境中术语创建的基本原则

garancija"(银行担保)改为了"bankarsko jamstvo"(银行凭证)。这个错误带来了一个严重的、必须由一个修正案来正式纠正的实质性改变(参见 Šarčević and Bajčić 2011:29)。

因此,在选择用于指称欧盟法律概念的术语时,法律标准必须始终优先于语言偏好。因此,一般可以说,在每一个个案中决定与其他语言之间是优先考虑创造性还是一致性时,法律标准也应该优先被考虑。毕竟,法律可靠性是欧盟法律词汇创建的必要条件。但是,确保欧盟术语创建的法律可靠性则取决于各国法律制度的具体情况。因此,法律的可靠性只能通过称名学的方法来保证,它包括在欧盟和国家层面内进行概念分析。

作为称名学行为的欧盟术语创建

虽然术语理论的原则证实了术语的形成是从概念层面开始的一种称名学行为(参见本书布拉塔尼琪和朗萨的第十二章;Cabré 1999:38),在实践中它有时会被忽略。上面的例子显示了当术语学家、译者或修订者在决定术语时使用一种语义学方法,这种方法始于术语的层面并经常停在这个层面,换句话说,没有考虑到概念上的因素,这一点会带来潜在的危险。尤其是欧盟的译员们和术语学家被警告不要"盲目地"接受国际化,而不去调查这个术语是否已经存在于他们的国内法律体系中,但却具有不同的含义。如前所述,术语专家和翻译人员通常应该避免使用国内法的术语来指称欧盟的概念。但是,这并不总是可能被做到的。① 此外,它的反面却是正确的:如果已经存在一个合适而够用的国内术语,那就应该使用这个术语。为现有术语创造一个新的术语会导致多重参考,并对统一解释构成威胁。在欧盟条款形成过程中最常用的字面对等词(Šarčević,2004:130),常常在这方面被滥用。诸如"marché intérieur/internal market"和"single currency/monnaie unique"这些字面对等的表达特别有效,因为它们简单易懂,可以很容易地被识别为跨语言的欧盟术语。但是,当术语家和译者们依靠字面上

---

① 关于是否要创立新的术语或使用本国术语,请参见 Šarčević(2012:98-102);同时参见 Šarčević and Čikara (2009:201-8)。

的对等表达而不进行必要的概念背景检查时,他们就冒着为在国家法律体系中已经存在的概念而又去创造一个"与其竞争的"术语的风险。出于这个原因,一直主导着欧盟翻译和法律翻译的直译法受到了批评,其中持比较法的彼得·德·克鲁兹(Peter de Cruz)强调指出,"法律文本的翻译不仅仅是为术语提供简单的同义词或字面对等表达"。他认为,"翻译人员不仅要熟悉'语域'……法律语域和法律术语本身的运作,而且要熟悉概念适合于其中的整体法律制度"(1999:163)。

至于欧盟术语的创建,译者和术语专家肩负着创造一个在整个欧盟法律范围内统一,也符合其国家的术语和概念的一套词汇的双重任务。然而,由于他们通常不是欧盟法律方面的专家,也没有接受过自己国家法律的培训,所以往往缺乏作出明智决定的知识和技能。例如,当翻译有关消费者合同中不公平的条款的93/13/EEC指令中的不公平条款这个表达时,意大利语的译者只是简单地用了意大利语中对应法语术语的对等词,使用了"clausole abusive"的表达方式,尽管法语形容词"abusif"与意大利语"vessatorio"意义一致,而"vessatorio"更忠实于指令的原有意图并与意大利法律更相容。结果,IATE中引用的与不公平条款的对等词有:"clause abusive(fr), cláusula abusiva(es), cláusula abusiva(pt)and clausola abusiva(it)"。意大利语中的"clausola iniqua"也被引用了。① 虽然这会使人怀疑IATE中引用的条款的可靠性,但是如果误导性的术语被吸收进入意大利法律的话,那将会发生更为有害的情况。根据帕萨和贝纳奇诺(Pasa and Benacchio 2005:84)的说法,转译过程中发现翻译的错误是幸运的;否则,如果它成为《意大利民法典》的术语和组织的一部分,那将会产生严重的影响。正如他们所言,"滥用(abusive)这个词已经与意大利立法者'擦肩而过'好几次了"。

根据上面得出的结论是,明智的术语创建需要术语专家和翻译人员具有相当的专业能力。他们尤其应该对欧盟法律和国内法律以及比较法技能

---

① 除英语外,这个术语在本条目中是单数的。在93/13/EEC指令的意大利语翻译中出现了复数形式,在另一条中它被引为"clausole abusive"。

第十一章
欧盟法律多语言及多文化语境中术语创建的基本原则

拥有足够的知识,这样他们才能够确定在其国内法律体系中是否存在潜在的对等表达,如果存在的话,则对欧洲和国内的概念的特点进行比较区分,以此确定潜在的国内体系内对等表达的合适度。虽然在法律翻译中使用比较法的方法已被广泛接受(参见本书波佐的第五章),但功能对等表达的合适度必须根据每一种情况下的交际目的来进行测试(Šarčević 1997:241-7;2012:97;cf. De Groot 2012:142-6)。尽管如此,在我看来,对比较法功能的使用的方法在进行术语研究时非常有用,因其侧重的是概念而不是术语,就像直译法一样(参见 SarfievW 2012:96-8)。为获得最优的结果,必须使用由语言学家和法律专家组成的跨学科小组进行概念分析,以保证对等表达的可靠性。①

正如前面所看到的,不建议使用功能对等表达来指称欧盟的概念,因为它创造了多重参考,这往往会导致成员国在实践中产生不同的结果。如果从上下文中明确提到是欧盟的概念或机构,则可以有例外情况。有时候会加上"欧洲"这个词,这就对所指参考明确无疑了。以欧洲监察员为例,现代意义上的议会监察员原来是一个瑞典的机构。这个术语本身可以追溯到古代北欧的瑞典语、丹麦语和挪威语。英语的术语是为了在英国的国家机构中日常使用的中性外来语,正式名称为"the Parliamentary Commissioner for Administration"(议会行政专员)。法语的"Médiateur européen"一词来源于法国国家机构"médiateur de la République"。同样,其他一些语言也使用其国家的功能对等表达,例如瑞典语(Europeiska ombudsmannen)、丹麦语(Den Europœiske Ombudsmand)、荷兰语(Europeanse Ombudsman)、芬兰语(Euroopan oikeusasiamies)、西班牙语(Defensor del Pueblo Europeo)、德语(Europäischer Bürgerbeaufiragter)、捷克语(evropský veřejný ochránce práv)和斯洛文尼亚语(Evropski varuh človekovih pravic)(see http://www.ombudsman.europa.eu)。在这种情况下,使用功能对等表达是有用的,因为欧洲和各个国家机构的功能是相同的。

虽然克罗地亚的纯化论倾向拒绝外来语,但布鲁塞尔的克罗地亚律师

---

① 关于在欧盟术语创建和翻译中概念分析的使用,参见 Šarčević(2012:93-8);在法律翻译中的参见 Sandrini(2009:152-63);同时参见 Schübel-Pfister(2004:113);Šarčević(1997:237-41);为了在地方、国家和国际情景下创立术语目的的,请参见 Rirdancc and Vasiljevs(2006:24-8)。

兼语言学家赞成混合外来语"Europski ombudsman",而不是克罗地亚语种的功能对等表达"Europski pučki pravobranitelj",后者通常在媒体中使用,而且一般是首选词。因此,"Europski ombudsman"该术语出现在《欧盟职能运作条约》正式的克罗地亚语版本中。它是整个欧盟术语的克罗地亚语为数不多的外来语之一。虽然选择借用外来语令人惊讶,但它反映了克罗地亚术语是以英语为基础的事实。如果当时对其他对等表达及其来源进行多语言的研究的话,那我认为,在此例中,功能对等表达会被优先考虑。

欧盟术语创建的多语言方法

与中欧和东欧的大多数新成员国一样,把法律法规翻译成克罗地亚语总体来说是一项纯英文的项目,只有在表达含糊或有怀疑的情况下才会去征求其他源语言文本(Šarčević 2001:36)。同样的策略也适用于欧盟术语的创建上,在我看来这是不幸的,因为克罗地亚语和克罗地亚的法律更接近德语。在向克罗地亚律师以及语言学家教授法律翻译时,我在第一课中一直强调克罗地亚法律属于日耳曼传统的大陆法系。此外,第一批克罗地亚民法术语是1853年生效的《奥地利民法总则》(ABGB)被翻译成克罗地亚语"Opći građanski zakonik"时而创立的(see Šarčević 1997:35)。同样,第一批克罗地亚刑法术语基本上是可追溯到1803年的奥地利及德国刑法(StGB)的翻译;克罗地亚语的版本(Kaznmi zakon o zločinstvih prestupcih i prekršajih)于1852年生效。值得注意的是,一直到1847年,拉丁语始终是克罗地亚境内法律的官方语言,根据马提拉(Mattila)的说法,克罗地亚是欧洲最后一个转用其本地语言的国家之一(2013:167)。最近的历史也证实了它与德语以及德国和奥地利法律的姻亲关系。在向市场经济过渡期间,整个德国的法律被"翻译"成为克罗地亚语。但这取决于法律领域。与其他地方一样,英语术语在银行、金融、资本市场等领域占据主导地位(Barbić 2013:53)。

我从一开始就建议采用多语言的方法来处理欧盟术语的创建和对法律法规的翻译,并鼓励克罗地亚的翻译人员和术语学家除了英语以外还要参

第十一章
欧盟法律多语言及多文化语境中术语创建的基本原则

照和比较其他语言版本,特别是法语、德语以及一种或两种斯拉夫语言,最好是斯洛文尼亚语,因为法律制度很相似。我认为,这种方法尊重了欧盟立法的多语言和多文化层面,这不仅在目的语语言和术语的语言质量方面,而且在可靠性方面都会有显著的提高(参见 Šarčević 2001:44-7)。我们记得,其中一个主要目标是创建与国内法律体系相一致的欧盟术语。但是,过度使用具有英语语源的术语的仿造词和借词有时会产生相反的效果,甚至有可能破坏国内法律语言的稳定。关于克罗地亚语的术语和翻译,很明显的是,如果术语专家、翻译或修订者参照过其他语言版本,特别是德语,可能就会发现指令中有大量的错误的借词。没有这样的比较工作的话,在翻译成克罗地亚语的过程中就有一些错误的术语被创建成法律。例如,"交易"(transaction)这个词在《资本市场法》和《消费者信贷法》的几个条款中被译为"transakcija"而不是"pravni posao"(Rechtsgeschäft)。由此所致,一些银行交易现在通常被称为"transakcija"。尽管欧盟英语不是普通法的英语(参见范丽奇的第八章),但它使用了一些类似大陆法条款但具有不同含义的法律英语的一般术语。根据巴尔比奇(Barbić 2013:61),这种仿造英语词汇和借词的影响是特别有害的,因为其中一些英语的含义被接受后会对克罗地亚法律的概念一致性构成威胁。作为一个例子,他引用了形容词"materijalan",这个形容词被当作英语术语"material"(即 essential,实质的)的意思越来越多地被用在克罗地亚立法的法律表达中,这个含义与克罗地亚法律的各种背景下的"matehjalan"的传统意义相差甚远,而后者与德国法律中"materiell"的使用相对应。

创建术语和翻译法律的唯英语而定的方法,其最明显的缺点之一是,在许多情况下,英语术语是由法语翻译过来的。如上所述,在英语成为欧盟官方语言之后,法语长期以来仍然一直是大多数立法的"原始"起草语言。尽管随后认证的翻译同样也是有效力的,但每个人都知道对翻译版本再进行翻译是件有风险的事情,这会让人对之后翻译的解释价值产生怀疑(see Šarčević 2002:256-9;1997:207)。我在其他地方指出过,自瑞典和芬兰加入欧盟之后,1998 年在巴伐利亚抵押贷款和外汇银行诉埃德加·迪辛格

欧盟法律中的语言与文化：以多学科为视角

案中作出的初步裁决，①欧盟法院裁定采纳了比英语版本解释度更为广泛的德语版本。对其他语言版本的比较显示，所有其他语言版本都与德语版相同，除了瑞典语和芬兰语版以外，这两个版本是遵循英语文本的。我主要关心的不是法院的裁决，而是主要基于英语文本的瑞典语和芬兰语法律翻译的解释价值的启示（Šarčević 2002：260-61）。鉴于在新成员国中英语占主导地位，今天的情况更为严峻。至于克罗地亚法官，他们中的大多数至少在初始阶段会根据克罗地亚案文的相关规定作出决定，除非案文含糊不清或不明确。当他们参照另一种语言版本时，会可能是英语文本。如果英语文本有缺陷且是源语文本的话，如上所述，那与其他语言版本的任何差异都不会被检测到了。现在的情况变得更加荒谬，目前很可能发生这样一种情况——没有人发现有缺陷的译文占了大多数。解决这个问题的办法是使用一种"历史"的译释方法，让法官只比较导致当前纠纷事件发生时的几个有效文本。②

认为所有新成员国在创建欧盟术语和翻译法律法规方面都采用严格的唯英语而定战略是错误的。我们来看一下欧盟法院（Court of Justicel Cour de justice）IATE 中的对等表达的话，会发现一些新的成员国遵循德语"Gerichtshof"这个术语，而其他一些国家则作出了独立的选择："Съэ（保加利亚语）、Soudní dvůr（捷克语）、Euroopa Kohus（爱沙尼亚语）、Bíróság（匈牙利语）、Trybunal Sprawiedliwości（波兰语）、Curtea de Justiţie（罗马尼亚语）、Súdny dvor（斯洛伐克语）和 Sodišče（斯洛文尼亚语）"。在克罗地亚，没有就法院的名字达成共识。事实上，它通常被错误地翻译成"Sud pravde"（法院），是英语的直译。③ 然而，"Sud Europske unije"才是该机构的公认名称，意思即"欧洲联盟法院"。有人认为，用"Sud"（即法院，也是保

---

① Case C/45/96, *Bayerische Hypotheken-und Wechselbank AG v. Edgard Dietzinger* [1998] ECR I/01199.

② 德兰（本书第四章）引用了这个历史性的方法，并将其作为国内法院过去使用的，甚至在亨里克森案中由法律总顾问雅各布提出的一种"创新的"方法。

③ 这个直译也可以被认为是由于历史原因的翻译错误。根据克罗地亚法律史学家和词典编纂家玛祖拉尼（Mažuranić）的观点，"pravda"（正义）的历史意义之一是"sud"（法庭）。因此，用"pravda"这个词来命名法院是多余的。参见 Mažuranić（1975：1078）中的词条。

第十一章
欧盟法律多语言及多文化语境中术语创建的基本原则

加利亚语的解决方案)来命名"法院"(Court of Justice)是不恰当的,后者现在是欧盟法院的三个组成部分之一,就像它不会在非欧盟范围内被认定为卢森堡法院一样。由于缺乏更好的解决办法,布鲁塞尔的律师兼语言学家选择了出现在《欧盟职能运作条约》中有法律效力的克罗地亚语版本中的"Sud";但是,"Europski sud"目前被用在 IATE 中。在对机构和一些关键概念提出可选对等表达的时候会参照其他语言版本,但克罗地亚在这些方面显然是个例外。与此相反,捷克语的翻译和术语学家在加入欧盟前的欧盟术语的创建和翻译过程中,定期参照了几种语言。

起草于 1999 年的捷克语《欧共体法律翻译规则》(Pravidla pro překládáni práva ES)第一版包含超过 100 页的仅仅以英语版为基础的强制性专用术语。然而,第二版扩大到包括法语和德语的源语文本和术语(Obrová and Pelka 2001:107)。捷克协调与修订中心(CRC)(Koordinačni a revizni centrum)鼓励其自由译者采用多语言的方法,将英语、法语和德语的源语文本发给翻译人员。翻译人员将翻译结果返还给部门协调员,并附上一份待批准的,稍后会上传到公共数据库中的术语清单,以供所有翻译和审校人员查阅。在一个严格的制度之后,所有的审稿人都被要求通过比较所有三种源语言来评估捷克语翻译的质量和准确性。为了确保高质量的翻译,修订者被要求达到一种源语言的 A 级水平、第二种语言的 B 级水平以及第三种语言的 C 级水平。然后将修订后的译文发送给部门协调员进行最后的术语整理或进一步的编辑和对术语变更提出建议。由于根据所使用的源语言,被提出的不同的捷克语对等表达经常被建议用于同一个概念,则由部门专家和律师兼语言学家来选择最适当的捷克语对等表达(Obrová and Pelka 2001:105)。

根据奥布洛娃和佩尔卡(Obrová and Pelka 2001:99-107)的说法,捷克共和国的翻译和术语创建的初始阶段采用了临时专设的方法;但是,在 1998 年成立协调与修正中心之后,该国立即开始实行有系统的术语管理方法,从而保证了术语不仅具有连续性而且具有一致性的高翻译质量和可靠性。他们认为,最后阶段最重要的因素是要有一致的术语,这只有通过标准化才能实现。

通过标准化实现术语的一致性

在欧盟术语创建过程中鼓励创造力的同时,太多的文化创新并不是一件好事。术语一致性是欧盟术语创建和法律翻译的一个金科玉律,在翻译法律法规这样一个巨大而严肃的事业中尤为如此。出于这个原因,《共同实用手册》的第6条强调,用相同的术语表达相同的概念(6.2)。这不仅适用于"包括附件的单一法令的规定,而且也适用于相关法令的规定,特别是在同一地区的执行法令和一切其他法令。一般而言,术语必须符合现行法律"(6.2.2)。因此,在这个问题上,同义词在欧盟法律词汇或任何法律词汇中都没有容身之地。在立法文本中使用同义词尤其具有误导性,因为这意味着提及了一个不同的概念(Šarčević and Bajčić 2011:21-2;Šarčević 2004:136)。因此,一旦一个术语被批准用于一个给定概念的官方对等表达后,译者即使不认为它是最好的解决方案,也必须使用它。

根据术语管理的最佳实践操作,术语的强制性使用只能通过标准化来实现,因为这可以将术语与给定的概念联系起来(Cabré 1999:199-201)。但这并不意味着概念不能也不会改变。特别是在欧盟法律中,法律概念会不断变化而且受制于变化。另外,一旦一个术语被分配给一个特定的概念后,改变这个术语就会使整个系统不稳定。对于一个标准化的术语体系来说,一个术语被用来指称一个单一的概念也是可取的。从这个意义上说,《共同实用手册》的第6条不鼓励一词多义:"不得用相同的术语来表达不同的概念"(6.2)。然而,这在法律领域却难以实现。因此,经常会出现这样的情况,即同一个欧盟术语被用来表示法律不同领域的不同概念,而用户应该能够根据上下文来识别它。

为了在加入前期阶段进行标准化,欧盟的各国语言术语应该由跨学科的专家、术语学家和其他语言学家,最好是由各国政府授权的语言学家批准(和/或提出)(Šarčević and Bajčić 2011:25;Rirdance and Vasiljevs 2006:

第十一章
欧盟法律多语言及多文化语境中术语创建的基本原则

19；in general Cabré 1999：200）。为了确保所有用户的可访问性，通过中央术语数据库进行传播就至关重要。回顾历史，可以说，2004年扩大的新成员国大部分都遵循了这些做法。通常，负责组织翻译的翻译协调组也建立并维护了欧盟的国家术语数据库。在某些情况下，各国的翻译协调组也批准了这个术语，例如上面提到的捷克协调与修正中心以及于1997年在司法部设立的匈牙利翻译协调组。匈牙利翻译协调组的工作人员由四到九名专业术语学家和律师兼语言学家组成，负责对翻译进行最后的语言和法律语言修订，并与在2000年由参与的部委、国家机关、大学和匈牙利科学院一起协作来解决有问题的术语（Somssich and Varga 2001：71）。匈牙利翻译协调组今天依然在运作，而规范国家术语的匈牙利语言术语委员会则在2005年成立（in Rirdance and Vasiljevs 2006：45）。

拉脱维亚的术语工作处在很高的水平，翻译及术语中心（TTC）在活动的最初阶段投入了大量的时间和资源，为欧盟法律术语的创建和标准化奠定了基础，并为将法律法规翻译成拉脱维亚语设定了标准。在翻译及术语中心成立一年后的1998年，该国开始创建统一的术语数据库。每个翻译起草过程中都会分配一名术语学家与译员、修订者和翻译及术语中心之外的部门专家进行密切合作。为了确保术语的一致性和可靠性，只使用了拉脱维亚科学院术语委员会（LAS 的 TC）批准的、在拉脱维亚立法中使用的或在一般性操作中已经建立的术语（Lejasiasaka 2001：121）。拉脱维亚科学院术语委员会目前由26个学科领域的小组委员会组成，自1999年起就负责提出、批准和规范拉脱维亚术语。根据瑞丹斯和瓦希耶夫的说法，"拉脱维亚科学院术语委员会决定是否借用欧盟文件中的英语术语，决定如果在现在的词汇中找不到相应的术语时是否创建新的拉脱维亚术语"（2006：81）。鉴于拉脱维亚术语高标准的悠久传统，里加的蒂尔德（Tilde）是欧洲术语库项目背后的推动力量也就不足为奇了，该项目催生了将新成员国的语言与其他术语库和在欧盟内外的公共领域的国家和组织的资源联系起来的中央欧洲术语数据库。①

综上所述,可以说标准化是实现强制性术语使用的前提条件,从而达成术语的一致性,这是保证欧盟法律有效沟通的要求。候选国家可以借鉴他人经验,但是最终每个国家都应该选择自己的术语创建战略,在加入之前的阶段的具体情况下,在各种资源和包括语言学家及律师在内的现有专家方面,尽力实施最佳的术语管理。无论如何,术语学家和翻译家所发挥的重要作用不容低估。一旦通过认证,"译本"就成为具有法律约束力的文本,其中的条款就直接影响到欧盟法律在特定国家的适用。修改或替换欧盟立法中的"错误术语",必须由发布该法案的机构采取行动。如果在之后的法令中也使用了"误导性或错误的术语",那么只有当相关法令被编成法典或重写时才能改动(Somssich et al. 2010:75)。

结语:创造与统一的二分法之文化维度

受篇幅所限,只能指出一些一般性的欧盟立法翻译以及具体的候选国对法律法规翻译中的欧盟术语成功创建的一些基本原则和准则。我没有将本章所讨论的基本原则和准则集合成一个目录清单,而是简要地回顾了所有译者和术语学家在制定欧盟二级术语时所面临的基本困境,这将更有裨益。这个困境就是,在其他语言版本中进行术语对齐(统一),或者创建一个旨在满足目标用户期望的术语(创新),哪一种做法更加有效? 这个基本问题值得进一步评论,因为它揭示了欧盟术语创建中的文化层面和忠实度问题,这在加入前和加入后的阶段似乎有所不同。

关于加入前的观点,根据我在克罗地亚的经验和其他参与早期的候选国家法律翻译人员的经验,可以说,本国的翻译协调组成员致力于培养术语创建的文化层面,这不仅仅是尊重语言正确性的要求。他们在时间压力

---

① 创始国家包括爱沙尼亚、匈牙利、拉脱维亚、立陶宛和波兰,参加该数据库的语言数量已增至34个,其中包括俄语和汉语。其中一个主要目标是通过协调、收集和传播公共术语资源来加强欧盟新成员国的语言基础设施;参见 Rirdance and Vasiljevs(2006:11)。

第十一章
欧盟法律多语言及多文化语境中术语创建的基本原则

和追求完美之间左右为难(Obrová and Pelka 2001：113)。在欧盟术语创建过程中的主要目标是创造可靠的新术语，用以满足目标用户在国内的期望(Somssich and Varga 2001：75)。因此，他们更喜欢用自己的语言进行创造而不是保持统一，并将其他语言作为保证有效沟通的一种手段。毕竟，正如罗伯逊所说的(本书第三章)，加入前阶段的术语创建主要与"垂直的"语言问题有关，也就是说，在单一的语言之内，与跨语种的"横向"问题或"与所有语言平行"相反。因此，他们对自己的本民族语言和文化的优先考虑或忠诚度是很自然的。作为"外来者"，几乎没有或者根本没有压力来考虑横向问题，如跨语言达成一致性。在翻译和术语学家被翻译总司聘用成为"内部人员"之后，这似乎发生了相当剧烈的变化。

翻译学院毕业后加入翻译总司后来又回到学术界的芬兰语翻译学者科斯基宁(Koskinen)承认，一旦进入该机构，"翻译人员就不能随意使用何策略"，而是必须遵守一个指明要使用直译方法的"实践准则"。尽管欧盟的文化价值观和语言具有多样性，翻译者还是要在压力之下，忘记翻译研究的文化转向，并避免目标受众的具体文化特性，"优先考虑表层相似性，以此期望能保证各种译本的读者都会得到同样的信息"。因此，对等(equivalence)常常被认为是指"语言对应或文字再现"，从而将对等概念简化为没有质量要求的"单纯的视觉对等"："重要的是，所有版本看上去都是一样的"(Koskinen 2000：54-6；亦可参见科斯基宁 2008 年出版的利用人种志方法研究欧盟翻译的著作)。从科斯基宁的言论看来，所有的语言多样性，即使是在这个术语的层面上，都被认为是对统一解释的一个潜在的威胁，因此未加鼓励。由于欧盟对严格的语际联系的要求与翻译研究中的文化方法相冲突，因此欧盟译者和术语学家需要忘记开明的理论，并使用他们的老师让他们忘记的传统方法(参见 Pym 2000：12)。正如科斯基宁所言，他们作为"内部人"的角色让他们理应忠于这个机构和"去文化交际"的政策(2000：54)。尽管垂直语言问题依然重要，但横向考虑似乎占上风，因此天平倾向跨语言统一，以达到在全联盟内实现统一译释的目的。

关于术语，科斯基宁评论说："欧盟的特定文化已经为每一种语言产生了新变体,这种变体翻模了该语言的结构,并引入了各种各样的新词",而"这些新词在它们的老家却没有得到一致的支持"(Koskinen 2000:53;关于欧盟文化的发展,参见 Koskinen 2008:80)。她认为,欧盟的"小语种"特别脆弱,特别是芬兰语,它当时是唯一的非印欧语系的欧盟官方语言。虽然公民们对"奇怪而不自然的"芬兰语的抱怨并没有被忽视,但对其答复却是统一的:"无论这种语言实验的结果乍看起来多么奇怪,经验表明,在欧盟机构内(或者由其)创造的词汇很快就会被大多数(欧洲)怀疑论者所接受"(Gozzi 2001:32)。换句话说,国内用户别无选择,只能接受来自布鲁塞尔的欧盟的新说法和辞藻。这引出了几个问题:这个相当苛刻的立场是否意味着,所有加入欧盟之后的对术语的抉择都只能由在布鲁塞尔的总部决定?欧盟的译员和术语学家还需要调整他们的忠实优先的考量吗?

  看起来,欧盟机构的政策已经松动了,现在可以建立一个正式的协调机制来引导各个成员国的语言表达。在这方面,索米奇等人(Somssich et al. 2010:46-9)的研究认为,由于新成员国大多采取主动行动,对被用在欧盟立法文本中的术语的抉择协调"越来越多"。例如,在加入欧盟前的阶段内建立的一些翻译协调组尽管人员减少了,但仍保持活跃,并与欧盟机构就术语问题进行合作和/或积极参与自己国家语言的欧盟术语的集成。例如,在拉脱维亚、匈牙利和罗马尼亚就是这种情况。在波兰,波兰语言委员会协助翻译总司的波兰语小组。在斯洛文尼亚,2009 年启动了一个项目,建立了一个斯洛文尼亚语术语认证的国家机制,向斯洛文尼亚政府办公室就欧洲事务提供术语,它是与欧盟机构进行语言合作的中央协调机构。在芬兰,2009 年成立了翻译欧盟立法的网络,以促进欧盟机构的芬兰语译员与国家官员之间的合作。通过这个网络,芬兰语译员和专家在文本被正式采纳前就术语问题能迅捷地联系。在爱尔兰,爱尔兰语术语委员会对欧盟机构的爱尔兰语翻译提供了支持,对新术语提出建议并审查拟列入 IATE 数据库的术语(参见 Somssich et al. 2010:48-9)。

  虽然新的协调制度并没有引起欧盟机构在跨语言统一度问题上的明显变化,但它至少提供了欧盟翻译人员和术语专家及其同事与各国国内的专家学者之间的联系,从而确保他们在语言使用方面保持最新状态,并对诸如用户接受度等问题提供反馈。最重要的是,它重新激发了他们对本国语言和文化的忠诚,防止他们完全沉浸在欧盟的统一的文化之中。这有积极的结果,能提醒他们有责任通过在创造和统一之间取得适当的平衡,在欧盟法律中促进有效的沟通交流。

参 考 文 献

Barbić, J. 2013. Jezik u propisima, in *Jezik u pram*, edited by J. Barbić. Zagreb: Hrvatska akademija znanosti i umjetnosti, 49-77.

Cabré, M. T. 1999. *Terminology: Theory, Methods and Applications*. Amsterdam: John Benjamins.

Cornu, G. 1990. *Linguistique juridique*. Paris: Montchrestien.

Dannemann, G. 2012. In search of system neutrality: methodological issues in the drafting of European contract law rules, in *Practice and Theory in Comparative Law*, edited by M. Adams and J. Bonhoff. Cambridge: Cambridge University Press, 96-119.

De Cruz, P. 1999. *Comparative Law in a Changing World*. London: Cavendish Publishing.

De Groot, G.-R, 2012. The influence of problems of legal translation on comparative law research, in *The Role of Legal Translation in Legal Harmonization*, edited by CJ. W. Baaij. Alplien aan den Rijn: Kluwer Law International, 139-59.

Gambier, Y. 1998. Mouvances eurolinguistiques. Cas de la Finlande, in *Europe et traduction*, edited by M. Mallard. Arras: Artois Presses Université 295-304.

Goffin, R. 1999. Terminographie bei der Europäischen Kommission, in *Fachsprachen /Languages for Special Purposes*, edited by L. Hoffmann, H.

Kalverkämpfer and H. Wiegand. Band2. Berlin: Walter de Gruyter, 2124-38.

Gozzi, P. 2001. Experiences in countries preparing for membership, in *Legal Translation: Preparation for Accession to the European Union*, edited by S. Šarčević. Rijecka: Faculty of Law, University of Rijcka, 23-34.

Joint Practical Guide of the European Parliament, the Council and the Commission for persons involved in the drafting of European Union legislation. 2013. Available at: cur-lex. europa. eu/content/pdf/techlcg/joint-practical-guide-2013-en. pdf.

Kageura, K. 2002. *The Dynamics of Terminology: A Descriptive Theory of Term Formation and Terminological Growth.* Amsterdam: John Benjamins.

Kjær, A. L. 2007. Legal translation in the European Union: a research field in need of a new approach, in *Language and the Law: International Outlooks*, edited by K. Kredens and S. Goźdź-Roszkowski. Frankfurt am Main: Peter Lang, 69-95.

Koskinen, K. 2000. Institutional illusions: translating in the EU Commission. *The Translator*, 6(1), 49-65.

Koskinen, K. 2008. *Translating Institutions: An Ethnographic Study of EU Translation.* Manchester: St. Jerome.

Lejasiasaka, I. 2001. Development and use of uniform Latvian terminology at the Translation and Terminology Centre. *Terminologie et Traduction*, 2, 118-29.

Mattila, H. 2013. *Comparative Legal Linguistics.* Farnham: Ashgate.

Mažuranić, V. 1975. *Prinosi za hrvatski pravno-povjestni rječnik.* Drugi dio. Zagreb: Informator. Originally published 1908-1922. Zagreb: Jugoslavenska akademija znanosti i umjetnosti.

Obrová, P. and Pelka, J. 2001. Translation of EC law into Czech. *Terminologie et Traduction*, 2, 94-117.

Pasa, B. and Benacchio, G. A. 2005. *The Harmonization of Civil and*

Commercial Law in Europe. Budapest: Central European University Press.

Priručnik za prevođenje pravnih akata Europske unije, 2002. Ministarstvo za europske integracije. Zagreb. Available at: www. mvep. hr/files/file/prirucnici/ MEI _PRIRUCNIK. pdf.

Pym, A. 2000. The European Union and its future languages: questions for language policies and translation theories. *Across Languages and Cultures*, 1 (1), 1-17.

Rirdance, S. and Vasiljevs, A. (eds) 2006. *Towards Consolidation of European Terminology Resources; Experience and Recommendations from Euro TermBank Project*. Riga: Tilde.

Sandrini, P. 2009, Der transkulturelle Vergleich von Rechtsbegriften, in *Legal Language in Action: Translation, Terminology, Drafting and Procedural Issues*, edited by S. Šarčević. Zagreb: Globus, 151-65.

Schübel-Pfister, I. 2004. *Sprache und Gemeinschaftsrecht*. Berlin: Duncker and Mumblot.

Somssich, R. and Varga, K. 2001. Consistency and terminology in the translation of Community legislation in Hungary. *Terminologie et Traduction*, 2, 58-81.

Somssich, R., Várnal, J. and Bérczi, A. 2010. *Lawmaking in the EU Multilingual Environment*. Brussels: European Commission. Directorate-General for Translation.

Strinz, R. 1999. *Europarecht*. Heidelberg: C. F. Müller Verlag.

Šarčević, S. 1997. *New Approach to Legal Translation*. The Hague: Kluwer Law International.

Šarčević, S. 2001. Preserving multilingualism in an enlarged European Union. *Terminologie el Traduction*, 2, 34-50.

Šarčević, S. 2002. Problems of interpretation in an enlarged European Union, in *L'interprétation des textes juridiques rédigés dans plus d'une langue*, edited by R. Saeeo. Torino: L'Harmattan Italia, 239-72.

Šarčević, S, 2004. Creating EU legal terms: internationalisms vs. localisms, in *Terminology at the Time of Globalization*, edited by M. Humar. Ljubljana: ZRC SAZU, 128-38.

Šarčević, S. 2006. Die Übersetzung von mehrsprachigen EU-Rechtsvorschriften, in *Insights into Specialized Translation*, edited by M. Gotti and S. Šarčević. Bern: Peter Lang, 120-52.

Šarčević, S. 2012. Coping with the challenges of legal translation in harmonization. in *The Role of Legal Translation in Legal Harmonization*, edited by C. J. W. Baaij. Alphen aan den Rijn: Kluwer Law International, 83-107.

Šarčević, S. and Bajčić, M. 2011. Stvaranje hrvatskoga nazivlja za europske pojmove: Kako srediti terminološku džunglu? in *Hrvatski jezik na putu u EU*, edited by M. Bratanić. Zagreb: Institut za hrvatski jezik i jezikoslovoje/ Hrvatska sveučilišna naklada, 21-32.

Šarčević S. and Čikara, E. 2009. European vs. national terminology in Croatian legislation, in *Legal Language in Action; Translation, Terminology. Drafting and Procedural Issues*, edited by S. Šarčević. Zagreb: Globus, 193-214.

Translation and Multilingualism. 2012. Publication of the DG for Translation. Available at: ec. europa. eu/dgs/translation/publications/brochuies index_en. htm.

Wagner, E., Bech, S. and Martínez, J. M. 2002. *Translating for the European Union Institutions*. Manchester: St. Jerome.

Wright, S. E. and Wright, L. 1997. Terminology management for technical translation, in *Handbook of Terminology Management*, edited by S. E. Wright and G. Budin. vol. 1. Amsterdam: John Benjamins, 147-59.

第十二章
在国家与欧盟层面上统一欧盟术语之迷思

玛雅·布拉塔尼琪、玛雅·朗萨

术 语 统 一

根据在术语管理中被普遍使用的维斯特(Wüsterian)法,术语统一是任何单语和多语的术语活动的基本要求。如果术语不统一,就不能保证可靠、明确和规范的专业交流。欧盟多语言交际的另一个主要先决条件是术语必须易于获得。这主要是通过欧盟机构间术语数据库 IATE 和欧盟的多语言词库 EuroVoc 以及一些内部翻译和文档工具来实现的。在欧盟多语言立法的背景下,在术语层面和概念层面上进行统一成为保证法律确定性的一个条件。[①]

因此,多语言术语统一意味着要跨语言来建立对等性,以及在同一个语言中对同义词和术语的变体进行规范。术语统一的程序已经在几个 ISO 标准中被详细阐述了,其中主要是标题为《术语工作——概念和术语的统一》(Terminology Work-Harmonization of Concepts and Terms)的 ISO 860:2007(E),它提供了方法和工作流程模式,以用于标准化和统一概念、概念系统、

---

① 从这个意义上说,《共同实用手册》在形式与内容一致性上作了区分。第 6.2 条关于形式一致性的规定如下:"在一个给定的法令中使用的术语必须在内部已经生效的法令中保持一致,特别是在同一领域之内。相同的概念应尽可能地以相同的术语表达,而不得偏离其在普通的、法律或技术性的语言中的含义。"内容一致性被包含在第 6.3 和 6.4 条中。前者写道:"术语的一致性同时必须核查法令本身的内容。该法令内部不得有任何的前后矛盾。"

定义和术语。

如上述 ISO 标准所述，统一始于概念层面，并在术语层面继续进行。概念统一通常被定义为：

  一种会引起在两个或更多紧密相关或重叠的具有专业、技术、科学、社会、经济、语言、文化或其他差异的概念之间建立对应关系，以消除或减少它们之间的细微差别的一种行为活动。

概念和概念系统之间的差异和相似之处必须加以研究，以确定统一的可行性。理想化的话，目标应该是统一整个概念系统。

然而，事实上，就像在欧盟翻译过程中通常的情况一样，由于一些语言和语言外的因素，即使在协调术语发展过程中付出了所有的努力，不一致的术语还是不断产生并被使用。在同一种语言和不同语言的概念之间的差异通常在术语层面上不太明显，因此在可能发生误解或彻底损害法律效力的情况发生之前是难以诊断出的。

所有 24 种官方语言版本的平等有效性原则进一步加深了以下印象，即由训练有素的翻译人员和严谨的律师兼语言卫士所保证的翻译程序绝对没有过失。多语言立法的好处得到了许多法律专家的高度认可，即"使用多种语言不会使法律解释的行使更为困难"，因为"其他语言所表达的相同的法律规则可能对理解其意图大有裨益，因此，在确定其意义方面亦是如此"（Ćapeta 2009：106）。然而，这个假设的问题在于，大多数翻译者都缺乏检测潜在的词汇和概念上的不一致所需的法律技能背景，无论其有多么熟练和经验丰富。

与其他特殊语言交际领域相比，在欧盟法律翻译的背景下，尽管有充分的控制机制，术语的统一往往是可望而不可即的。本章试图根据候选国家（此处是克罗地亚）法律翻译的例子来确认造成这一现象的主要语言和语言外的原因，并给出一个不是很系统性的，对造成这种现象的系统及语用的不同原因的总结。

第十二章
在国家与欧盟层面上统一欧盟术语之迷思

欧盟术语的创建

赛捷尔(Sager 1990：80)区分了一级和二级术语的创建。一级术语的创建是涉及一个新概念词汇化的单语言活动。二级阶段为现有的概念创造新的术语。因此,它起步于一个可以是单语或多语言的现有术语。在第一种情况下,这通常是单语修订术语的结果,第二种情况则是知识转移的结果,即现有术语被迁移进了另一个语言社区,在这个不同的语言中创造出了一个术语。

正如费舍尔(Fischer 2010)所阐述的那样,在多语言术语的一级术语创建中,相同的概念正在被越来越多的语言同步合法化,从而免除了对翻译的需要。然而,在实践中,多语言的一级术语创建分两步走:用一种或几种语言来创建一级术语,然后用其他语言(翻译)创建二级术语。鉴于术语翻译的过程在观念上采用了一种基于称名学的方法,它"首先比较两个概念系统,然后为源术语找到或创造一个等同对应的目标术语",在实践中,它经常以词义学为导向(2010：26-7)。

在欧盟语境下创建一级与二级术语

莎尔切维奇在她的几部著作(Šarčević 1988, 2010)中,讨论了不同法律制度之间概念上的不一致的问题,这在欧盟多语言术语中可以被认为是概念错配的问题,并且表明需要以一个彻底的概念分析作为起点,来确定潜在对等表达的适当性。因此,费舍尔解释说,基于现有术语翻译的二级术语创建过程,确实经常涉及一个或多个概念系统。这里通常有两个基本的过程:在一些语言中指定新的欧盟概念(欧盟条款的多语言一级术语创建)和将现有术语翻译成其他语言(二级术语创建)(2010：26)。

欧盟的概念往往是故意模糊的,以提高它们在成员国不同的法律和政治制度中的适用性,而这些制度在欧洲尚未完全统一。这就导致了对相当模糊的术语的使用,并且还导致了术语精度的缺乏。欧盟法律的正常运作的前提是欧盟概念的自主性,后者是建立在判例法之上的。[①] 然而,欧盟专有概念和欧盟概念体系自主的假设并不完全符合实际,因为在实践中,欧盟和各国的概念系统互相交汇,加之还有 24 种语言要牵扯进来,可能的排列组合是数量巨大的。此外,由于两个或两个以上成员国有时会使用相同的官方语言,因此这种语言就会与一个以上的国内概念系统相关。此外,欧盟术语和有关国家概念体系的术语有时被用于同一个欧盟文本之中(Fischer 2010:27)。欧盟与各国概念之间的这种潜在网络为多种层面的术语变量提供了空间。

有趣的是,法律专家经常对这种重叠表示欢迎,而且对欧盟和国内术语的多义性并不觉得是个问题。这可能是由于这样的一个事实:在他们的理解中,这样的词汇重叠仅仅表示概念的相关性,而不是它们相同的参照。然而,这种情况不可避免地会导致知识不足的译员误解的潜在可能。这证实了一个长期以来的假设:语言和法律的关系是非常具体的,并且与大多数其他领域的概念—术语关系几乎没有相似之处,因为与其他通常学科相比,此处的概念—术语关系往往更为主观随意。正如布莱克胡斯(Brækhus)曾经说过的那样:"如果立法者在一条新的法律中描述了一种法律现象,而不是在之前的法律中的话,那么法律现实就会变化:法律只存在于人类语言中"(Brækhus,1956:14 cited in Mattila 2013:137)。

法规翻译中的术语不一致

法律翻译中术语的不一致性发生在术语层面,即在目标语言中使用不同的术语来指称相同的欧盟概念,以及在目标语言中使用的术语有一个以上的概念,无论是在欧盟层面,还是在欧盟和国家层面上。下文将试图找出加入欧盟之前的克罗地亚在欧盟法律翻译中术语不一致的一些原因。

---

① 关于欧盟概念自主,参见本书克嘉和恩格伯格的第六章和第十章。

第十二章
在国家与欧盟层面上统一欧盟术语之迷思

术语不一致的现实原因

术语不一致可能是由于与语言或术语欠缺本身密切相关的原因造成的。例如,在克罗地亚的欧盟法律翻译是许多具有不同程度的专业知识和经验的翻译人士在压力下进行的。由于整个欧盟的术语都是从零开始创建,这就导致术语缺乏一致性,尤其是在词汇表、词典或术语库的翻译辅助工具尚未到位的初始阶段。尽管欧盟法律本身通常被认为是静态的,但因其在日渐壮大,所以它的本质是动态的,而其他部分会被修改或废除。除了不固定的加入日期之外,需要翻译的欧盟法律一直处在不停的变化之中,这种波动不可避免地影响了翻译和定稿的过程。

有关这一点,可以关注下表中的变化(见表12.1)。表格是克罗地亚处于加入程序期间指定翻译文件的"优先级清单"。克罗地亚在2003年提出正式请求之后不久,即在加入之前两个月,截止到2013年4月,欧盟法律OJ页面的总数大约占所接受到的要翻译的文件的1/3。①

表12.1 欧盟法律即时变化(OJ页码数目)

	OJ页码数目
2003年6月	75,448
2013年4月(收到总数)	215,702
排除总数(有效期终止;已翻译完成)	61,386
最终优先清单	161,523

翻译过程正式结束时,超过68,000个OJ页面(其中大部分已经由克罗地亚翻译人员翻译完成)已经被废除和彻底排除,因为文件的效力已经过期。有时候,文件会被撤回,然后再返回到优先清单。例如,2004年1月

---

① 克罗地亚外交和欧洲事务部的翻译协调组与我们口头沟通了这一信息。超过214,000个OJ页面或约21,300份文件2004年12月1日之后被送往欧盟,当时第一批文件被上传至TAIEX CCVista(ccvista.taiex.be)。

20日的委员会2004/6/EC指令①改变其地位达八次之多。由于优先清单的极端波动，外交与欧洲事务部开了一个内部玩笑，称之为"移动目标"，这个暗喻最终被所有欧盟机构采用。考虑到所有的变化，据我们所知，在加入日期递交的OJ页面数量超过160,000个。

克罗地亚加入欧盟日期的不确定是另一个现实的原因，这最终导致期限紧迫。与之前的欧盟扩大的情况相反，加入日期（2013年7月1日）在该进程的最后阶段才确定。翻译机构因为没有最后的期限，所以没有聘请足够数量的律师兼语言学家对译文进行最终的法律语言学审定。相反，所有文件都是由欧盟机构为此目的从2010年开始招聘的人数很少的克罗地亚律师兼语言学家小组完成，因此必须要在很短的时间内完成大量的页面。对发现错误的案例，没有建立程序，律师兼语言学家在最后一刻进行了太多的修改。

欧盟翻译辅助工具

由于在加入准备工作开始的时候对翻译欧盟法律的克罗地亚翻译人员来说并不存在专门的翻译工具，即使现在也很少，所以翻译人员不得不依赖现有的翻译辅助工具。但是，欧盟翻译工具在统一性方面并不总是完全可靠的。术语库（特别是IATE，但也有Euramis）②并不是严格意义上的规范性的，而更多是描述性的。IATE通常基于术语而不是基于概念，因此，概念并不总是作为单个术语条目来处理，这在分析"一般政府"（general government）这个术语时很容易被注意到，这个单一概念对应六个不同的根据领域而分的条目（见表12.2）。尽管IATE领域分类系统基于EuroVoc词库，但遗憾的是，它不能消除多层级的问题，正如EuroVoc所做的那样，有些概念可以归类在好几个主题领域，但EuroVoc只是把它分配给了在用户看来似乎最合乎逻辑的领域。

---

① 2004年1月20日，委员会2004/6/EC指令背离了2001/15/EC指令，前者推迟了对某些产品的贸易禁令的启动。

② Euramis即"欧洲高级多语言信息系统"，是欧洲委员会的翻译记忆库。

表 12.2　在 IATE 中的术语"一般政府"

术语	领域
一般政府	行政架构[COM]
	政府会计[COM]
	行政法[EP]
	行政权力和公共服务[COM]
	经济、统计[Council]
	共同体财政、金融、会计、经济学[ECA]

不统一的语言学来源

欧盟多语言立法并非基于共同起草,即所有语言版本同时或交替起草。欧盟立法目前主要以英语来起草,然后再翻译成其他官方语言。正是在这一点上,出现了二级术语的创建。在文本层面,各种官方语言的事实上的翻译变成了法律上的有效文本。尽管欧盟立法的所有同样有效的文本被认定具有相同的含义,但事实证明这在现实中只是一个幻想。欧盟法律文本的平等有效原则在理论上应基于多语言的一级术语制定;然而,欧盟多语言立法的产生主要是以英语为基础的二级术语的创建过程,或者是现在较少见的法语。根据特默曼(Temmerman)的说法,这种情况导致欧盟文本以"欧洲英语"来起草,拥有不同语言和文化渊源的欧洲人也由此越来越多地这样做。因此,"如果欧洲英语已经成为通用语,如果欧洲人仍然有权利使用所有欧洲语言来获得信息的话,那就得一直去处理意义近似的问题"(2011:114)。

词汇变异:一个概念对应一至两个术语

尽管"相同的概念应该用相同的术语表达"(《共同实用手册》第 6.2 条),欧盟立法者有时甚至在同一篇文章中也使用同义词。使用一个以上的术语来指定相同的概念是有误导性的,因为它暗示了其基本概念也是不同的。例如,在《欧盟条约》和《欧盟职能运作条约》的统一版本中,"third country"(第三国)一词出现了 18 次,"third State"出现了 4 次。在克罗地亚语文本中,"treća zemlja"(third country)出现了 21 次,"treća država"(third State)只有一次,呈现出统一的趋势。

具有讽刺意味的是,在认证法律译文中不适当的解决方案有时会导致在日常使用中创造出更合适的术语。例如,"欧洲议会的议员"在克罗地亚语的官方术语中是"član Europskoga parlamenta",它是从英文直译过去的,而在此上下文中不是标准的克罗地亚语搭配。在克罗地亚行政话语中,更常见的是将"zastupnik"与"Parliament"(议会)联系起来。因此,几乎完全在日常实践中使用的术语是"zastupnik Europskoga parlamenta",而不是上面所引用的官方术语。

另一个不恰当的克罗地亚语解决方案的例子是"Court of Justice"的"Sud"这个词。由于这个名称被认为是过于笼统的,不能用作该具体司法机构的名称,因此通常会增加个"European"(欧洲)的定语。这反过来又引起了另一个问题,因为有一些作者使用"Europski sud"这个名称来称呼欧盟法院,而另一些人用它来称呼法院。由于所讨论的术语的区分不明确,这种模糊使用则会导致混淆。

有时候律师兼语言学家用新的术语来取代既定的术语。例如,为在公共财政体系的一般政府使用的既定术语——"opća država"这个克罗地亚语术语,由于未知且明显不必要的原因而在最后的法律语言版本中被替换成了"ukupna država",由此为同一个概念创造了一个新的术语。同样的事情发生在下列克罗地亚术语之中,即国家政府("regionalna država"被改成了"savezna država")以及社会保障基金("fondovi socijalnog osiguranja"被改成了"fondovi socijalne sigurnosti")。例如,在第 2223/96 号理事会条例①中使用了"新"术语。另外,第 ECB/2013/23 号准则②使用了原始术语,后来由

---

① Council Regulation (EC) No. 2223/96 of 25 June 1996 on the European system of national and regional accounts in the Community.

② Guideline ECB/2013/23 of the European Central Bank of 25 July 2013 on government finance statistics.

第十二章
在国家与欧盟层面上统一欧盟术语之迷思

欧洲中央银行的克罗地亚律师兼语言学家翻译而出。多个术语对应同一概念的情况是不受欢迎的,应该通过一切手段来避免。

另外,在国家统一立法中已经确立的一些术语在克罗地亚新术语中被优先考虑,从语言学的立场和易懂程度来看,这些术语被认为是更加适当的(例如共同体商标的"žig Zajednice",而不是"zaštitni znak Zajednice")。

不同概念的两个密切关联的术语

有时在英语中会使用类似的术语来表示不同的概念。例如,"border control"(边界管制)、"border checks"(边界检查)和"border surveillance"(边界监视)①就表示了三个不同的概念,其中第一个概念比第二个概念层级更高。使用类似的术语可能会导致错误的假设,即它们表示相同的概念。另外,在克罗地亚,"garancija"(担保)和"jamstvo"的术语有时被认为是同义词,尽管它们表示两种不同的法律概念。

经常使用不同的概念而不去区分它们时就会产生混淆,就像"undertaking"(poduzetnik)、"enterprise"(poduzeće)和"company"(trgovačko društvo)三个词的情况一样。不能区分这些术语的原因之一在于,Euramis中"公司"有六个不同的克罗地亚语术语,每个术语代表不同的概念。因此,《欧盟立法指南》第17章的标题"企业法"的克罗地亚语翻译已经被修订了三次,导致了三种不同的翻译。首先它与公司法混淆,错译为"Pravo trgovačkih drustava"。在克罗地亚加入欧盟时,它被称为"Pravo poduzeća",从那时起,人们优先使用"poduzetnik"这个相当令人困惑的术语,从而导致了"Pravo koje se odnosi na poduzetnike"。②

虽然相似,但公共服务(public servile, Javna sluzbd)和官方权力(official authority, Javna ovlast)的术语根据具体情况而有所不同,如在工人自由流动的背景下谈的是公共服务(Art. 45(4) TFEU),在提供服务和自由设立企业

---

① Regulation (EC) No. 562/2006 or the European Parliament and of the Council of 15 March 2006 establishing a Community Code on the rules governing the movement of persons across borders (Schengen Borders Code).

② See, for example, eur-lex. europa. eu/eu-enlargement/hr/special. html.

的语境下谈的是官方权力(Art. 51 TFEU)。同样,"强制要求"(obvezni uvjet)一词在自由提供服务和自由设立企业的语境下被用于货物的自由流通和与公共利益有关的压倒一切的理由(prevladavjući razlog od ópćeg interesa)。由欧盟法院引入的这两个术语在使用时是不加区分的,由此引发了这样的问题:它们是否可以被认为是指各自独立的概念?这是一个非常敏感的领域,因为判例法引入了新的概念,由此潜在的新条款就需要进行统一。

有时很难确定两个术语是否代表两个不同的概念还是同一个概念。这种不确定的关系有很多例子。例如,"公共政策"(javni poredak)和"公共利益"(javni interes)在国际私法中是不同的概念,但一些克罗地亚律师则认为它们在欧盟法律中是同义词。

一些欧盟术语的关系错综复杂。随着时间的推移,立法者引入了新的术语,但也改变了基本的概念,从而导致了混乱。例如,"共同市场"(common market)、"单一市场"(single market)和"内部市场"(internal market)是不同术语所表达的相同概念或不同的概念。也就是说,成员国的国内市场在内部市场领域合并而形成一个单一市场。由于条约中的共同市场和内部市场条款的不一致而造成了这种困境,这因《里斯本条约》(Treaty of Lisbon)的生效而得到了解决。迄今为止,内部市场是条约中唯一使用的术语;然而,统一术语还没有建立,因为单一市场这个词在其他文件中被使用,而在这些文件中它也经常被认为是内部市场。

两个术语对应单一的欧盟术语:两个克罗地亚语概念

在某些情况下,一个单一的英文术语可以被译成两个不同的克罗地亚语术语,这两个术语相关联但却不是完全相同的概念。例如,"公共卫生"一词可以根据具体情况在克罗地亚语中称为"javno zdravlje"(condition 条件)或"javno zdravstvo"(system 系统)。当克罗地亚卫生部在没有明显的原因的情况下将其语言学上更合适的"Ministarstvo zdravstva"的名称改名为"Ministarstvo zdravlja"时,问题就出现了,这有可能是遵循了英语和其他一些语言的模式。

第十二章
在国家与欧盟层面上统一欧盟术语之迷思

与术语"consolidated version"(统一版本)及其基本概念有关的混乱说明了当现有的具有不同含义的国内术语被用来指定欧盟概念时可能发生的危险的不匹配情况。混乱的根源可能是对国家或欧盟术语或两者的含义知之甚少。在这种情况下,两个克罗地亚词语"konsolidirana verzija"和"pročišćena inačica"首先被不加区分地在统一版本中被当作同义词,但后来又被指定给了两个不同的概念,正如欧盟法律的克罗地亚语译者(大多数但不一定是全部)区分了两个不同的概念。这导致第一个术语具有通常的意思,即"后来的修正案被纳入其中,但没有法律效力的文本版本",而第二个术语则取得了"国家体系经过一定程序的核查,通常是立法的文件版本"的含义。目前,IATE 中的统一版的克罗地亚语对等表达是"pročišćeni tekst",但各自的定义差别很大。

历史原因

术语和名称会随着时间而改变。同许多其他表述一样,早在 2003 年 2 月 1 日《尼斯条约》(Treaty of Nice)生效时,《欧洲共同体官方日报》(*Official Jourhal of the European Community*)就被改为《欧盟官方公报》(*Official Journal of the European Union*)。随着《里斯本条约》于 2009 年 12 月 1 日生效,欧盟获得法人地位,正式取代欧共体。同样,三大支柱结构也被解散,共同体法正式成为欧盟法或联盟法。虽然"共同体"这个词现在已经过时了,但它仍然被用在许多其他的术语和搭配中(共同体商标、共同体设计、共同体植物品种权等)。在这种情况下,逻辑上产生的问题是,在统一国内立法期间是否应将所有包含"Community"(Zajednica)的术语和表述都改为"Union"(Unija),或者是否应该保留"Community",尽管它指的是"Union"(且已不再存在)。

正字法的原因

克罗地亚译者在欧盟理事会引发的一个两难问题揭示了另一个相当明显的不一致的根源,但后果可能不那么明显。在 EuroVoc 中列出的欧盟理事会主席职位的官方语言对等表达在使用字母大写方面表现出相当大的差异,还有 IATE 中的措辞(理事会主席)的一些变化。这个问题不仅涉及正字法的惯例,而且也涉及这样一个事实:在克罗地亚语也许其他大多数欧盟官方语言中,大写字母被用于实体或机构的名称,而起首的小写字母则表示其职能本身。例如,欧盟理事会主席的具体名字,如立陶宛总统,可以指总统的职能,这导致克罗地亚的翻译使用了大写字母(Predsjedništvo),就像通常在英语中的情况那样,而且在谈到主持行为时就回到小写,或用完全不同的术语(predsjedanje/predsjedavanje)。经过几个欧盟机构的译员和律师兼语言学家之间的冗长的讨论之后,决定这个术语永远指其职能,因此克罗地亚语中应该小写。

结　　语

最近在社会语言学、认知语义学、语篇分析、语料库语言学和其他一些应用语言学科的术语学理论的发展中,考虑了专业交流中的词汇变异现象和词汇动态。尽管术语中的动态概念通常被理解和解释为一系列广泛的方法,但是它通常指出,即使是定义高度标准化的特殊用途语言,也会表现出创造性潜力,引发变异并反映出认知上的动态变化。这种见解必将在未来对特殊用途语言交流过程的理解产生影响,特别是在多语言和多文化背景下。上面讨论的一些例子也佐证了这个观点。法律语言和法律术语通常不像大多数其他学科那样易于改变;然而,尽管前面提到了正在进行的概念控制和术语统一过程,但法律的"欧洲化"及其在各国术语数量上的飞速增长为不受控制的变化提供了空间。

正如特默曼(Temmerman)所指出的那样,变化往往是认知驱动的,在专家话语中不应该轻易地被忽视。她预测术语标准化的传统意义可能需要重新定义为"一个动态的社会过程,期间有许多因素在起作用"(2011:109)。她认为,虽然欧盟机构间术语库主要是为了实现欧盟机构的术语标准化,但在 IATE 中仍有大量的变化(2011:106)。尽管这当然可以支持上述的一些说法,但这可能不是有意为之的,而是 IATE 中呈现术语方式的偶然结果。在本章所讨论的问题的背景下,从最近完成翻译整个欧盟法律艰巨任

第十二章
在国家与欧盟层面上统一欧盟术语之迷思

务的一个欧盟新语言来看,我们不应该忘记翻译者的立场和日常需求。在如欧盟这样的多语言特殊语言背景下,将缺乏统一性看作不可避免的这种观点可以算是有趣且吸引人的,还应该明白,这种现象在语境起重要作用的语篇层面表现出来的问题要少得多(尤其是单语)。然而,在日常实践中,邦挪诺(Bononno 2000:646)更强调实用的条款,术语往往是"(翻译人员)专设的事情,更多的是填补他们知识空白的问题,而不是在一个给定的话语世界里系统地研究术语系统"。在欧盟翻译服务的多语言、多文化和多语言环境(如欧盟翻译机构)中,欧盟翻译人员仍然依赖统一和协调的术语资源。我们认为,这些资源需要清楚地反映出欧盟法律语言本身就是一种风格类型,虽然欧洲法律术语经常有意含糊不清,但它并不代表广泛到足以涵盖欧盟和各国的法律、意识形态或语言特质的概念集合体,而它更是一个环环相扣的法律体系。

参 考 文 献

Bononno, R. 2000. Terminology for translators: an implementation of ISO 12620. *Meta*, XLV(4), 646-69.

Ćapeta, T. 2009. Multilingual law and judicial interpretation in the EU, in *Curriculum, Multilingualism and the Law*, edited by L. Sočanac, C. Goddard and L. Kremer. Zagreb: Nakladni zavod Globus, 89-110.

Fischer, M. 2010. Language (policy), translation and terminology in the European Union, in *Terminology in Everyday Life*, edited by M. Thelen and F. Steurs. Amsterdam: John Benjamins, 21-33.

ISO 860: 2007. *Terminology Work: Harmonization of Concepts and Terms.* Joint Practical Guide of the European Parliament, the Council and the Commission for persons involved in the drafting of European Union legislation. 2013.

Available at: eur-lex. europa. eu/content/pdf/techleg/joint-practical-guide-

2013-en. pdf.

Mattila, H. E. S. 2013. *Comparative Legal Linguistics*. 2nd edition. Farnham: Ashgate.

Sager, J. C. 1990. *A Practical Course in Terminology Processing*. Amsterdam: John Benjamins.

Šarčević, S. 1988. The challenge of legal lexicography: implications for bilingual and multilingual dictionaries, in *ZüriLEX '86 Proceedings*, edited by M. Snell-Homby. Tübingen: Francke Verlag, 307-14.

Šarčević, S. 2010. Legal translation in multilingual settings, in *Translating Justice*, edited by I. Alonso Araguár, J. Baigorri Jalón and H. J. L. Campbell. Granada: Comares, 19-45.

Temmerman, R. 2011. Ways of managing the dynamics of terminology in multilingual communication. *SCOLIA*, 25, 105-22.

第十三章
欧洲法庭口译的未来之路

玛蒂娜·巴耶赛琪

引 言

根据《欧洲人权公约》第6条,任何面临刑事指控的人员如果不了解诉讼程序的语言,就必须免费提供翻译服务。虽然所有欧盟成员国都是《欧洲人权公约》的签署国,但并不是所有欧盟成员国都做到了上述要求,至少还不能令人满意(Morgan 2011: 6)。与此同时,欧盟公民日渐增多的流动和欧盟的扩张都增加了涉及外籍公民的刑事诉讼数量,这就需要法庭口译。因此,欧盟已经开始探索弥合成员国之间法庭口译差异的方法。

各个成员国的法庭口译员这个职业在培训、认证、薪资甚至官方地位方面各不相同。为了提出对法庭口译人员的最低要求,委员会于2002年召开了一次专家会议,随后于2003年制定了《绿皮书》,之后又提出了保障刑事诉讼中口译和笔译权的欧洲立法提案。作为《里斯本条约》前期的刑事事务要求的该提案被搁置到2009年,因为没有达成一致的协议。当时的委员会提出了一个框架性决定,以便相互承认法院裁决,并为法院程序引入最低标准来保障对嫌疑人的统一的保护等级。此后,根据《欧盟职能运作条约》第82条,①委员会最后提出了《里斯本条约》生效后通过的刑法领域的

---

① Consolidated Version of the Treaty on the Functioning of the European Union, OJ 2012/C 326/01.

第一部法律文书,即 2010/64/EU 指令。① 摩根(Morgan 2011:7)指出,该指令必须符合《欧洲人权公约》以及欧洲人权法院②的标准,而不是"斯特拉斯堡式"的。因此,认为该指令不仅要解决日益增多的对刑事司法解释的需要,而且要确保所提供的解释和翻译在整个欧盟范围内具有"足够的质量",这确实是一项艰巨的任务。

从这个背景出发,本章前两节考察了如何应对指令对法庭口译职业的影响。该法令的实施为审查法院在欧盟地区的地位,并为寻求改善的方法提供了充分的机会。而后者应从两方面着手:教育或机构的思路和专业思路,这样做的目的是为法庭口译员制定通用资格的路线图,并使这个职业在整个欧盟更加统一,正如最后两节所阐述的那样。这一点反过来又可以提高法庭诉讼的质量,增强欧洲司法裁决的相互承认。

2010/64/EU 指令:刑事诉讼中的口译权和笔译权

针对法庭口译需求不断增长和欧盟各国制定最低标准的需求,欧盟议会和理事会于 2010 年 10 月 20 日通过了 2010/64/EU 指令。成员国转化指令的最后期限是 2013 年 10 月 27 日。与法规不同,指令必须被转化为国内立法,借此,成员国可以选择形式和方法,并通过这种形式和方法来实现指定的指令的结果。2010/64/EU 指令规定要遵守最低标准,这意味着成员国可以有提供更多保护的选择,特别是在实践中如果需要额外保护的话。然而,保护标准不得低于《欧洲人权公约》和《欧盟基本权利宪章》(EU Charter of Fundamental Rights)所保证的权利。关于 2010/64/EU 指令,所有成员国将采用的最低限度规则涉及解释和翻译必要文件的权利,以及口译、笔译和培训的质量。如导言所述,2010/64/EU 指令旨在通过确保免费

---

① Directive 2010/64/EU of the European Parliament and of the Council on the Right to Interpretation and Translation in Criminal Proceedings of 20 October 2010, OJ L 280/1.《里斯本条约》生效后,指令取代了框架性决定。

② 关于欧洲人权法院的相关判例法,参见 Ortega Herráez et al. (2013:91-3)。

第十三章
欧洲法庭口译的未来之路

和适当的语言帮助,为那些不会说或不理解诉讼语言的人来提供解释和翻译的便利。这意味着任何在成员国被控犯有刑事罪的人如果不了解诉讼程序的语言,就有权被配备一名法庭口译员。

尽管具有非斯特拉斯堡式的性质,但该指令的措辞有时是模糊的或不明确的,因此要求成员国在更换和实施指令时谨慎行事。有趣的是,即使"刑事诉讼"的基本概念在"指令"中也没有被定义,相反,它应根据欧洲人权法院判例法进行解释。法律从业人员也应该知道,轻微犯罪,如交通违法案件时,口译人员不需要出席。不过,该指令适用于在对轻微罪行实施制裁之后在法院进行的上诉(第2(2)条规定:"上诉期间或任何其他程序上的适用")。因此,该指令的规定已转化为国内刑事立法和有关轻罪的立法,例如克罗地亚的《刑事诉讼法》和《轻罪法》。①

第2(6)条中关于"远程口译"的指令同样不清楚,该条规定,如果不需要口译员的当场出庭来维护诉讼的公正性,则可以使用远程口译。远程口译可以被定义为同声传译,即口译人员与讲话人或听众不在同一个房间内(Mouzourakis 1996:22-3;cited in Fowler 2012)。迄今为止,会议口译员已经使用视频会议,但法庭口译员却还没有。使用远程口译的可能性在几个方面是有问题的。首先,它假设法院配备了所有必要的技术来实现远程口译;其次,法庭口译人员要能熟练地通过视频链接工作。这两个假设都根本不切合实际。最重要的是,远程口译不适合刑事诉讼的具体情况。虽然可能会削减成本或避免延误,但远程口译可能严重影响法院的顺利运作,因为很有可能参与者说话会速度较快,而这是受时间限制的审判的特点,而且也会因为扩音和其他技术故障等问题。而且,刑事诉讼的语言在法律术语上特别密集(参见 Fowler 2012)。考虑到这一点,远程口译可能具有破坏诉讼公正性的相反效果,甚至会出现由于口译质量差而可能提出上诉并由此导致更高的成本支出。因此,国家当局应考虑远程口译导致的所有可能的后果。

---

① *Zakon o kaznenom postupku* (Croatian Official Gazette Nos. 121/11, 143/12), *Prekršajni zakon* (Croatian Official Gazette Nos. 39/13. 107/07).

第3条中宽泛的规定也是有问题的。第1款规定了一般规则,要求对被告行使辩护权和公正审判权所必需的所有文件提供书面翻译。关于哪些文件被认为是必要的问题,第2款明确这些文件规定为"任何剥夺他人自由、任何指控或控告和判决的决定",而第3款则授权主管当局决定是否有在特定情况下被认为是必不可少的其他文件。再进一步说,第7款承认了一般规则的例外情况,即如果不会损害诉讼的公正性的话,可以对必要文件进行口头概述。主管当局被提醒,不要轻易作出这样的决定,并建议其考虑将重要文件的书面翻译改为口头概述可能带来的后果。虽然口头概述可能会使得成本降低,但是其造成的影响可能会导致违反诉讼权利,甚至会引发国内法院将违反该指令的先决问题递交给欧盟法院。① 第3(5)条规定,被告人发现所需文件或段落未经翻译,那就有权对此裁决提出异议。在这种情况下,成员国的成本将不可避免地增加。②

对具体化的需要

鉴于上述问题,我们将注意力转向《德国关于加强被告在刑事诉讼程序中的诉讼权利法案》(Gesetz zur Stärkung der Verfahrensrechte von Beschuldigten im Strafverfahren, BeVReStG)③,其目的是确保更具体地转换2010/64/EU 指令。即使在该指令发生变更之前,《德国法院宪法法案》(Gerichtsverfassungsgesetz, GVG)④的第187条第1款也规定被告人或被定罪人有权获得免费笔译和口译的服务。德国《刑事诉讼法》(Sfrafprozessordnung, StPO)⑤也载有关于笔译和口译的规定。然而,为了具

---

① 根据《欧盟职能运作条约》第267条,法院有权对条约和仲裁法令的解释(如指令)作出初步裁决。因此,在将来可能会出现有关2010/64/EU 指令的一些有趣的判例法。

② See the communication of 20 February 2013 on questions raised during the transposition of Directive 2010/64/EU in Germany at: http://www. neuerichter. de/fileadmin/user _ upload/fg _ jnterkulturelle_ kommunikation/FG-IK-2013-02. 20 _PM_Umsetzung_ der_ EU-Richtlinie. pdf [accessed September 2013].

③ BeVReStG of 2 July 2013 (German Official Gazette I, 1938 No. 34).

④ *Gerichtsverfassungsgesetz* of 9 May 1975 (German Official Gazette I, at 1077).

⑤ *Strafprozessordming* of 7 April 1987 (German Official Gazette I 1074, at 1319).

第十三章
欧洲法庭口译的未来之路

体解释权,德国联邦议院通过了 BeVReStG,将 2010/64/EU 指令和 2012/13/EU 指令转化为刑事诉讼程序中的知情权。① 于 2013 年 7 月 6 日生效的 BeVReSTG 修改了 GVG 和 StPO 的有关规定。

为了具体说明指令对基本文件的模糊规定,GVG 第 187 条修正了第 2 款的要求,起诉书、指控和判决书应按照指令进行翻译。只有在保证被告的刑事诉讼权利的情况下,才可能对这些文件的内容进行口头翻译或口头汇总。最重要的是,它强调,通常只有被告有辩护律师时才能接受这种解决办法。因此,修改后的条款为国家当局制定了比指令本身更为准确的指导方针。此外,GVG 第 187 条第 3 款规定,只有在被告知道这种放弃后果的情况下,被告才能放弃书面翻译的权利。

判决书的书面翻译对于提出上诉和探索其他补救措施的可能性至关重要。在这方面,BeVReStG 通过在第 37 条中增加第 3 款来修改 StPO,第 3 款规定,判决书和译文应提交给参与诉讼的人。根据 2010/64/EU 指令第 2 条,StPO 被进一步修订,将刑事诉讼期间的解释权扩大到了侦查和司法部门,包括警方问询。这一点是在第 168b 条第 1 款中的"staatsanwaltschaftliche Untersuchung-shandlungen"(公诉机关的调查)被替换成了更宽泛的"Untersuchungshandlungen der Ermittlungsbehörden"(调查机关的调查)一词来完成的。

要解决的最后一个问题是,指令没有规定谁有资格解释和翻译。鉴于指令中的被保护人共同的愿望,即为所有成员国的法庭口译人员创造一个共同的平台,这一点就更令人惊讶。在这方面,指令只要求成员国建立"合格"的"独立笔译和口译员"的注册登记(第 5(4)条),并采取具体措施,确保所提供的口译和笔译的"质量足以维护诉讼的公正性"(第 2(8)、3(9)条)。如何以及由谁来做这件事情还不清楚。但是,指令保证了被告人如果认为翻译质量不足以维护诉讼的公正性,就有权提出投诉(第 3(5)条)。此外,指令要求成员国确保要有一个程序,能确定嫌疑人或被告人是否能

---

① Directive 2012/13/EU of the European Parliament and of the Council on the right to information in criminal proceedings of 22 May 2012, OJ L 142/1.

讲和理解诉讼的语言(第2(4)条)。

鉴于这些义务,成员国应该引入诉讼准则或特别法,向主管司法当局提供更详细的指导,并具体化指令所规定的某些义务,就像 BeVReStG 所做的那样。这样做可以方便司法人员在与法庭口译人员打交道时完成其任务。广义而言,指令第6条规定,成员国应要求"那些负责培训参与刑事诉讼的法官、检察官和司法人员,特别注意在口译人员的协助下交流的特殊性"。

考虑到这一点,在 2010/64/EU 指令之后,专业协会和培训机构可以通过在法庭口译员专业引入必要的变革当中发挥重要的作用。专业协会还应该保留和更新合格的法庭口译人员注册认证,前提是就法庭口译员所要求的资格达成一致。考虑到指令规定的义务,本章的以下部分将重点讨论欧盟的法庭口译质量以及进一步专业化的必要性。

欧盟法庭口译:追求质量

在1909年的一个上诉案件(艾莫瑞·R. 诉 H. M. 监狱长(英国)案)中,①一名聋人被发现无法理解对他提起的诉讼,并根据《精神病罪犯刑法法案》(Criminal Lunatics Act)在未经审判的情况下被拘留。在 R. 诉伊克巴尔·贝古姆案(1985年,英国)中,②传唤了错误的语言口译员。被告的律师不是旁遮普(Punjabi)口译员,而是试图使用一名巴基斯坦会计师,结果审判被取消了。因此,可以得出这样的结论:仅仅是口译员的在场还不符合公正审判的要求;提供的口译必须具有足够的质量。这两个例子表明,口译员在确保公平审判方面发挥着至关重要的作用。

回顾过去,可以说法庭口译已经走过了很长的一段路,但是,还是有很大的改进空间。欧盟 2010/64/EU 指令对成员国的义务明确表示,现在是专业化法庭口译和提高质量的时候了。因此,代表法庭口译人员的专业协会应利用这个机会立即采取行动,加强与有关机构的联系,进一步增强对

---

① Emery-R. v. Governor of H. M. Prison at Stafford, ex parte Emery [1909] 2 K. B. 81.
② R. v. Iqbal Begum; Court of Appeal, 22 April 1985 [1991] 93 Cr. App. R. 96.

第十三章
欧洲法庭口译的未来之路

市场的控制。最重要的是,为了获得专业地位,法庭口译员需要提高他们在法庭上具有重要地位的意识。

法庭口译的概念在欧洲范围内有些模糊,因为法庭口译员的资格和授权存在着国别差异。正如委员会最近一项研究所显示的那样(Pym et al. 2012),其本身的资质地位在整个欧盟范围内并不是完全一样的。在本章的框架内,我们将法庭口译人员定义为被授权让其译文在法律上具有效力的认证译员或宣誓译员。有权发放授权的政府或国家机构各不相同。例如,在奥地利、比利时、捷克共和国、克罗地亚、法国和德国,地方或地区法院负责这种授权,而在爱沙尼亚、波兰、罗马尼亚、斯洛文尼亚和斯洛伐克,是由司法部来授权法庭口译员。成为宣誓译员的先决条件也有所不同。在芬兰,通过授权翻译委员会组织的考试或翻译学位就能获得认证译员的地位。在挪威,考试由挪威经济学院组织,而在保加利亚,外交部认可公司提供认证翻译。在卢森堡,需要五年的工作经验才能成为法庭口译员(参见Pym et al. 2012)。虽然在大多数成员国中不是强制性的,但对这样的要求似乎有越来越多的趋势。事实上,已经提出了建立一个自愿的欧洲译员认证体系(TransCert)[①]的倡议,其中,除其他外,还需要一定数量的强制性工作时间才能进行认证。这些要求是否应该包括值得商榷;但不可否认的是,欧盟需要更为统一的法庭口译资格要求,特别是在2010/64/EU指令的背景下。

应该指出,一些成员国甚至没有宣誓译员的官方体制。例如在英国,没有官方要求法律文件附有证明译员资格的证明。在这种情况下,很难确定谁有权力提供法庭口译,从而确保2010/64/EU指令所要求的足够质量。毕竟,口译和笔译的质量可能是要求复审的理由。此外,有宣誓法庭口译员的一些国家,在找不到法庭口译员的情况之下,允许传唤非口译员(例如,西班牙《刑事诉讼法》1882/2004)。

---

① TransCert(跨欧洲自愿译员认证)是一个欧洲项目,解决了专业人员进一步发展的迫切需求,并提出了欧洲范围内的翻译认证。TransCert 的主要目标是共同解决这些需求,即所有利益相关方参与翻译部门的工作,目的是建立一个完整的"翻译员"职位认证。

此外，成员国使用不同术语来指定宣誓或认证的翻译人员的事实使得难以确定谁可以笔译或口译，尤其是因为这在指令中没有明确的详细规定。各国立法中也存在术语上的不一致性，不同的国内法令有时会使用不同的术语。例如，克罗地亚立法中使用了不少于三个不同的术语：口译员、法庭口译员和宣誓法庭口译员（tumač, sudski tumač, prisegnuti sudski tumač），而指令只使用了术语"口译员"。与法庭口译员不同，克罗地亚语和其他语言的口译员也包括手语口译员。出于这个原因，"Gerichtsdolmetscher"（法庭口译员）一词通常在德国使用，但也有一些法令仅使用"Dolmetscher"（口译员）一词（尤其是《德国司法报酬和补偿法》（Justizvergütungs-und Entschädigungsgesetz, JVEG））。① 2010/64/EU指令的更换提供了一个机会，来消除这些术语上的不一致之处，并在有关法庭口译员活动的所有相关立法中引入统一的术语。

尽管成员国的初始立场不同，2010/64/EU指令的目标是引入一个统一的资格认证体系，以提高整个欧盟的法庭口译质量，并确保所有成员国的审判公正性。鉴于法庭口译人员缺乏专门的培训方案，需要一个特别是侧重于发展跨学科技能的一体化方案。同样，法庭口译员也需要了解他们在法庭诉讼中的重要作用和责任。法庭口译员的具体任务是使司法能够以一种以上的语言进行。为了保证多语言程序的公正审判，法庭口译员必须是称职的。而且，他们需要意识到翻译错误的法律后果。例如，在诉讼期间，口译员和医生之间的沟通错误可能导致新的诉讼。因此，根据指令规定的义务，法庭口译员有义务承担涵盖所有专业职责的责任保险。这包括口译和庭外翻译。例如，由于跨境医疗服务，②病人们正更多地在其他成员国寻求治疗，而这可能会增加对法庭口译员服务的需求。

如上所述，指令第2(8)、3(9)条规定，所提供的翻译或口译必须具有

---

① Justizvergütungs-und-entschädigungsgesetz of 5 May 2004 (Judicial Remuneration and Compensation Act) (German Official Gazette I, at 718, 776).

② 欧洲议会和理事会2011年3月9日关于在跨境医疗中实现患者权利的2011/24/EU指令，OJ L 88/45。

第十三章
欧洲法庭口译的未来之路

足够的质量,以确保嫌疑人或被告人被告知对他们的指控,并能够行使其辩护的权利。此外,根据第2(5)、3(5)条,可能会启动复审来检查质量。但是,如何进行这些程序以及由谁来进行,目前还不清楚。在指令涵盖的情况下的视频记录或口译录音将定期进行质量检查;但是,每个成员国都应该先制定程序规定由谁来进行质量控制。后者应该与培训机构和专业协会合作,而不是由法律从业人员单独进行。毋庸置疑,口译员在如此紧张的工作环境中不会愿意被录音,特别是在没有适当的报酬的情况下。

尽管存在不完善之处,2010/64/EU指令标志着在提高法庭口译质量方面迈出了重要的一步。尽管一些国家(例如在克罗地亚和德国)进一步规定,要处罚工作不负责任的法庭口译人员,指令在明确要求口译和翻译应达到质量要求上已经走出了第一步。此外,指令还规定可以质疑所提供服务的质量,甚至在复审中提出异议。

在此背景下,应该提到由欧洲委员会资助的法律翻译质量项目(以下简称"Qualetra")。为响应2010/64/EU指令,Qualetra专注于培训、测试和评估参与刑事诉讼的法律翻译人员和培训法律从业人员。[①] 为此目的,法庭翻译将法律翻译作为法庭翻译的特殊情况(Pym at el. 2012:20)。尽管通常提及法律翻译活动时是不对其进行区分的,但是只有法庭口译人员才可以提供经过认证的翻译,即带有能证明翻译权威性的,有印章或印戳的官方文件(Pym et al. 2012:23;亦参见Mayoral Asensio 2003:81),而法律译员为不同的司法系统翻译各种法律性质的文件。诸如Qualetra和跨语言培训等欧盟项目(参见Kadrić 2005)是侧重于跨学科技能的发展的,在提高法庭口译质量和为口译人员建立共同培训平台方面发挥着重要作用。这样一个平台是法庭口译员达到相互认可的前提条件,使他们能够在内部市场自由行事。不幸的是,到目前为止,宣誓译员的地位还很少获得跨国界的承认。欧盟法院在2011年3月17日的裁决(合并案件C-372/09和C-373/09 Josep Peñarroja Fa)中指出,法庭专家笔译员的职责不仅仅是载于

---

① 该项目建议被包含于《欧洲人权公约》《欧盟宪章》《斯德哥尔摩计划》和2010/64/EU指令,特别是其第3、5和6条。

2005年9月7日欧洲议会和理事会关于承认专业资格的2005/36/EC指令第3(1)(a)条中定义的"受规制的职业"。① 事实上,西班牙是唯一承认来自欧洲其他国家的宣誓译员专业资格的欧盟国家。虽然这令人遗憾,然而,只有依靠欧盟各地具有统一官方身份的法定口译员提供的法律翻译和口译,才能促进相互承认。

如上所述,需要进一步的职业化来提高法庭口译的质量。根据2010/64/EU指令,职业化应该在两个平行的轨道上进行:教育或机构的和专业的。前者包括为法庭口译员引入专门的项目或培训,最好是在现有翻译和口译项目的框架内,或作为终身学习的翻译培训的一部分。这样的项目应使参与者获得跨学科知识和发展跨学科技能,从而确保高水平的语言、法律、术语和翻译的能力。在专业方面,法庭口译人员和笔译人员协会应该提供更多的保护,规范法庭口译员的地位,并为口译人员在报酬和保护方面提供立法变更的框架。

法庭口译培训

尽管法庭口译员面临着职业挑战,但整个欧洲法庭口译员普遍缺乏专门的资格认证项目课程。与美国和加拿大相反,欧洲口译员,例如在英国,通常在更为普通的领域接受培训,并获得公共法律口译服务的通用资格。鉴于教育和培训在推动法庭口译职业化方面所发挥的重要作用,这点是令人警醒的。因此,应该修改现有的并建立新的翻译培训课程项目,以此适应法庭口译员的具体需求。此外,这些课程项目不应相互冲突,而应更加统一,以确保今后的法庭口译人员能够在所有成员国中妥善地作好准备,迎接面前的专业挑战。

---

① Directive 2005/36/EC of the European Parliament and of the Council of 7 September 2005 on the recognition of professional qualifications, OJ L 255; judgment of the Court (Fourth Chamber) of 17 March 2011 (reference for a preliminary ruling from the Cour de cassation-France)-proceedings brought by Josep Pefiarroja Fa (Joined Cases C-372/09 and C-373/09).

第十三章
欧洲法庭口译的未来之路

但是,在整个欧盟制定统一的课程项目是很困难的。即使在研究生课程中,尽管博洛尼亚进程①已经被引入到了所有成员国之内,但仍然存在很大差异。无论怎样,还是应该在欧盟一级提供统一课程项目的总体路线图。在这方面,提及欧洲翻译硕士(EMT)网络非常重要,该网络目前连接了欧洲54个大学的翻译课程。大多数课程提供一般翻译资格②,将法律翻译或法庭口译作为专业翻译的一部分来教授。马德里大学(Universidad Pontificia Comillas, Departamento de Traducción e Interpretación)法律翻译硕士课程(Máster en Traducción Jurídica-Financiera)是一个例外,该课程着重于法律和财务翻译。

鉴于法庭口译的具体法律背景,法庭口译员的专业培训应着眼于培养一套坚实的跨学科能力。以下小节试图为法庭口译员选择出被认为是不可缺少的跨学科能力。请注意,术语能力是指知识和技能,即"在特定条件下完成既定任务所必需的能力、知识、行为和技能的结合"(EMT专家组的报告,③以下简称"EMT报告"2009:3)。换句话说,法庭翻译的关键能力应该定位在理论基础之上,以促进实践技能的发展。理论和实践之间的联系在法庭口译和法律翻译领域是非常明显的。初步了解法律对等表达这样的理论问题对于法庭口译员来说也是同样重要的,在法律起草和在法庭上交

---

① 博洛尼亚进程是由欧洲教育部长1999年6月19日的《博洛尼亚宣言》(Bologna Declaration)启动的。其目标包括引入一套易于识别和比较的学位制度,以此促进学生、教师和研究人员的流动,并确保高质量的教学等。

② 例如,科隆(德国)的课程提供以下通用模块:专业翻译基础,包括翻译研究的研讨/讲座、特殊用途语言、计算机语言学和术语;工具和方法,包括技术写作研讨/讲座、台式印刷系统、商业惯例、翻译项目管理、翻译联络口译;科学与技术领域的专业翻译所需知识储备,法律和经济;专业翻译(科技翻译、法律翻译、金融翻译和医学翻译)。可在以下网址获得:http://www.f03.fh-koeln.de/fakultaet/itmk/studium/studiengaenge/master/fachuebersetzen/00587/index.html, 2013年9月访问。维也纳硕士课程还涵盖不同专业翻译的领域,比如法律翻译、技术翻译、经济翻译、医药翻译、本地化、术语管理、翻译技术、不同文本类型的翻译,包括文学翻译在内的各种专业翻译领域。它还包括开发翻译技术和术语管理技能。网址: http://transvienna.univie.ac.at/studieninformation/studienplaene/studienplan-2007-bama/ma-uebersetzen/, 2013年9月访问。这样的课程无疑是精心设计的;然而,法庭口译人员从专业课程中将会受益更多。

③ EMT专家组的主要任务是在2007年4月由委员会翻译总司设立,其目的是提出具体的建议,以期在整个欧盟实施欧洲翻译硕士学位的欧洲参照框架。更多信息请访问: http://ec.europa.eu/dgs/translation/programmes emt/index_en.htm, 2013年9月访问。

流的实践经验亦是如此,所有这些都能让未来的口译人员应对现实世界中的专业挑战作好准备。

跨学科的知识与技能

在界定法庭口译人员的具体能力之前,提及译员的普通能力是有帮助的。在 EMT 报告(2009:4-7)中,专家组确定了六个主要的普通能力:(1)翻译服务提供能力(营销、翻译的社会角色);(2)语言能力;(3)跨文化能力(包括社会语言学和文本的层面);(4)信息挖掘能力(除其他外,要知道如何识别信息和文件要求、术语研究);(5)主题能力(知道如何搜索适当的信息以更好地掌握文档的主题方面);(6)技术能力(掌握工具)。以下讨论仅涉及与职业化法庭口译有关的这些能力的各个方面。

根据 EMT 报告(2009:5),语言能力包括了解如何理解语法、词汇和惯用结构,以及语言 A 和其他工作语言(B 和 C)的书写和印刷惯例。此外,翻译人员必须具备对语言 A 和 B 所使用的相同结构和惯例的专业知识,并对语言变化培养敏感度。

在法律语境中,语言能力包括熟悉不同的文本类型和法律起草实践,这两者都考虑到了社会语言和文本的维度,即跨文化能力。社会语言学的维度涉及了解如何识别语言变体中的功能和意义;知道如何确定与特定团体相关的互动规则,包括非语言元素;并且明白如何为一份特定的文件(书面)或言语(口头)生成一个适合某一特定情况的语域(EMT 报告 2009:6)。在法庭口译方面,文本的层面包括掌握识别文本的结构和部分,特别是法律文本(判决书、起诉书)的技术,以及在其他语言按照其语体惯例来起草含有相同法律信息的文本的技术。尽管法庭口译人员也翻译了其他文本类型,[①]但是他们必须掌握法律文本的具体特征,并理解文本(具有约束力或不具有约束力)的法律地位是如何影响其在法律程序中的使用。

就我们的目的而言,社会语言学维度涉及适应不同情况和口译接受者

---

① 关于刑事诉讼翻译的主要文本类型,参见 Ortega Herraez et al. (2013:103-4)。

第十三章
欧洲法庭口译的未来之路

的能力,构成了更宽泛的语言能力的一部分。在婚礼上的口译与在警方审讯或法庭诉讼中的口译是不一样的。一般来说,法庭口译人员不仅为当事人(受害人、嫌疑人、被告人)翻译,也为法官、检察官或警察翻译。法庭口译的作用是传递法律信息,以便在整个诉讼过程中进行有效的沟通,而不是试图解释具体法律概念的含义。

除了语言能力外,法庭口译员必须通过深入了解其工作语言的法律制度来培养基本的法律能力。除其他事项外,还包括熟悉不同的法院组织机构和法庭程序。由于法庭口译人员可以在诉讼程序的不同阶段进行参与,从警方讯问、拘留到预审和审判,所以重要的是他们要能区分这些阶段,并理解这些程序的基本差异。毫不奇怪,这项建议于2002年10月又被提交到法院,为法庭口译员所设的培训课程计划包括了参观法庭、警署和监狱的部分(Morgan 2011)。这些参观访问将使法庭口译员熟悉未来的工作环境。此外,还应特别注意涉及青年、受害者等案件的口译的社会问题。

培训未来的法庭口译员的另一个法律方面是需要让他们了解规范他们行为活动的相关国家和欧盟法律,尤其是2010/64/EU指令规定的权利和义务。能提供更广泛的欧盟法律培训也是可取的,因为这将有助于更好地了解欧盟刑事司法体系(包括诸如《欧洲逮捕令》等文件以及诸如欧洲法院管辖权等一般信息)。例如,里斯本之后的变化(Art. 82(2)(b)TFEU)使欧盟可以通过指令设定有关个人刑事诉讼权利的最低限度的规定,以促进互认判决和促进警察和刑事司法合作。这些权利除了口译和笔译的权利,还包括知情权利、获得辩护律师、保护嫌疑人、与家人沟通等权利。所有这些法律方面都将使法庭口译员熟悉他们的工作环境,并帮助他们发展满足其专业特定挑战所需的敏感度。

对所有法庭口译人员都有帮助的术语能力不仅包括对相关专业术语的深入了解,还包括术语管理和数据库使用方面的技能。在法律方面,需要特别注意法律术语。例如,法庭口译员需要在诉讼程序的不同阶段区分用于指定嫌疑人的术语,并且明了嫌疑人在哪一阶段成为被告。此外,口译员必须区分术语和概念;同一个术语指两个或两个以上不同的法律概念这种情况经常出现,根据上下文语境,这可能会引发不同的法律后果。区分国内和欧洲的法律术语也是重要的,要牢记:同一个术语在欧盟法和国内法中可能会表达不同的概念。例如,"crime"(罪行)和"criminal proceedings"(刑事诉讼)这两个词在欧盟和国内法中有着不同的含义。至于2010/64/EU指令,这一问题在参照欧洲人权法院的判例法时被规避了,该法解释了刑事诉讼的含义和范围,以及其他相关法律概念的含义。

最后,为法庭口译员设立的专门的跨学科课程项目应着重于提高翻译能力,确保参与者掌握普通翻译学和法律翻译学术知识的扎实知识,同时培养法律翻译和口译技巧(记笔记技巧、同声传译与交替传译等)。如前所述,法庭口译员通常需要完成口译和笔译任务(Ortega Herráez et al. 2013:98)。根据2010/64/EU指令,远程口译和通过视频链接进行口译等技术也应纳入翻译培训。通过将这些能力置于法律背景下,采取跨学科的方法来培养所有这些能力是绝对必要的。这就要求作为法庭口译员课程中将律师和语言学家们都包括进来,担任培训师。这里描述的法庭口译员所需的一系列能力并未穷尽,应该被视为一个开端。

为了向法庭口译员提供有效参与法庭诉讼所需的知识和实践技能,应该在研究生一级提供专注于上述跨学科能力的专门课程,或作为已经持有学位的翻译人员的终身学习课程的一部分。一个罕见的例子是2013年在德国马格德堡-斯滕达尔大学(Hochschule Magdeburg-Stendal)[①]开设的"法院和公共机构的笔译与口译"课程[②]。课程完成后,参与者会获得一份证书,这使其具有资格成为由萨克森-安哈尔特(Sachsen-Anhalt)州政府部门任命的宣誓口译员。这项任命在德国全国都得到承认,所有宣誓的口译员都被列入联邦数据库。[③] 该课程持续两个学期(112小时),提供三种不同的方向:经济领域口译、公共部门口译和法庭口译。

[①] 鉴于德国翻译理论的影响力和诸如海德堡(1930)、格尔斯海姆(1947)和萨尔布吕肯(1948)等德国翻译培训机构的悠久传统,德国在翻译专业课程方面的领先地位也就不足为奇了。

[②] 有关学习课程的详细信息,请查看:https://www.hs-magdeburg.de/weiter bildung/angebote/zertifikat/dolmetschen-und-uebersetzen-l/spo-duue,2013年9月访问。

[③] 网址:http://www.gerichtsdolmetscherverzeichnis.de/aufgelistet,2013年9月访问。

入学要求包括德语高于平均水平,并熟悉各自的工作语言(C1)。除了大学学位或相应的资格证书外,还要以工作语言来完成笔译和口译的培训,考生必须通过一个能力考试,并有两年的笔译或口译工作经验。

该课程由以下必修模块组成:

  a. 介绍法律和公共服务机构的程序和领域(行政管理和民法);

  b. 刑法和刑事诉讼法,警察和法庭专家制度(行政法、公证人);

  c. 介绍法律翻译技术(术语管理介绍、法律翻译和文件翻译);以及

  d. 口译。

如上所述,必修模块涵盖了欧盟法律的有关方面是可取的,尤其是2010/64/EU指令和转换该指令的国内立法,以及其他法庭口译的法律和术语方面。不过,开设这样一个课程为法庭口译人员打开了一扇机遇的小窗口,为以其他跨学科技能为基础的专业课程铺平了道路。

简言之,法庭口译员的教育需要紧急转移到专注于培养跨学科技能的更专业化的培训。高等院校可以通过引入专业培训课程成为法庭口译专业化的关键要素。它们还可以在监督口译质量方面发挥重要作用,确保符合2010/64/EU指令。为此,教育机构、司法和专业协会之间需要更多的合作。正如需要专门的培训课程来培养高素质的口译员,规范其工作也需要专业协会。

法庭口译员与笔译员协会在保护法庭口译员及规制其地位方面的作用

虽然高等院校的任务是提供足够的培训课程来达到2010/64/EU指令所规定的标准,但规范法庭口译员的专业地位就是相关专业协会的责任了。毕竟,一个被认定为一个职业团体的主要标准是要有一个管理其成员的组织,以及对只有这些成员才有资格提供特定服务的规定。此外,专业

地位是由一系列社会标志所确定的,这些标志证实了对专业知识的推定和专业知识的推测价值(Pym et al. 2012:11)。法庭口译人员的专业协会需要在这两方面进行工作,以便法庭口译人员的专业知识得到相应的认可,同时受到使用其服务的有关人员的重视。

无可否认,今天的社会更重视高收入的行业,其行业知识神秘又高深。事实是,我们并不总是能理解一些专业人士的技术术语,例如在医学领域,这使得某些专家拥有权力和控制。虽然笔译员和口译员比客户有更多的知识优势,但他们既不享有其他行业专业知识的控制权,也不享有声望。我可以通过我职业生涯初期发生的一些轶事来证实这一点。至少从我的角度来看,当我在一个高水准的会议上做口译而被介绍是秘书时,我会感到受到了羞辱。① 这些经历可能不是孤立的事件,而是描绘了专业团体怎样看待口译员的现实情况。

在报酬方面,口译人员在欧盟内部所得收入差异很大。根据《德国司法报酬和补偿法》,德国目前口译人员每小时挣 70 欧元以上,意大利口译员第一次口译每单位时间(为两小时)是 14.68 欧元,后续每单位时间的口译为 8.15 欧元(Garwood 2012:179)。在波兰,口译员每小时收费 9 欧元(Rybinska and Mendel 2012),克罗地亚每小时收费 20 欧元(根据《克罗地亚常设法庭口译员条例》)②,尽管这两个国家的会议口译员的收费明显较高。③

作为一个总结,可以说,相称的薪酬是确保高质量口译所必需的,最近

---

① 遗憾的是,秘书和翻译活动通常被归在同一个群体中,例如 2008 年《欧洲共同体内部经济活动的一般行业分类》(General Industrial Classification of Economic Activities Within the European Communities)(see Pym et al. 2012:13)。同样,很少有国家为翻译人员设置单独的人口普查类别(Pym et al. 2012:18)。

② 据悉,在克罗地亚,法官、检察官和其他司法机构质疑甚至降低口译和笔译的价格,因此法庭口译员常常必须要提及《常设法庭口译员条例》或其各自的协会。法庭口译员收到的工资比原来收取的少,会特别令人恼火,特别是在提供服务之后才发生这种情况。

③ 将上述费用与美国的合同口译员的费用进行比较是很有意思的。经过认证和享有专业资格的口译员全天收费 388 美元,半天 210 美元,这是非认证口译员收费价格的两倍。网址:http://www.uscourts.gov/FederalCourt.s/UnderstandingtheFederalCourts/DistrictCourts/CourtlnterprctcrsContractlnterpretersFees.aspx,2013 年 10 月访问。

英国口译界的一次失败就证明了这一点。2012年,英国司法部与一家私人公司签订了为期五年的合同,向所有英格兰和威尔士的法院提供语言服务。私人合同把翻译小时费用几乎减半,因此国家公务员口译员登记册中列出的口译员中有60%拒绝为公司工作。由于公司无法提供足够的口译员,审判被推迟,嫌疑人被释放,并提出索赔(Bowcott and Midlane 2012)。因此,收取较低的费用,最终可能会导致长远的成本增加,破坏口译质量。

专业地位的透明标志是专业协会,特别是权威协会的成员。这样的协会可以在薪酬和地位方面提高专业标杆。在翻译领域,有几个因素会影响一个协会及其成员的权威性,例如限制其成员的准入标准、协会成立了多少年、协会的规模、是否在更广泛的或上级协会中保持活跃度、其成员的专业化等(Pym et al. 2012:33)。口译员和笔译员协会的主要职责是代表行业与政府打交道,并赋予其成员相当的专业地位,正如德国联邦笔译和口译员协会(Bundesverband der Dolmetscher und Übersetzer, BDÜ)所做的那样。

吸取的教训

BDÜ成立于20世纪50年代,是拥有14个区域协会和一个商业组织的伞式协会。它为7000名成员提供强有力的代表,同时鼓励本地的互动(Pym et al. 2012:45)。BDÜ可以作为其他专业协会的一个例子,尤其是通过与各行业重要机构的密切合作的方面,例如欧洲法律口译与笔译协会,它在促进合作和最佳实践方面,以及与整个欧洲的法律服务和法律专业人员的安排上发挥了主导作用。继德国之后,葡萄牙于2011年成立了全国翻译委员会(Conselho Nacional de Tradução),作为高等教育机构与翻译人员、专业人士和翻译公司交换意见的论坛(Pym et al. 2012:68)。克罗地亚新成立的翻译协会(Zajednica zaprevo-diteljstvo)成立于2013年,目标是为私营公司、自由职业者、小型协会和学术界成员组织伞式组织。

这种国家级协会应该致力于在欧盟层面上的合作,为法庭口译员组织会议或研讨会。鉴于法庭口译员会议的稀缺性,这将促进专业口译员之间的合作,并鼓励经验交流。考虑到这一点,专业协会应组织研讨会,使其成员熟悉2010/64/EU指令和国家转换指令的措施。在欧盟层面实现更大程度的一致性之前,各成员国应该消除小型协会大量存在并且分散的现象,并由伞式协会取而代之。①

此外,法庭口译协会可以从法庭专家证人的职业代表、薪酬和保障方面吸取宝贵的教训。与专家证人不同,许多成员国的法庭口译员仍然没有强制责任保险。强大的伞式协会可以协助这方面的工作,并建议修改现有的立法规定。同样,他们应该负责建立和维护法庭口译员的登记,就如2010/64/EU指令所设想的那样。在法庭口译员的资格和经验上,在登记册中增加更多的信息是可取的。一个分层的标签体系(如专家类或具资质的)将表明不同程度的权限,为司法当局寻找合格的口译人员提供更多信息。

结　　语

为法庭口译创建一个共同的欧洲平台这件事不会自己发生。正如本章前面部分所述,在2010/64/EU指令之后,各成员国,即其培训机构和专业协会,需要采取集体行动,为法庭口译员在欧盟寻找最佳的出路。

首先,2010/64/EU指令的转换要求成员国进行具体化操作,提供适当的程序措施以确保在实践中正确执行该指令。即使在国内立法中转化之后,指令仍然是法律的一个来源。换句话说,该指令仍然具有间接或解释性的效力,甚至可能取代国内法的规定(Ćapeta and Rodin 2011：62)。

其次,2010/64/EU指令提高了欧盟法庭口译的质量标准。为了达到这些标准,成员国必须在国家层面提供适当的培训,同时要进一步争取统一欧盟各级的不同课程。为了弥补由于专业课程缺乏而造成的现有差距,高等院校必须为法庭口译人员开设培训课程,重点落在跨学科能力之上,包

---

① 现在克罗地亚有八个翻译协会(726位成员);其中五个是法庭口译协会。另外,斯洛文尼亚有四个(809位成员)、斯洛伐克有三个(611位成员)、德国只有五个(8,878位成员)翻译协会(Pym et al. 2012：36)。

括语言、法律、术语和翻译的知识和技能。

最后，除了制度化的培训之外，专业协会还必须通过在足够的报酬和保护方面为其成员提供更好的工作条件，以此确保法庭口译的进一步专业化。建立权威性的伞式协会有助于成功实施所期望的立法变革，并弥合成员国法庭口译员薪酬方面的重大分歧。

对法庭口译员职业的上述强化，能够提高法庭诉讼的口译质量，以此保证公平审判的权利，从而加强对整个欧盟司法裁决的相互承认。

参 考 文 献

Bowcott, O. and Midlane, T. 2012. Interpreters stay away from courts in protest at privatised contract. *Guardian* (Online, 2 March). Available at: http://www.theguardian.com/law/2012/mar/02/interpreters-courts-protest-privatised-contract [accessed October 2013].

Ćapeta, T. and Rodin, S. 2011. *Osnove prava Europske unije*. Zagreb: Narodne novine.

EMT Expert Group's Report. 2009. Competences for Professional Translators, Experts in Multilingual and Multimedia Communication, 16-17 March 2009. Available at: http://ec.europa.eu/dgs/translation/programmes/emt/key_documents/emt_competences_translators_en.pdf [accessed August 2013].

Fowler, Y. 2012. Interpreting into the ether: interpreting for prison/court video link hearings, in Proceedings of the Critical Link 5 Conference held in Sydney, 11-15 April 2007. Available at: http://criticallink.org/wp-content/uploads/2011/09/CL5Fowler.pdf [accessed August 2013].

Garwood, C. 2012. Court interpreting in Italy: the daily violation of a fundamental human right. *The Interpreters' Newsletter*, 17, 173-89.

Kadrić, M. 2005. Court interpreter training in a European context, in EU-

High-Level Scientific Conference Series MuTra 2005-Challenges of Multidimensional Translation: Conference Proceedings. Available at: http://www.euroconferences.info/proceedings/2005_Proceedings/2005_Kadric_Mira.pdf [accessed August 2013].

Mayoral Asensio, R. 2003. *Translating Official Documents*. Manchester: St. Jerome.

Morgan, C. 2011. The new European Directive on the right to interpretation and translation in criminal proceedings, in *Videoconference and Remote Interpreting in Criminal Proceedings*, edited by S. Braun and J. L. Taylor. Guildford: University of Surrey, 5-10.

Ortega Herráez, J. M., Giambruno, C. and Hertog, E. 2013. Translating for domestic courts in multicultural regions: issues and new developments in Europe and the United States of America, in *Legal Translation in Context, Professional Issues and Prospects*, edited by A. Borja Albi and F. Prieto Ramos. Bern: Peter Lang, 89-121.

Pym, A., Grin F., Sfreddo, C. and Chan, A. L. J. 2012. *The Status of the Translation Profession in the European Union. Final Report*, 24 July 2012. EU: DGT/2011/TST.

Rybinska, Z. and Mendel, A. 2012. Polish survey: quality of interpreting and translation as seen by users (pre-trial proceedings). Paper presented at the TRAFUT Workshop, Antwerpen, 18-20 October 2012. Available at: http://www.eulita.eu/sites/.../rybinska_TRAFUT_AN.pps [accessed April 2013].